憲法の最高法規性と基本権

山 崎 友 也

憲法の最高法規性と基本権

学術選書
176
憲法

信 山 社

はしがき

　本書は，著者が北海道大学大学院法学研究科に入学して以降，今日まで公表してきた主な論考に加筆・修正を加え，編みなおした論文集である。

　本書第1部では，憲法の最高法規性をいかに担保すべきか，やや原理的な考察を行っている。違憲審査制により，憲法の最高法規性は維持されるとしばしば説かれる。また，憲法は国家の基本法ともいわれる。しかし，違憲審査を行う有権解釈機関は，憲法を「正しく」解釈しているのか。憲法は国家・法秩序を構築する一方，逆に国家が憲法・法秩序を規定することはないのか。前者については，ミシェル・トロペール・柳瀬良幹の議論，後者については，旧法令の効力論を，それぞれ軸にして論じてみた。

　本書第2部は，個別の基本権解釈と憲法解釈方法論の検討に充てられている。有権解釈機関の解釈した「憲法」は，実定法秩序における最高性を暫定的に獲得する。しかし，それが果たして「正しい」憲法解釈といえるか不断の検証を要する。このような第1部を通底する問題意識をより具体的に展開したのが，本書第2部を構成する諸論考である。いずれも成功しているかはともかく，有権解釈を正確に理解したうえで，その意義・無意義を誠実に解明しようと努めている。

　本書は，甚だ拙い内容に止まっているとはいえ，先人の業績との格闘の成果であり，諸先生・先輩・同輩・後輩からいただいてきた無数の叱咤激励の賜物である。ここでは，4人の先生のお名前のみ挙げさせていただく。高見勝利先生（北海道大学・上智大学名誉教授）には，北海道大学大学院法学研究科における最初の指導教官としてご指導いただいた。レッセ・フェールを貫かれながらも，歴史的なるものへ目配りを欠かさず，研究対象に徹底的に沈潜することの意義を，多数の優れたご業績をもって示してくださっている。笹田栄司先生（早稲田大学教授，北海道大学名誉教授）には，高見先生の北海道大学ご転出後，指導教員としてご指導を仰いだ。制度の細部に至るまで緻密に検討を加えたうえで，現実的妥当性のあるバランスの取れた解釈論を構築する重要性を学ばせていただいている。故・畑安次先生（元・金沢大学名誉教授）には，金沢大学法学部入

v

はしがき

学後，履修した演習以来，ご指導いただいた。フランス憲法思想に関する該博
な知識をもとに，憲法の原理論に著者の関心を導いてくださった。神橋一彦先
生（立教大学教授）には，金沢大学ご在職時，外国語文献の読解の手ほどきをい
ただいて以来，公法学の基礎理論・解釈論全般にわたり，ご指導いただいてい
る。本書出版を辛抱強くご仲介くださったのも，神橋先生である。

　また，本書の出版にあたり，信山社出版の袖山貴社長，稲葉文子氏から格別
のご高配をいただいた。その万全のサポートのおかげで，立派な学術書として
の体裁を整え，世に送り出すことができた。ここに記して，感謝申し上げる。

　　　2018 年 11 月

　　　　　　　　　　　　　　　　　　　　　　　　　山 崎 友 也

目　次

はしがき　(*v*)

初出一覧　(*xii*)

第1部　憲法の最高法規性

第1章　問題の所在……………………………………………………… 3

 Ⅰ　「憲法の最高法規性」という問題 ……………………………… 3

 Ⅱ　日本における「憲法の最高法規性」の観念の仕方……………… 6

 Ⅲ　ドイツにおける「憲法の優位」と憲法裁判……………………… 9

 Ⅳ　思考類型の設定 ──「実体法」と「手続法」── ……………… *14*

  1　「実体法」思考と「手続法」思考　(*14*)

  2　「実体法」と「手続法」の交錯　(*16*)

 Ⅴ　純粋法学の「構造」…………………………………………………… *19*

第2章　「手続法」の優位………………………………………………… 25

 Ⅰ　ケルゼンの「レアリスティッシュ」な規範概念………………… 25

 Ⅱ　ミシェル・トロペールにおける「手続法」の優位……………… *27*

  1　トロペールによるケルゼン理論の「徹底化」　(*27*)

  2　法段階から法適用機関の秩序へ　(*31*)

  3　最上級有権解釈機関を拘束するもの　(*34*)

 Ⅲ　批　　判 ……………………………………………………………… *35*

  1　条文の「客観性」に関して ── 憲法典による制約 ──　(*35*)

  2　「拘束力」に関して ──「実質的意味の憲法」による制約 ──　(*37*)

第3章　「実体法」の優位………………………………………………… *41*

 Ⅰ　純粋法学における「認識論的優位」………………………………… *41*

  1　メルクルの「瑕疵予測」説　(*42*)

  2　ケルゼンの「裏からの授権」観念　(*44*)

  3　反リアリズムとしての「認識論的優位」　(*47*)

vii

目　次

　　Ⅱ　柳瀬良幹における「実体法」の優位……………………………… *52*

　　　1　「実体法」と「手続法」の峻別　(*53*)

　　　2　「手続法」に対する「実体法」の優位　(*55*)

　　Ⅲ　批　　　判……………………………………………………………… *58*

第4章　「実体法」と「手続法」の架橋……………………………………… *65*

　　Ⅰ　「国家」── 小嶋和司説 ──……………………………………… *66*

　　　1　「不文の憲法法源」としての「国家」　(*66*)

　　　2　不文法源とその「架橋」の論理　(*69*)

　　　3　批　　　判　(*72*)

　　Ⅱ　《Grundnorm》………………………………………………………… *77*

　　　1　仮設としての《Grundnorm》　(*79*)

　　　2　「かのように（Als-Ob）」の哲学　(*80*)

　　　3　批　　　判　(*81*)

　　Ⅲ　「条　　文」…………………………………………………………… *84*

　　　1　『純粋法学（第二版）』における「意味としての規範概念」　(*86*)

　　　2　『規範の一般理論』における規範理解　(*87*)

　　　3　憲法典「条文」を媒介にした再構成　(*89*)

第5章　革命と国家の継続性………………………………………………… *99*

　　Ⅰ　問題の所在…………………………………………………………… *99*

　　　1　現行憲法98条1項の意義の「表」と「裏」　(*99*)

　　　2　憲法98条1項の「裏」の意義と国家　(*103*)

　　Ⅱ　憲法上の「革命」…………………………………………………… *106*

　　　1　8月革命説　(*106*)

　　　2　8月革命説に対する異説　(*106*)

　　Ⅲ　挟撃される「革命」憲法……………………………………………… *110*

　　　1　国家とノモス　(*110*)

　　　2　法生活と「法の支配」　(*116*)

　　Ⅳ　残された課題………………………………………………………… *119*

目　次

第2部　基本権解釈とその方法

第1章　現代における「自己決定権」の存在意義……………………………123

　Ⅰ　「強い」個人と「自己決定権」……………………………………123

　　1　樋口陽一説　（123）

　　2　佐藤幸治説　（124）

　　3　1995年度日本公法学会総会　（125）

　　4　問題設定とその限界　（126）

　Ⅱ　「自己決定権」と最高裁判例………………………………………127

　　1　判例理論とその理解　（127）

　　2　エホバの証人輸血拒否事件　（128）

　　3　控訴審判決と上告審判決の異同　（129）

　　4　医療における患者の「自己決定権」（130）

　Ⅲ　「自己決定権」と憲法学説…………………………………………131

　　1　権利としての固有性　（132）

　　2　「自己」「決定」と「他者」「干渉」（132）

　　3　制度的行為の「自己決定権」（133）

　Ⅳ　「自己決定権」の今後………………………………………………134

　　1　「自己決定権」の説明能力　（134）

　　2　素の「自己決定権」の困難　（135）

　　3　「自己決定権」再構成の可能性　（136）

　　4　切り札としての「自己決定権」？（137）

第2章　非嫡出子相続分違憲決定について………………………………139

　Ⅰ　平成25年最大決…………………………………………………139

　　1　下級審の概要　（139）

　　2　本決定の概要　（140）

　Ⅱ　憲法14条1項の内容理解〔前記Ⅰ2①〕………………………144

　Ⅲ　憲法適合性判断基準〔前記Ⅰ2②〕……………………………146

　　1　平成7年最大決との異同　（146）

　　2　目的（理由）・手段図式　（147）

ix

目　次

IV　憲法 14 条 1 項適合性 ……………………………………… *151*

　1　個人の尊厳　(*151*)

　2　「重要と思われる事実」の「変遷」　(*152*)

　3　適合性審査の内実　(*155*)

V　遡及効の制限〔前記 I 2 ⑤〕 …………………………… *157*

VI　「総合考慮」の行方 ……………………………………… *159*

第 3 章　裁判員制度と憲法 18 条後段 …………………………… *161*

I　判例理論における憲法 18 条後段 ……………………… *161*

　1　平成 23 年最大判以前　(*162*)

　2　裁判員制度の憲法 18 条後段適合性に関する裁判例　(*163*)

II　判例理論の分析 ………………………………………… *166*

　1　平成 22 年東京高判　(*166*)

　2　平成 23 年 2 月・5 月各東京高判　(*166*)

　3　平成 23 年最大判の上記各東京高判との関係　(*167*)

　4　平成 23 年最大判の趣旨　(*170*)

　5　平成 23 年最大判の問題点　(*172*)

III　憲法学説の分析 ………………………………………… *175*

　1　憲法 18 条後段の意義　(*175*)

　2　広義説の問題点　(*176*)

　3　狭義説の妥当性　(*179*)

IV　裁判員制度の将来 ……………………………………… *181*

第 4 章　刑事手続と「国民」 …………………………………… *183*

I　問 題 意 識 ……………………………………………… *183*

II　刑事手続における「国民」と「専門家」 …………… *184*

　1　従来の刑事手続　(*184*)

　2　裁判員制度　(*184*)

　3　強制起訴制度（検察審査会）　(*185*)

　4　刑事手続への影響　(*185*)

　5　難　　問　(*186*)

III　「国民」はなぜ刑事手続に参加すべきなのか ……………… *186*

　　　　　　　　　　　　　　　　　　　　　　　　　目　　次

　　　1　司法制度改革審議会意見書　(*186*)

　　　2　「意見書」に対する異論　(*187*)

　　　3　裁判員の義務・負担の正当性　(*188*)

　　　4　「国民」の刑事手続参加の限界　(*189*)

　　　5　「国民」は「統治主体」か？　(*190*)

　　Ⅳ　憲法 36 条と「国民」………………………………………… *191*

　　　1　死刑と「国民」　(*191*)

　　　2　拷問と「国民」　(*193*)

第 5 章　刑事判例の変更と憲法 39 条前段………………………*197*

　　Ⅰ　問題の所在……………………………………………………*197*

　　　1　岩教組事件第 2 次最判　(*197*)

　　　2　判例理論・錯誤論による処理の限界　(*199*)

　　Ⅱ　憲法問題としての「刑事判例の変更」………………………*202*

　　　1　諸説の整理　(*202*)

　　　2　諸説の検討　(*205*)

　　Ⅲ　法秩序における制定法と判例法……………………………*213*

第 6 章　政府解釈の変更と憲法解釈方法論………………………*215*

　　Ⅰ　政府解釈の変更と「テーゼ A」……………………………*215*

　　　1　「テーゼ A」に対する批判　(*216*)

　　　2　「テーゼ A」支持者の応答とその当否　(*218*)

　　Ⅱ　政府解釈の変更と法的安定性………………………………*228*

　　　1　憲法 9 条解釈の「枠」論なき違憲論　(*228*)

　　　2　「法的安定性」論の検討　(*232*)

　　Ⅲ　残された課題…………………………………………………*238*

　　　1　「正しい法解釈」　(*238*)

　　　2　憲法 9 条の法的性格・政治過程における意義　(*239*)

　索　　引　(*241*)

xi

初出一覧

第1部

第1章・第2章

「憲法の最高法規性（1）―『実体法』と『手続法』の狭間で―」北大法学論集49巻4号（1998年）139-187頁

第3章・第4章

「憲法の最高法規性（2・完）―『実体法』と『手続法』の狭間で―」北大法学論集50巻3号（1999年）177-233頁

第5章

「革命と国家の継続性」長谷部恭男ほか編『岩波講座 憲法6 憲法と時間』（岩波書店，2007年）3-25頁

第2部

第1章

「現代における『自己決定権』の存在意義」公法研究78号（有斐閣，2016年）104 - 115頁

第2章

「民法が定める非嫡出子相続分区別制を違憲とした最大決平成25年9月4日について」金沢法学56巻2号（2014年）165-190頁

第3章

「『意に反する苦役』禁止（憲法18条後段）の現代的意義―裁判員制度を合憲とした平成23年最大判を契機に」岡田信弘＝笹田栄司＝長谷部恭男編『高見勝利先生古稀記念・憲法の基底と憲法論』（信山社，2015年）861-882頁

第4章

「刑事手続と『国民』」佐々木弘通＝宍戸常寿編著『現代社会と憲法学』（弘文堂，2015年）121-134頁

第5章

「刑事判例の変更と憲法39条」富大経済論集52巻2号（2006年）87-106頁

第6章

「安保法雑感―近時の『護憲派』批判を契機に」法学セミナー738号（2016年）（日本評論社）35-39頁，「憲法解釈と法的安定性」金沢法学59巻2号（2017年）245-272頁

第1部

憲法の最高法規性

第1章 問題の所在

I 「憲法の最高法規性」という問題

かつてレオン・デュギーは,「もし,国家が法によって拘束されないとすれば,公法の全構造は崩壊するであろう」[1]と述べた。こうデュギーにいわせた時代状況・秘められた自然法思想を仮に捨象しうるとしても,その問題意識は,依然として日本の公法学を貫いていると断定してよかろう。その思想は,一般に立憲主義と称される。すなわち,英米法系列によれば「法の支配」,大陸法系列,とりわけドイツ国法学系列によれば「法治主義」として日本の公法学に導入され,国家生活における貫徹が図られてきたのであった[2]。

ところで,この立憲主義はいかにして実現の端緒を見出すのであろうか。この問いは,国家生活において最高の権威をどこに求めるのか,という問いに置き換えることもできよう。この点,イギリスにおいてその生誕をみた「法の支配」の原理は,アメリカ合衆国において継承・発展をなした[3]。すなわち,統

---

(1) Léon Dugui, Traité de droit constitutionnel, 2ᵉ éd. I, 1911, p.488, なお,このように,「法による国家権力の拘束」(L. Duguit, L'Etat, I, Le droit objectif et la loi positive, 1901, p.12.) を公法学の根本課題と説くデュギーの強烈な問題意識を単に「憲法学の実践志向性」を示すものとして解釈する(樋口陽一『憲法 I』〔青林書院,1998 年〕41 頁以下参照)ことはできないと考えられる。《国家は法に拘束されるべきだ》という命題は,《国家は法に拘束され得る》という命題を最低限前提しなければ成り立ち得ない。事実上の可能性の開かれていないところで,幾ら「望み」を語ってもそれは無意味であろう。本稿がデュギーを冒頭に引いた所以である。(以下の外国語文献の引用は原則的に本書著者の訳文によるが,既に訳業の存するものについてはそれを適宜参照させていただいた。)

(2) この点,例えば,我が国において英米型の「法の支配」とドイツ型の「法治主義(法治行政)」の混同を戒め,前者による後者の克服の必要性を高唱した辻清明「法治行政と法の支配」思想 327 号にあっても,「法の支配」と「法治行政」とが,「ともに,立法と行政を一身の内に体現しつつ恣意的な政治支配を行った絶対君主権に対抗しながら,それを克服する目的をもって現れたという点では,共通の性格を有しているともいえる」(同 10 頁)と両者がその目的を共有していることは肯定されている。

(3) 「法の支配」の原理を提示した論者として著名な A.V. ダイシーの議論を批判的に検

第 1 部　憲法の最高法規性

治機関は，人民によって委託された権力を行使するに止まる，その権限と限界は法文書に明確に規定される必要があるとされる。ここに「法の支配」を具体化した法文書としての憲法典の観念が生じたのであった[4]。他方，「法治主義」を掲げるドイツにおいては，それは何より「法律による行政」の原理，すなわち，「法律の優位」を意味した。しかし，戦後ドイツの公法学は，周知の歴史的事情を踏まえ，立憲主義の文脈を「法律の優位」から「憲法の優位」へと転換してゆくことになる[5]。

日本国憲法 98 条 1 項が規定する「最高法規性」は，まさしくこの両法体系の思考を受け止めたうえで[6]，憲法典が我が国家生活における最高権威である

　討する長谷部恭男「法の支配が意味しないこと」同『比較不能な価値の迷路（増補新装版）── リベラル・デモクラシーの憲法理論』（東京大学出版会，2018 年）152 頁によれば，「法の支配」は，「法が理性的な人々の行動を規制するルールとして機能するための必要条件を総称するもの」という意味に再構成されうる。この点につき，さらに，長谷部恭男『憲法〔第 7 版〕』（新世社，2018 年）19-20 頁をも参照。

(4)　アメリカ合衆国において，「法の支配」と憲法典の最高法規性とが密接な関係にあるとする論者として，R. バーガーがいる。彼は，成文憲法を求める闘いは，「人が法によって支配されることを明らかにする」ためのものであったとする H. ブラックの言葉を引用し，「成文憲法は『法の支配』の最も高められた表現」であると述べる（Raoul Berger, Government by Judiciary : The Trans-formation of The Fourteenth Amendment, 1977, p.291.）。なお，参照，野坂泰司「最近の合衆国における『憲法解釈』論争の一断面」小林還暦『現代国家と憲法の原理』（有斐閣，1983 年）特に 217-21 頁，土井真一「憲法解釈における憲法制定者意思の意義（一）」法学論叢第 131 巻第 1 号特に 8-12 頁。

　　我が国においても同様に，憲法典制定の意義を「法の支配」の具体化とみるのが，佐藤幸治「最高法規」樋口陽一他『憲法Ⅳ』（青林書院，2009 年）321-22 頁，阪本昌成『憲法理論Ⅰ〔補訂第 3 版〕』（成文堂，1997 年）64-5 頁，同「『法の支配』復権のための覚書」広島法学 20 巻 2 号。

(5)　参照，栗城壽夫「『憲法の優位』という考え方について」上智法学論集 30 巻 1 号，石川健治「財産権条項の射程拡大論とその位相（一）」国家学会雑誌 105 巻 3・4 号 38 頁。もっとも，この文脈における「憲法」は，必ずしも憲法典に限局されない。ドイツ連邦憲法裁判所によれば，「憲法（Verfassungsrecht）は，制定された憲法の個々の規定（Satz）のみから成り立つものではなく，これを拘束し内的な相関関係にある一般的な原則（Grundsatz），憲法制定者がその出発点とする前憲法的な全体構造を抽出した際，特別の法規定（Rechtssatz）には具体化しなかったところの指導理念もその構成要素である」（BVerfGE 2, 380（403）Urteil v.1.7.1953）とされる。

(6)　このため，かえって憲法の最高法規性の宣言は，いわばあたりまえのこととして，精神論的・抽象的に語られることがままあったように思われる。例えば参照，芦部信喜「最高法規」清宮四郎編『演習講座・憲法』（青林書院，1960 年）472 頁，磯崎辰五

第 1 章　問題の所在

ことを誇らしげに自称した条項にほかならない⁽⁷⁾。もっとも，憲法現象の観察者に過ぎず，憲法典そのものでない我々が終局的にそう断定しうるのは，この「憲法の最高法規性」なる観念の実現に一種の葛藤があり得ることが認知され，伏在する緊張関係が何らかの形で解消（auflösen）されうる場合においてであろう。「葛藤」は，おそらく「日本国憲法」とそれを担保するシステムが「形成」する「憲法」との狭間にある。本書は，この葛藤の象徴を日本国憲法 98 条 1 項・81 条の併存にみる⁽⁸⁾。

郎「我が国憲法の『最高法規』規定について」清宮退職『憲法の諸問題』（有斐閣，1963 年）15 頁以下，伊藤正己「法の支配と日本国憲法」清宮四郎＝伊藤正己編『憲法講座 1』（同，1964 年）134 頁，有倉遼吉「最高法規」同『憲法秩序の保障』（日本評論社，1969 年）41 頁以下。このような状況の中，日本国憲法第 98 条第 1 項は，「有害」（広瀬久忠『憲法調査会報告書』（1961 年）374 頁），「憲法のレトリック」（高柳賢三・同前），「訓示規定」（小嶋和司「最高法規」同『憲法解釈の諸問題』（1989）360 頁，365 頁）等，その規範的意味を軽視するような言説を招くことになった。

⑺　したがって，佐藤幸治が，抽象的にみえる法の支配概念の再構築を図りながら（同「『法の支配』の意義を再考する」同『日本国憲法と「法の支配」』（有斐閣，2000 年）3 頁以下参照），なお「人権を不断に根源的な政治道徳哲学の空間を漂わせる」（同『現代国家と司法権』（有斐閣，1988 年）66 頁）事態を回避すべく，「憲法典にこだわり，『権利』をもって憲法典の基本権体系と調和しうるような形で特定の条項に定礎せしめる必要」（同 139-40 頁）を重視するのは，前掲注⑷にみる思考と相俟って，ある程度の一貫性を有するといえる。このような佐藤の「憲法典にこだわ」る姿勢に対して，長谷部恭男『権力への懐疑』（日本評論社，1991 年）114 頁は，「もし，道徳的正当性の空間が不断に流動しているとすれば，その中で憲法典という灯台のみが堅固な指標を提供しうると信ずべき理由はない」と批判する。この長谷部による批判は，「憲法典という事実」（同頁）というその言辞にみられるように，憲法典に何らの規範的な制約性も認めないことに基づくものであり，後に検討するトロペール説と軌を一にしている。しかし，「そのときどきの多数者の意思によって簡単には左右されえない，最も強い形式的効力を有する憲法典を制定して，そこに個人の権利・自由の保障をもりこみ，かかる憲法典の維持を裁判所に託そう」（佐藤・前掲注⑷（2004 年）321-22 頁）という「物語」は，「法の支配」を，「法が理性的な人々の行動を規制するルールとして機能するための必要条件を総称するもの」（長谷部・前掲注⑶（2018 年）152 頁）という抽象的な次元から（「法」とは，「理性」とは，「ルール」とは，何か，という素朴な疑念から），より具体的な議論を可能にする実定法解釈論の次元に引き出すという目的に整合的であるといえよう。つまり，長谷部の言を借りれば，「道徳的正当性の空間が不断に流動している」からこそ，「憲法典という灯台のみが堅固な指標を提供しうる」ということになる。

⑻　98 条「憲法の最高法規性」を独立に扱う章・節・項を設けず，違憲審査制を扱う中で該当条文を引用するに止める著名な教科書として，例えば，橋本公亘『日本国憲法〔改訂版〕』（有斐閣，1988 年），伊藤正己『憲法〔第 3 版〕』（弘文堂，1995 年）を参照。

5

第 1 部　憲法の最高法規性

Ⅱ　日本における「憲法の最高法規性」の観念の仕方

　⑴　日本の憲法学において，「憲法の最高法規性」は一般に次のように解されてきたといえよう。日本国憲法 98 条 1 項は，「この憲法は，国の最高法規であって，その条規に反する法律，命令，詔勅及び国務に関するその他の行為の全部又は一部は，その効力を有しない」と規定する。この条項は，「最高法規」と題された日本国憲法第 10 章[9]，および「改正」と題された同第 9 章において，国法秩序における憲法典の規範的性格を明らかにするうえで中心的位置を占める。すなわち，96 条により通常の立法手続とは異なる，困難な改正手続が示され，日本国憲法がいわゆる硬性憲法であることが明らかにされる一方，97 条の基本的人権に関する規定が最高法規の内容を明示することで，98 条 1 項の規定する最高法規性の実質的根拠が示される。このように憲法典が最高法規であることは，憲法典が国法秩序全体の中で，形式的に最も高い地位にあることを意味する[10]。

　　これらの教科書にあっては，「葛藤」はもとより意識されていない。98 条は，「見捨て」（山下威士「憲法の最高法規性の宣言」法学新報 96 巻 11・12 号 284 頁）られているのである。
⑼　第 10 章の制定過程については，高木八尺「最高法規――新憲法の研究」国家学会雑誌 60 巻 11 号（1947）134 頁以下，宮沢俊義（芦部信喜補訂）『全訂日本国憲法』（1978）806 頁以下，加藤英俊「憲法 98 条第 2 項の成立と解釈」法学学会雑誌 50 巻 7 号（1987）110 頁以下，同「憲法 98 条第 2 項――解釈と理論」小嶋退職『憲法と行政法』（良書普及会，1987 年）167 頁以下，新正幸「憲法 98 条 2 項立案過程の分析（一）（二）」福島大学行政社会論集 1 巻 3・4 号，同 2 巻 2 号，同「憲法第 10 章『最高法規』の立案過程」菅野還暦『憲法制定と変動の法理』（木鐸社，1991 年）233 頁以下等を参照。
⑽　川添利幸「憲法の最高法規性」田口精一＝川添利幸編『法学演習講座・憲法〔増訂版〕』（法学書院，1978 年）18 頁によれば，98 条規定の「憲法の最高法規性」については，形式的意義と実質的意義の二つの意味が区別されうる。すなわち，前者は「憲法がもっとも強い形式的効力をもつ法であること，いいかえれば憲法は，これと矛盾するすべての他の法を無効にする力をもつ法であるということ」を，後者は「憲法が規範内容において，国法体系の中でもっとも根源的な地位を占める法であること」を意味する。後者は，法内容に関わる最高性であり，具体的には，97 条に宣言されているとも考えられる。もっとも，本文のような叙述に加えて，いずれの条文にバイアスをかけて説明されるかは，論者によって異なる。例えば，川添と同様に「最高法規性」を形式・実質の二つの意義に区別しながら，結局のところ「実質的最高性」に「最高法規としての憲法の本質」を求める見解として，芦部信喜『憲法学Ⅰ』（有斐閣，1992

第 1 章　問題の所在

(2)　憲法典の最高法規性を確認することにより，次に，これを実効的に保障するシステムのあり方に注目する，というのが上述の最高法規性に関する思考の一般的帰結といえる。いわゆる憲法保障の問題である[11]。広義では，上述の規定に加え，権力分立制（41 条，65 条，76 条 1 項），議院内閣制（66 条 3 項，73 条1 号 6 号），二院制（42 条，48 条）が「憲法」の擁護に仕えるべきものとされる[12]。もっとも，日本国憲法 81 条によれば，最高裁判所が最終的に「憲法」違反の法令を排除する権限を有する。憲法の最高法規性を保障するためには，憲法に抵触する法規を制定する可能性のある機関に有権的な審査権を認めるべきでないというわけである。このような理解に立って，憲法の最高法規性の保障と司法機関の間に不即不離の関係を認めるのは，日本憲法学の基調といえよう[13]。

　年）56 頁以下，同（高橋和之補訂）『憲法（第 6 版）』（岩波書店，2015 年）12 頁，さ
　らに野中＝中村＝高橋＝高見『憲法 I〔第 5 版〕』有斐閣，2012 年 22 頁以下［高橋和
　之執筆］，中村睦男「人権の観念について」法学教室 206 号 13 頁を参照。この立場に
　よれば，98 条の意義は挙げて第 97 条のそれに解消されることになる。この「解消」を
　匂わせるが徹底をみせない例としては，岩間昭道「最高法規」佐藤幸治編『要説コン
　メンタール日本国憲法』（三省堂，1991 年）366 頁，石村修「憲法の最高法規性と改
　正」法学教室 141 号 48 頁，同「憲法規範の運用」同『憲法国家の実現―保障・安全・
　共生―』（尚学社，2006 年）特に 52 頁以下。
⑾　一般的には，石村修『憲法の保障』（尚学社，1987 年）を参照。さらに同書 8 頁注
　（2）に引用される諸文献を参照。
⑿　小林節「『憲法訴訟論』の意義と限界」法律時報 57 巻 6 号 41 頁。さらに，佐藤幸治
　『日本国憲法論』（成文堂，2011 年）44 頁以下も参照。
⒀　例えば，阪本昌成・前掲注(4) 69 頁が，「『法の支配』が……司法審査制と結びつくの
　は論理必然的である」と述べるとき，憲法典の制定が「法の支配」の具体化とされる
　以上，憲法典の最高法規性と司法審査制との関係もパラレルに考えられていることは
　明らかである（前掲注(4)参照）。当の裁判所も同様に考えているようだ。「よしやかか
　る規定〔第 81 条〕がなくとも，第 98 条の最高法規の規定又は第 76 条若しくは第 99
　条の裁判官の憲法遵守義務の規定から，違憲審査制は十分に抽出され得る」（最大判
　1948・7・8 刑集 2 巻 8 号 801 頁以下）。しかし，確かに違憲審査制は，98 条等から抽
　出され「得る」が，論理必然的に抽出されるかどうかは別問題である。「憲法の最高法
　規性を前提としたうえで，その有権解釈権を最終的にどの機関にあたえるかによって，
　違憲審査制の有無と種類が分かれるのである」（樋口陽一『憲法〔第 3 版〕』（創文社，
　1992 年）90 頁）という説明の仕方は，依然として論理的な意義を失っていない。憲法
　典の「諸条規に言及するだけでは，日本国憲法が法の支配を組み込んでいることを論
　証したことにはならない」（阪本・前掲注(4) 70 頁。同様の指摘を行う長谷部・前掲注
　(3)（2018 年）154 頁も参照。）とすれば，（日本国の憲法法源としての）「法の支配」→

第 1 部　憲法の最高法規性

(3)　このように違憲審査制を憲法保障，さらに立憲主義にとって不可欠な制度装置であるとする立場を定式化したのが，芦部信喜である。芦部は，議会による人権保障と，裁判所による保障に本質的な違いを見出す[14]。今日，世界的にみられる違憲審査制の普及の背後には，「注目すべき憲法思想の転換があり，それを司法主義（judicialism）の普遍化と呼び得る」という。司法主義とは，①憲法はあらゆる国家権力から不可侵の人権を保障する法，すなわち実質的意味における国の最高法規であるとする観念を基本とし，②それを裁判的に保障する何らかのシステムを制度化することによって具体化しようとする原則のことである[15]。この司法主義に立てば，「憲法が国民の権利・自由をあらゆる国家機関から守る客観的な規範秩序として，通常の法律に対する優越性を維持し得るためには，立法・行政両機関から独立の憲法擁護の機関が存在しなければならない」との結論が自然に導かれる[16]。このような思考を持つ芦部が裁判所による憲法の実現のために「憲法訴訟論」の開拓に意を注ぎ[17]，それが，価値中立的な手続論に止まらず，実体的な憲法価値と深く結び付いていることを強調する[18]のも当然の帰結であるといえよう。

　しかし，フランスを主にした該博な比較憲法的研究[19]をベースにした樋口陽一の次のような見解は，上述の芦部の描いてみせた立憲主義と違憲審査制，つまりは立憲主義と公権的な憲法保障制度との予定調和的帰結に波紋をもたらすものではないか。「憲法保障行為は，保障者による憲法解釈を前提として成り

　　「日本国憲法」の最高法規性→司法審査制という関係は，いかにして「論理必然的」たりうるのであろうか。ちなみに，憲法典の「諸条規に言及するだけで」，日本国憲法が「法の支配」を採用しているとするのが伊藤・前掲注(6)特に 126 頁以下。

(14)　芦部信喜「司法における権力性」同『人権と憲法訴訟』（有斐閣，1994 年）20 頁以下。

(15)　「司法主義」については，芦部・前掲注(14) 20-21 頁に引用されている，C.J.Friedrich, The Impact of American Constitutionalism Abroad,1967, pp.78-9. にその説明をみることができる。

(16)　芦部信喜『憲法訴訟の理論』（有斐閣，1973 年）3 頁。

(17)　上に挙げた文献の他，芦部信喜『現代人権論』（有斐閣，1974 年），同『憲法訴訟の現代的展開』（有斐閣，1981 年），同『司法のあり方と人権』（東京大学出版会，1983 年）等を参照。

(18)　このことを強調した論稿として，特に，芦部信喜「憲法訴訟論の課題」芦部・前掲注(14) 131 頁以下を参照。

(19)　樋口陽一『比較憲法〔全訂第 3 版〕』（青林書院，1992 年）参照。

立っている。司法審査制においては，憲法の有権的解釈権を持つ『裁判官がこれが憲法だというもの』が保障されるにすぎない」。したがって，「政治的機関による保障と裁判的機関による違憲審査制には，所与の法源そのものの自己実現が約束されるわけではないという点において，ア・プリオリな差はない」[20]。この樋口の立論は，芦部とおそらく全く異質の法観念・法解釈観・法による拘束ということの捉え方に基づくものである。樋口によれば，「普通の人々に意識されている制定法なるものは，実はそれぞれの解釈者によってそれぞれに解釈された所産であり，有権的解釈を行う裁判官を拘束する客観的存在ではない」。「制定者によって歴史的に定立された時点での法的価値判断としての規範は，確かに存在するが，文字どおりの意味では，それは裁判官を拘束していないだけでなく，拘束すべきものとされていない」[21]。ここでは，両者の原理的な相違への深入りは避けるが，後にⅣで試みられる思考類型の設定に必要な対比は示すことはできたように思われる。

Ⅲ　ドイツにおける「憲法の優位」と憲法裁判

（1）　後にⅣにおいて試みられる思考類型の設定をさらに補強するため，ドイツ公法学の議論の一部が紹介することにしよう。《某国ではこうであるから》

---

(20)　樋口陽一『司法の積極性と消極性』（勁草書房，1978 年）1 - 8 頁。

(21)　樋口・前掲注(20)3 頁。なお，同『近代立憲主義と現代国家』（勁草書房，1973 年）第 1 章にみるように，樋口は憲法科学として制定憲法の認識を可能とする一方で，憲法解釈についてはこれを事前に拘束する「法」を認めない。解釈を拘束するものは，機能的な「ワク」ともいうべき「ゲームのルール」であるという。この点につき，樋口陽一＝栗城壽夫『憲法と裁判』（法律文化社，1988 年）第 1 部［樋口陽一執筆］，樋口・前掲注(13)144 頁以下，同・前掲注(1)499 頁以下をも参照。これに対して，樋口が基本的に同調していると考えられるルール懐疑主義を R. ドゥオーキンによって批判する遠藤比呂通「憲法的救済法への試み（一）」国家学会雑誌 101 巻 11・12 号 14 頁以下を参照。そこで，定式化されている法解釈観，すなわち「解釈者の解釈行為に先在する一般的規範は存在しないというルール懐疑」の「問題は規範科学のそれであるから，たとえそれに対する回答がルール懐疑的であっても，法の解釈者は自らを拘束する法源を主体的に選びうる」という立場は，科学／解釈学説二分論に依拠する樋口の立場でもあるが，この種の思考は，実定法の解釈という概念の概念錯誤（misconcept）を犯しているのではないか，という遠藤の指摘に本書著者は同感である。また，法解釈とルール懐疑主義に関して，本書著者は直ちに与することはできないが，なお参照に値する文献として井上達夫「規範と法命題（一）」国家学会雑誌 98 巻 11・12 号特に 28 頁以下を挙げうる。

第1部　憲法の最高法規性

という類いの安易な「比較法」的レトリック は，特定国家の憲法解釈に取り組むにあたって厳に慎まれるべきものである。しかし，本書がその課題とする「憲法の最高法規性」とそれを担保するシステムが「形成」する「憲法」との間の「葛藤」は，各国固有の事情を捨象した思考においてその姿を確かめることは可能であり，したがって抽象レヴェルにおいて他国の理論との共通性を認めることが許容される領域であると考えられる。

　ここでドイツの議論を取り上げる理由としては，ドイツの連邦憲法裁判所が日本の最高裁判所に比して実に強大な権限を有していることを挙げうる。連邦憲法裁判所には，他の一切の裁判所から有権的憲法解釈の権限が集中させられる一方，その決定（Entscheidung）は，裁判機関のみならず，全国家機関を拘束するものとされている[22]。このような絶大な権限を有する国家機関の語る「憲法」と上述の「憲法の優位」とがいかなる関係にあるのかそれ自体興味深い論点であるが[23]，ここでは，日本における「葛藤」に比してのドイツの鮮烈さが後述の思考類型設定に有効であると考え，この目的に資する限りでの議論の紹介を行う。近年のドイツ公法学は「連邦憲法裁判所決定の注釈学」「憲法裁判所実証主義」[24]と批判されることもあるといわれるが，本書では，そのような傾向とは距離をおいた議論を参照する。

(2)　1980 年度ドイツ国法学者大会における議論

　1980 年度ドイツ国法学者大会は，第一テーマとして「国家作用体系における憲法裁判制度」を掲げ，報告と討論を行った。大会報告者クラウス・シュライヒの主目的の一つは，「憲法裁判は有権解釈ではない」ということを論証することであった。というのは，憲法に関する有権解釈は，憲法の制定だからである[25]。シュライヒによれば，この問題については，既にヴァイマール時代に

---

(22)　ドイツ連邦憲法裁判所法第 31 条参照。この点につき，Vgl. Helmut Simon, Verfassungsgerichtsbarkeit, in：Benda/Mainhofer/Vogel (Hg.), Handbuch des Verfassungsrecht der Bundesrepublik Deutschland, 2. Aufl.,1994，§34, Rdn. 46f.

(23)　この点，例えば，現連邦憲法裁判所裁判官 D. グリムが《同裁判所への攻撃が憲法自体への尊敬の喪失を意味する》と考えているかにみえるのは興味深い。Vgl. Dieter Grimm, Hütet die Grundrechte!, in:Die Zeit v. 18.4.1997. S.44. 毛利透訳「基本権を擁護せよ！」法律時報 69 巻 11 号。

(24)　高田篤「戦後ドイツの憲法観と日本におけるドイツ憲法研究」樋口陽一編『講座憲法学別巻』（日本評論社，1995 年）68 頁。

(25)　Klaus Schiich, in：VVDStRL 39, 1981, S.131., Vgl. Klaus Schlaich, Das Bundesverfas-

第 1 章　問題の所在

カール・シュミットによって深い洞察が与えられていた。

　シュミットによれば，司法は一義的に明確な規範の存在を前提とする。憲法の条項がそれほど明確ならば，紛争は生じない。紛争が生じるのは，憲法の内容が明確を欠くからであり，憲法裁判所の決定は，この不明確な憲法の規範内容を決定することにほかならない。「二つの規範の間に矛盾が存するか否かについての疑義と意見の相違を決定する際も，一つの規範は他の規範に適用されるのではなくて，——疑義と意見の相違は，憲法律の内容にのみ関わるがゆえに——実際のところ，疑義のある規範内容から疑念が除去され，有権的に規範内容が決定される。それは，本質的に憲法律の内容に関する不明確さを除去することであり，それゆえ法律内容の決定であり，したがって本質的に立法，それどころか憲法制定であって，司法ではない」。「疑義の向けられた法律内容から有権的に当該疑義を除去するいずれの機関も，本質的に立法者として働く。もし，それが憲法律の疑義のある内容から疑義を除くならば，それは憲法制定者として働く」[26]。

　シュライヒは，憲法裁判が有権解釈であるとすれば，それは憲法制定だ，というすでにみたシュミットの見解を肯定し，次のようなテーゼを掲げた。「憲法裁判は，憲法制定ではない。憲法裁判所は，……憲法の内容を決定するのではなく，事件（規範）に関して決定する」[27]。シュライヒによれば，憲法裁判所の規範統制が《法律としての効力》を有するという考え方は誤りである。この誤った考え方は，連邦憲法裁判所法 31 条 2 項の《法律としての効力》という文言を特別視し過ぎることに基づく[28]。もし，憲法裁判所の決定が，憲法内容の明確化であり，文字どおりの《法律としての効力》を有するとすれば，それは，憲法と同じランク（位階）の効力を有する規範が制定されたことと同じ

---

　　sungsgericht, 3. Aufl., 1994, S.22f.

[26]　Carl Schmitt, Der Hüter der Verfassung, 2.Aufl., 1931, S.45. 川北洋太郎訳『憲法の番人』（第一法規出版，1989 年）63-4 頁。もっとも，このような把握が多分に擬制的であることについては，H. ケルゼンによる周知の指摘がある。Vgl. Hans Kelsen, Wer soll der Hüter der Verfassung sein?, 1931, in：Die Wiener Rechtstheoretische Schule（以下，WRS. と略記），Bd.2., 1968, S.1873f. 古野豊秋＝根森健訳「憲法の番人論」埼玉大学紀要（社会科学篇）31 巻（1983）15 頁以下。

[27]　Schlaich, a.a.O.(25)., 1981., S.146.

[28]　Schlaich, a.a.O.(25)., S.133f.

第1部　憲法の最高法規性

である。しかし，憲法裁判所の決定による法形成はあくまで憲法のレヴェル（水準）に止まる(29)。

「基本法は——その全部分において，その精神にしたがったとしても——直接に適用される法として拘束する」(30)。憲法がその文言のまま適用可能であり，内容が明確であれば，憲法裁判は憲法の内容を決定する「有権解釈」ではなく，事件（規範）について権威的な決定を下す作用に止まる。このような機能を果たすに過ぎない憲法裁判所は，決して憲法の番人でも憲法制定権力への参与者でもない(31)。シュライヒが，《憲法とは最高裁判所がこれが憲法だというものである》という「アメリカ的な見方」に対して否定的な態度を示し(32)，他方で，我が国においてもドイツの憲法裁判制度の定着ぶりを語る言葉として引かれる(33)，《基本法は今日実際上連邦憲法裁判所が解釈するとおり妥当している》というR．スメントの言葉を先の「アメリカ的な見方」に対する否定的意味を含意するものとして解釈する(34)のは当然ということになろう。

ところで，シュライヒが，報告の中で自説と相反する論者として槍玉に挙げていた(35)のが，後に当大会討論に参加もしているエルンスト・ヴォルフガング・ベッケンフェルデである。ベッケンフェルデは，シュライヒと全く対照的に憲法裁判所による規範統制を憲法制定とみなす(36)。上述のように，シュライ

---

(29)　Schlaich, Aussprache, in：VVDStRL 39, S.174.

(30)　Schraich, a.a.O.(25), S.132. シュライヒは，同時に，憲法裁判所を含む裁判所の任務を憲法・法律の文言の解釈（Interpretation）に限定しようとする。が，このような姿勢は司法消極主義を直ちには帰結しない。彼は，自分の議論の目的を，裁判を憲法の文言へ結び付けることとする（Vgl.Schlaich, Aussprache, in：VVDStRL39, S.155f.）。とはいうものの，このシュライヒの「憲法の文言への回帰」とでもいうべき姿勢は，連邦憲法裁判所に対する現状評価と無縁ではない。それは，憲法の文言から遊離した審査基準（Kontrolldichte）を裁判所が形成することへの批判であり（SCHLAICH, a.a.O.(25), S. 111f., S.124f.），審査基準は憲法自身がどの程度の詳細な規定を設けているかによって決定されるべきだという実践的な主張に連なる（a.a.O.(25), S.112.）。

(31)　Schlaich, a.a.O.(25)., S.126, S.132f.

(32)　Schlaich, a.a.O.(25), S.136, S.198.

(33)　例えば，栗城壽夫「はしがき」ドイツ憲法判例研究会編『ドイツの憲法判例』（信山社，1996年）。

(34)　Schlaich, a.a.O.(25), S.136.

(35)　Schlaich, a.a.O.(25)., S.131.

(36)　Vgl.Ernst-Wolfgang Böckenförde, Die Methoden der Verfassungsinterpretalion, in：NJW1976, Heft46, S.2099. これを批判するのが，Ulrich Scheuner, Verfassungsgerich-

ヒは，憲法のランクとレヴェルを区別し，憲法裁判は後者にはあるが，前者にはないとするが，ベッケンフェルデによれば，このような区別は無意味である。なぜなら，憲法裁判所は，憲法を根拠にしてのみ下位法規を違憲・無効としうるのだから，同裁判所の行う「憲法の具体化」すなわち憲法の内容の「形成的な特定化」の成果は憲法のランクに昇華され，かつ参与するものでなければならない[37]。憲法裁判所は，憲法の具体化・有権解釈を通じて憲法制定活動を行う[38]。もっとも，憲法裁判権は，「憲法の優位を分かちも」ち，かつ憲法改正権の拘束下にあることから，なお「憲法を越えるものではない」と位置づけられる[39]。

(3) 「憲法の優位」との関係

　以上の叙述から不十分ではあるが，シュライヒとベッケンフェルデの考え方の相違について，のアウトラインをある程度明らかにできたと思われる。すなわち，これを要約すれば，シュライヒは，憲法解釈権が集中せしめられている連邦憲法裁判所にあっても，なお拘束されるべき所与の憲法規範が存在することを強調したが，ベッケンフェルデによれば，憲法裁判所は何より「憲法の具体化」に仕えるべきで，その作用は憲法制定に等しいとされる。前者によれば，憲法裁判権は明確な意味内容を持つ憲法テクストの適用にその作用を限定されるが，後者によれば，憲法裁判権にとって，拘束を受けるべき「憲法」とは，せいぜいのところ「判決の発見の基準」でしかない[40]。

　このような両者の対比は，ライナー・ヴァールが示した二つの「憲法の優位」の対比[41]に対応しているように思われる。すなわち，シュライヒの考え方

---

tsbarkeit und Gesetzgebung, in：DÖV1980, S.477. ベッケンフェルデのこの考え方は，今日に至るまで変化していないようである。参照，E.-W. ベッケンフェルデ（古野豊秋訳）「憲法裁判権の構造問題・組織・正当性」ベッケンフェルデ（初宿正典編訳）『現代国家と憲法・自由・民主制』（風行社，1999 年）186 頁以下。

(37)　Böckenförd, Aussprache, in：VVDStRL 39, S.173f. 「憲法の具体化」については，Vgl.Böckenförde, Grundrechte als Grundsatznormen：ders,Staat, Verfassung, Demokratie, 1991, S.186.

(38)　Böckenförde, Aussprache, in：VVDStRL 39, S.174.

(39)　ベッケンフェルデ（古野訳）・前掲注(36) 195 頁。

(40)　ベッケンフェルデ（古野訳）・前掲注(36) 196 頁。

(41)　Reiner Wahl, Der Vorrang der Verfassung, in：Der Staat, 1981, S.485f. ライナー・ヴァール（小山剛監訳）同「憲法の優位」（小山訳）『憲法の優位』（慶應義塾大学出版

第1部　憲法の最高法規性

は，「憲法が国家生活において最高の権威を有すること」を意味する「一般的意味における憲法の優位」を前提とした議論であるのに対し，ベッケンフェルデの考え方は，「憲法が裁判の基準となって憲法に反する法が裁判を通じて法的拘束力をもって無効とされること」を意味する「法律的意味における憲法の優位」を前提にした議論であると考えられるというわけである。本書では，ヴァールの議論そのものにはこれ以上立ち入る余裕を有しないが[42]，シュライヒとベッケンフェルデ，それぞれの「憲法の優位」と「憲法裁判」の捉え方が鋭い対照をなしていることは確認しておきたい[43]。

Ⅳ　思考類型の設定 ──「実体法」と「手続法」──

1　「実体法」思考と「手続法」思考

Ⅲまでで概観した憲法の「最高法規性」もしくは「優位」とそれを保障するとされるシステムとの連関に関わる議論を踏まえて，「憲法の最高法規性」の観念の仕方について次のような2つの思考類型が設定できよう。これまでみた議論は，この両思考類型について意図的な選択をなした結果，その選択の仕方が結局対立の主因と化しているとみなしうるのであり，さらに，既に示唆したように，この思考類型は，日本国憲法における2つの条文（98条・81条）によって直截に表象されているようにみえるからである。

⑴　「実体法」思考

「憲法」とは，国内法段階における最上階を構成するいわば静態的に認識された実質概念でもある。が，同時に，近代立憲主義の中核としての人権・平和・国民主権等の概念を含む点で，一定の内容を有した実質概念でもある。憲法の「客観的意味」に反する法定立行為は，仮にそれが主観的に妥当性要求を

───────────

会，2012年）215頁以下。

[42]　着実な比較憲政史的研究に基づきつつ，今日「法律的意味における憲法の優位」が注目される中，「一般的意味における憲法の優位」の再評価を迫る興味深いこのヴァール論文の詳細については栗城による紹介と検討（栗城・前掲注⑸）を参照。

[43]　栗城壽夫「憲法におけるコンセンサス（4）」法学雑誌31巻3・4号116頁は，シュライヒおよびベッケンフェルデの議論について，「現実的・実践的意義をもたない」としながらも，「憲法裁判に限定しないで，国家作用全体，更には，憲法のもとでの国家生活全体を念頭においた場合」は「示唆的な意味」を有すると述べていた。

掲げるにせよ，その行為は，「憲法」に照らして無意味・無価値とされる。このような「憲法」像は，とりわけ憲法典の「形式的最高性」を規定する日本国憲法 98 条 1 項によって表象されている。このように，「客観的」「実体的」な意味を有する憲法典を前提にした「最高法規性」の観念の仕方を「実体法」思考と呼ぶことにしよう（以下断りのない限り傍点は本書著者の手による）。この呼称は，「法の意味が何であるか」という「実体法の世界」の問題と「何か法の意味として妥当するか」という「手続法の世界」の問題とを峻別すべきことを説いた柳瀬良幹の用語法[44]を借用したものである。

(2) 「手続法」思考

他方しかし，次のような疑問が提起されえよう。憲法の「客観的意味」とは何か。たとえ，日本国憲法 98 条 1 項が最高法規であると自称しても，誰もが，憲法の「客観的意味」を認識しうるのか。その「認識」が仮にある時点で「客観性」を証明しうるにしても，それは超時代的に妥当する性格を有するものなのか。およそ国法は，国家機関による解釈・適用を経て，はじめて実効的な規範として通用する。このいわば動態的な法具体化過程において，憲法の「客観的意味」は果たしてどの程度の意義を持ちうるのか。とりわけ問題なのは，国家機関のうちでその法解釈・法適用行為が有権的とされる国家機関である。例えば，違憲審査権を行使する最高裁判所は，憲法の「客観的意味」を所与として受け取っているのであろうか。そうではなく，もし「別の意味」を受け取っていたとしたらどうであろうか。「客観的意味」ではない別の意味を与えられうる憲法の「最高法規性」はいかなる意義を持ちうるのか。このように，憲法典の「客観的意味」を自明視するのではなく，むしろ「日本国憲法」が語られる場合，それが現実の裁判過程・行政過程・立法過程の如何なる段階における何人の判断に基づくものとしていわれているかを重視し，日本国憲法の実定性とはそれに尽きると考える「憲法の最高法規性」の観念の仕方を上述の柳瀬の用語法にならって「手続法」思考と名づけよう。このような思考は，「憲法」

---

(44) この通常の用語法とは異なる柳瀬の思考については，本書第 1 部第 3 章で詳述する。さしあたり，柳瀬良幹「実体法の世界と手続法の世界」同『憲法と地方自治』（有信堂，1954 年）107 頁以下を参照。柳瀬は，「或る者が法の意味として言うところが本当に法の意味であるかどうかの問題」と「或る者が法の意味として言うところが法の意味として通用する力を有するかどうかの問題」とを峻別する（同 126 頁）。

第1部　憲法の最高法規性

違反の法令を排除する権限を最高裁判所に授ける，日本国憲法81条に象徴的に顕れているといえる。

2　「実体法」と「手続法」の交錯

(1)　ケ　ル　ゼ　ン

もっとも，以上のように，「憲法の最高法規性」の観念の仕方を二つの思考類型として設定すること自体，無意味だという疑問がありうるところである[45]。ここで，かつてオーストリア憲法裁判所の父と称され，カール・シュミットと華々しい「憲法の番人」論争を交わしたハンス・ケルゼンの「憲法の裁判的保障」と題された論文における次の叙述に注目したい。「憲法違反の法令を廃止する保障を欠く憲法は，技術的意味において，完全に義務づける力を有するとはいえない」[46]。ここでは，上述の「実体法」・「手続法」思考がひとまず統合された形で語られている。自己実現しえない憲法典の最高法規性の保障について，違憲審査機関の存在をもって応えようとするのは，今日一般的といえる。日本国憲法98条1項が，同81条規定の最高裁判所による違憲審査権によって最終的に担保されることを予定した規定であると通常解されるのもその意味である。

(2)　日　　　本

ところが，Ⅱで芦部説・樋口説について触れたように，この解釈論のレヴェルから一歩退いたところで両説にみる「実体法」・「手続法」両思考は既に対照的な交錯を示しており，それが先に指摘したような見解の対照を示す要因になっている。すなわち，芦部は，実体的な憲法価値の実現を最終的に司法機関に期待するが，それは「日本国憲法」の最高法規性が「手続法」の世界でしかありえないことを示唆しているように思われる。確かに芦部は「憲法訴訟論」が実体価値と密接不可分であることを強調するが，それは結局，「手続法の世界における実体法」の重要性を述べるに止まるのではないか。

これに対して，樋口は，「イデオロギー的には」，憲法の最高法規性は，「手続法」の世界のものでしかないことを強調する[47]。では，樋口にあっては，

---

(45)　典型例として，前掲注(8)に掲げた橋本，伊藤の思考を挙げうる。

(46)　Hans Kelsen, La garantie juridictionnelle de la Constitution, Revue du droit public, 1928, p.250.

第1章　問題の所在

「実体法」の世界における「憲法の最高法規性」の観念はありえないのであろうか。樋口は，制定憲法の科学的認識を可能であるとすることで，「実体法」の世界における憲法の実定性を肯定するかにみえる。しかし，ここで留意すべきは，樋口によれば，「手続法」と「実体法」とは何の関係ない，とされる点である[48]。樋口が「憲法訴訟」を通じての裁判所による憲法典の実現について，芦部と対照的にやや醒めたスタンスを採る原因は，この点に求めることができよう。

(3)　さらにドイツの議論を併せ読む──「ねじれ」──

Ⅲにおいて概観したシュライヒとベッケンフェルデの対照は，さらに鮮烈に「実体法」・「手続法」両思考の対比を反映しているように思われる。すなわち，シュライヒは，憲法裁判権さえ拘束する「憲法」とりわけ憲法テクストの意義を強調することによって，典型的な「実体法」思考を展開するのに対し，ベッケンフェルデは憲法裁判権を端的に憲法制定作用とみなすことによって，「手続法」思考に圧倒的に傾斜した思考を提示するということである。だが，ここで単純に樋口＝シュライヒ，芦部＝ベッケンフェルデといった形で，上にみた四者を図式化することはできない。

注目すべきは，日本の2人の論者の思考が一筋縄では処理できないという点である。まず，樋口の思考をみよう。樋口説にあっては，科学としての制定憲法認識という「実体法」思考が一方に控えながら，他方で，「実体法」とは全く無関係にして，「法」に一切拘束されない国家機関による憲法解釈が「客観的」に認識されるという「手続法」思考が厳然と存在する。すなわち，「実体法」の世界と断絶させられた「手続法」の世界に視点をおいた場合，樋口の思考は，ベッケンフェルデの思考に一致することとなる。実際，所与の「法」による裁判官の拘束を否定する樋口・ベッケンフェルデ両説は，違憲審査権をも行使する裁判官の正統性についての結論，すなわち特殊な任務に耐えうる裁判

---

(47)　樋口・前掲注(21)（1973年）191頁は，「ザッハリヒな観点から見るとき，イデオロギー的には『憲法の最高法規性』をめぐる問題としてあつかわれている事がらを，われわれは，憲法の公権的解釈権の最終的帰属の問題としてとらえなければならない」とする。

(48)　そのうえで，樋口は，柳瀬による「実体法」と「手続法」の峻別論を「ありのままにうけとめること」（樋口陽一『現代民主主義の憲法思想』〔創文社，1977年〕159頁）は可能だという。

第 1 部 憲法の最高法規性

官としての個人的な資質にその正統性を求めるという結論において一致するかにみえる⑷。こういった「ねじれ」は，「手続法」志向とみなされうる芦部とシュライヒとの間においても確認しうる。というのは，芦部のいう「司法主義」とは，あくまで，個人の尊厳を中核とした客観的規範秩序たる憲法を大前提とした思考なのであって，憲法テクストによる裁判官の拘束を強調するシュライヒの思考と，その「実体法」志向において親和性を認めえないわけではないからである。

(4) 両思考の架橋の必要性 ── 純粋法学による再構成 ──

　上述のように，日本国憲法の「最高法規性」は，同 98 条 1 項に「実体法」思考として，同 81 条に「手続法」思考として，それぞれ顕在化しているのだとすれば，この「実体法」思考と「手続法」思考とを統一的に解することは，「憲法の最高法規性」を理解するにあたって重要な意義を持つことになろう。確かに，このことは，98 条 1 項に規定された「最高法規性」が 81 条に規定された「違憲審査制」によって実現されるという予定調和的理解によってすでに広く認知されている思考かもしれない。裁判所による「憲法保障」にのみ関心を集中することは，しかしながら，「憲法の最高法規性」を支える両輪の片方にのみ偏向した思考であることも一方で看過されてはならない。「憲法の最高法規性」という観念が，立憲主義の核心，すなわち法による国家機関の拘束を主たる要素としているのだとすれば，かかる観念の射程のうちには当然司法権も含まれる。違憲審査制によって保障される「憲法」は，違憲審査制が自己主張する「憲法」でしかないから，全ての国家権力に優越する法規範であると安易に主張はできない。それは，あくまで，違憲審査制に論理的に先行する「憲法」そのものと積極的に関係付けられなければならない。違憲審査制を素朴に奉ずる予定調和ではなく，「憲法の最高法規性」における「実体法」思考と

⑷ 樋口陽一「裁判の独立」樋口陽一編『講座憲法学 6』（日本評論社，1995 年）は，裁判官の独立の正統性根拠に関する内外の議論を参照したうえで，「困難な状況の中」，「みずからの『正解』獲得能力を高めようとする」（59 頁）裁判官に正統性の根拠を探ろうとしているようである。ベッケンフェルデ（古野訳）・前掲注㊱ 206 頁も，憲法裁判権に対する制度的な正統性付与を困難としたうえで，その正統性根拠を裁判官自身の「責任」，すなわち裁判官職の「特別な任務の条件や限界について意識し」，その「特別な要求に耐える力」を有する裁判官個人の資質に求める。両者の思考は，ある種のエリーティズムで共通している。

第 1 章　問題の所在

「手続法」思考の葛藤を認識・克服したうえで，98 条 1 項と 81 条を統一的に架橋する解釈図式をいかなる形で提示しうるかが重要な課題である。

　本書は，かかる架橋の理論的視座をケルゼンの理論に探ることにした。ケルゼンは，前述したように憲法の保障につき「実体法」と「手続法」を統合したものとして扱っている。しかし，彼の言明の背後には実は「実体法」・「手続法」両思考の絶え間無い葛藤があった。ケルゼンが「憲法保障」の任を憲法裁判に賭けたかにみえる先の短い文章においてさえ，幾つかの慎重な留保をみて取ることができる。本書は，ケルゼンの理論が「実体法」と「手続法」両世界の葛藤を抱えながらなお，両世界の統合を語りえた[50]ことに注目する。前述した日本国憲法における「実体法」と「手続法」の架橋の契機を，ケルゼンの確立した純粋法学の固有性から，「憲法の最高法規性」のより十全な解釈図式として抽出しようとするわけである。本書がケルゼンの理論に着目するのは，日本の憲法学が，日本国憲法 98 条 1 項は憲法典の形式的最高性を規定すると解する際，ケルゼンの法段階説を根拠として持ち出す傾向にあるからともいえる。このような傾向に問題があることは後に触れられようが，「憲法の最高法規性」という大問題に取り組む第一段階としては，「一つの観点から物を徹底的に見」[51]るということも無意味とまではいえまい。

V　純粋法学の「構造」

　以下では，ケルゼンが展開した純粋法学の「構造」について簡単な概観を行い，後の議論のための基礎としたい。純粋法学は，大別して以下の 3 部分に整理可能と思われる。

（1）「純粋」性（Reinheit）

　まず，「純粋」性を挙げうる。ケルゼンは自らの法理論の純粋性，すなわち科学的認識対象としての法規範認識の独立性を「法律学を全ての異質要素から解放」[52]することによって確保しようとする[53]。彼によれば，この「異質要

---

[50]　この点，ケルゼンと違憲審査制との間に「順接続の関係」の一方で「逆接続の関係」を認める，樋口陽一「ケルゼンと違憲審査制」同『転換期の憲法？』（敬文堂，1996年）181 頁以下が参照されるべきである。

[51]　柳瀬良幹「法書片言」『法書片言―心の影』（良書普及会，1969 年）145 頁が，Kelsen, Hauptprobleme der Staatsrechtslehre, 1. Aufl., 1911 を評して述べた言葉。

[52]　Hans Kelsen, Reine Rechtslehre, l.Aufl., 1934（以下，RRL1. と略記），S.1. 横田喜三

19

第1部　憲法の最高法規性

素」とは，「自然と正義」である。

「自然」の放逐は，存在と当為の二元論から帰結される。「法とは社会現象で
あ」り，「社会は自然と全く異なった対象である。なぜなら，社会は，自然と
全く異なった要素の結合であるからである」[54]。純粋法学は，存在世界を対象
とし因果法則に規定された自然を記述する自然科学ではなく，当為世界を対象
とする。すなわち，それは，法法則（Rechtsgesetz）と法命題（Rechtssatz）に
よって社会現象としての法規範を記述する法の科学である[55]。このようにして，
純粋法学は，「自然事象の因果的説明を目的とする他の全ての科学から区別さ
れる[56]」。法学から社会学，心理学，生物学を排除することは，このようにし
て正当化される。

「正義」の放逐は，ケルゼンの認識と実践の二分論から説明される。彼はい
う，純粋法学は「現実の法や可能な法を問題にするのであって，正しい法を問
題にするのではない」[57]。彼が，絶対価値を有する「正しい法」の評価を拒否
するのは，法の科学の認識対象が実定法だからである。彼によれば，実定法秩
序は，自然・実在に対しては精神・イデオロギー[58]としてみなされるが，「正

郎訳『純粋法学』（1935）12 頁。

(53)　中村雄二郎「法の実定性と言語——制度と社会の基礎理論のために」思想 625 号 76
頁以下，さらに手島孝『ケルゼニズム考』（木鐸社，1981 年）277 頁以下，314 頁以下
を参照。

(54)　Kelsen, RRL1., S.2. 横田訳 13 頁。

(55)　Kelsen, Hauptprobleme der Staatsrechtslehre, 2.Aufl., 1953, S.VIf. 長尾龍一訳「『国法
学の主要問題第 2 版』序文」新正幸ほか訳『ハンス・ケルゼン著作集 IV　法学論』（慈
学社，2009 年）121 頁以下。Vgl. Kelsen, Allgemeine Staatslehre, 1925（以下，ASL. と
略記），S.47f. 清宮四郎訳『一般国家学』（岩波書店，改訳版 1971 年）79 頁以下，
Kelsen, Reine Rechtslehre, 2.Aufl., 1960（以下，RRL2. と略記），S.84.
　　因果法則が，原因と結果（例えば「鉄の加熱」と「鉄の膨張」）を「因果（Kausali-
tät）」（A ならば B「である（sein）」）で結び付けるのに対して，法命題は，要件と効
果（例えば「窃盗」と「刑罰」）を「帰報（Zurechnung）」（A ならば B たる「べし
（sollen）」）で結び付ける（Kelsen, ASL., S.47f. 清宮訳 80 頁以下）。

(56)　Kelsen, RRL1., S.9. 横田訳 24 頁。

(57)　Kelsen, RRL1. S.17. 横田訳 34-5 頁。ケルゼンにとって問題になるのは，「法は道徳的
であるべきだ」という主張ではなく，「法は，道徳の構成要素として，実際に道徳的性
質を持つ」とし，「道徳が持っていると主張されるところの，あの絶対的価値を法に伝
えようとする」主張である（RRL1., S.12f. 横田訳 28 頁）。

(58)　ここでいうイデオロギーは，「自然に対立させられた精神」（RRL1., S.38. 横田訳 65
頁），「存在事実の現実性の反対物」（Kelsen, RRL2., S.111）であって，「現実を隠し，そ

義」に対しては，「現実の」存在する法である[59]。このようにして，純粋法学は，その観察対象から，実定化されていない「正法」を排除する。

以上にみた「純粋」化によって，ケルゼンは何が実定法ではないのかを明らかにした。次に問題になるのは何が実定法かについてである。それは視点のおき方で二つの理論に区別して記述されうる。「静態」法理論と「動態」法理論である[60]。

(2) 「静態」法理論 (statische Theorie des Rechts)

視点をいわば「人間を規律する法」におくのが「静態」法理論といえる。それは，「妥当する規範としての法」，「静止する法」を対象とする[61]。すなわち，それは，「法を，その定立過程を考慮することなく，完全な，そのまま適用し得るルールの体系とみなす」[62]理論である。この視点からすれば，「実定法は，強制を規定する秩序という意味において，強制秩序であ」り，「法規範によって創設された違法行為と制裁の関係が，法の基本関係」[63]とみなされることに

れを神聖化したり醜く描いてみせたりする，表象」(Kelsen, RRL1., S.38. 横田訳 65-6 頁)，「客観的でなく，主観的価値判断に影響された，認識対象を隠し，それを神聖化したり醜く描いてみせたりする，この対象についての叙述」(Kelsen, RRL2., S.111.) ではない。ケルゼンは，前者を「語の最広義における『イデオロギー』」，後者を「狭義の本来の意味における『イデオロギー』」と呼び，両者を区別する (Kelsen, Allgemeine Rechtslehreim Lichte materialistisher Geschichtsauffassung, Archiv fiir Sozialwissenschaft und Sozialpolitik, Bd.66., Heft 3, 1931, S.454f.)。したがって，前者の対立概念が「現実」であり，後者のそれは「科学」である (長尾龍一「訳者あとがき」ケルゼン (E・トービッチェ序・長尾隆一訳)『神と国家――イデオロギー批判論集』(木鐸社，1977 年) 247 頁)。

(59) Kelsen, RRL1., S.38. 横田訳 66 頁。

(60) Kelsen, RRL2., S.72. この 2 つの理論の次元を明確に区別したのは大塚である。参照，大塚滋「純粋法学の『構造』問題」日本法哲学会編『法規範の諸問題』(有斐閣，1977 年) 所収，同「純粋法学における法解釈の問題 (1) (2)」東京都立大学法学会雑誌 19 巻 2 号，20 巻 1 号所収，同「イデオロギー批判としての法解釈」長尾他編『新ケルゼン研究』(木鐸社，1981 年) 所収。

(61) Kelse, RRL2., S.72. ちなみに，「規範が妥当する」とは，「規範が拘束力を持つこと，人間が規範に定められた仕方で行態すべきであること」を意味する (RRL2., S.196.)。

(62) Kelsen, The pure theory of law and analytical jurisprudence, Harvard Law Review, vol.55, 1941, p.61.

(63) Kelsen, Die philosophischen Grundlagen der Naturrechtslehre und des Rechtspositivisraus, 1928, in：WRS., Bd.1., S.284. 黒田覚訳「自然法論と法実証主義の哲学的基礎」黒田覚訳他『ハンス・ケルゼン著作集Ⅲ 自然法論と法実証主義』(慈学社，2010 年)

第 1 部　憲法の最高法規性

なる。法の科学は，「一定の法秩序によって規定された強制行為が生ずべし」と定式化される法命題[64] (Rechtssatz) によって法規範を記述する。この法規範から法命題への還元によって，純粋法学による伝統的通説（権利，義務，人格等に関する）批判が可能となる[65]。

(3)　「動態」法理論 (dynamische Theorie des Rechts)

他方，視点をいわば「規範に規律された人間の行為」におくのが「動態」法理論である。それは，「法が創設され適用される法過程 (Rechtsprozeß)」を対象とする[66]。すなわち，それは，「何が法の本質であるのか，何が法を他の社会形式から区別し得る基準なのか，といった問いに対する答えを含んでおらず」，「ある規範が，ある規範体系に属するかどうか，ある法秩序の一部をなすかどうか，またそれは何故か，という問題に対して答えを提供するだけ」[67]のものである[68]。「動態」法理論が探求するのは，「静態」法理論においては当然の前提とされていた法の妥当性の問題，すなわち，ある行為がなぜに法行為なのかという問題であるといえる[69]。ケルゼンは，規範の妥当性根拠の追求を強

---

　40 頁。Vgl. Kelsen, The law as a specific socialtechnique, 1941, in：What is Justice?, pp. 244-45.

[64]　Kelsen, RRL2., S.80. 法命題は，例えば，刑事法の場合，「1．窃盗するものがあり，2．特定の国家機関が公訴を提起すれば，裁判所は処罰すべし」という内容，民事法の場合，「1．2 人の人間が互いにあることを取り決め，2．両者のうち 1 人が取り決めに従って行態せず，3．他の一人が訴えを提起すれば，裁判所は強制執行を行うよう命ずべし」という内容になる (Kelsen, AS., S.52. 清宮訳 88 頁)。もっとも，ケルゼンのいう《Rechtssatz》は，必ずしも終始一貫した意味内容を有していたわけではない。参照，新正幸「ケルゼンにおける Rechtssatz 概念の変遷」同『純粋法学と憲法理論』（日本評論社，1992 年）11 頁以下。

[65]　Kelsen, RRL2., S.114f.

[66]　Kelsen, RRL2., S.72.

[67]　Kelsen, Law and Peace in International Relations, 1948, p.16. ケルゼン（鵜飼信成訳）『法と国家』（東京大学出版会，1951 年）20 頁

[68]　これは，大塚・前掲注[60] (1977 年) 153 頁によれば，「法の創設，適用につき第 3 者の立場から見た」，「一切の法的問題をいわばよそごととして客観的に観察，説明する理論」とされる。

[69]　ケルゼンは，我々がある場合の行為の主観的意味を客観的意味と解し，他の場合の行為の主観的意味を客観的意味と解さないのは何故か，という問いに法の妥当性の問題考究の契機をみる。つまり，ケルゼンは，ともに行為の主観的意味を有する二つの行為のうちで，何故一方の行為しか，「客観的に妥当する，すなわち拘束力のある」規範を生み出さないのか，「我々がその行為の客観的意味とみなしている規範は，何を妥

第1章　問題の所在

制執行行為から順次遡及させて，最後に「根本規範（Grundnorm）」によって終
結させる[70]。この論理は同時に，法秩序が段階構造をなしていることを明らか
にし，この「法段階説」によって，法創設（Rechtserzeugung）と法執行（Rech-
tsvollziehung）の対立は相対化される[71]。こうして，（実質的意味の）憲法から
強制行為までの各法段階の差異は程度問題となり，全実定法が透徹した視点に
よって一望されることとなる。

当根拠とするのか」を探求しようとするのである（Kelsen, RRL2., S.46f.）。Vgl. Kelsen,
RRL1., S.2f. 横田訳 14 頁以下。

[70]　これは，当然，存在と当為の二分論，すなわち「規範の妥当根拠は事実ではこたえ
　　られない」「規範の妥当根拠は，他の規範の妥当性でしかあり得ない」という立場を前
　　提にした思考である。Vgl. Kelsen, RRL2., S.196.

[71]　例えば，歴史上最初の憲法制定（設定）は，最高位の法創設行為であると同時に，
　　根本規範の執行である。Vgl. Kelsen, RRL1., S.82f. 横田訳 130 頁以下，ders., RRL2., S.51,
　　ders., Allgemeine Theorie der Normen, 1979, S.209.

23

第2章 「手続法」の優位

I ケルゼンの「レアリスティッシュ」な規範概念

　前章で引用した文章[1]においてケルゼンは，「憲法違反の法令」という言辞を用いていたが，これは一見彼の規範概念と矛盾する。彼は，「妥当性は規範に特有の存在形式である」[2]と述べている。この観念に立脚すれば，妥当しない規範はもはや規範でない以上，妥当性根拠を失った「憲法違反の法令」は存在しえない。すなわち，《規範違反の規範》は，《妥当しない規範》と同義ということになるが，ケルゼンによれば，これは結局《存在しない規範》という不条理に行き着くことになる。だが，存在しない「憲法違反の法令」について，我々は知ることも，論ずることも不可能なはずである。

　ケルゼンは前引の文章において，この「憲法違反の法令」について「廃止する」という言辞を用いていた。もっとも，このような言辞は必ずしも一般的に使用されるわけではない。日本国憲法98条1項によれば，憲法「に反する」法令は「効力を有しない」，すなわち「無効」とされる。ケルゼンは何故「無効にする」といわなかったか。

　ケルゼンにあっては，「無効 (Nichtigkeit)」というア・プリオリに《法的無》を表す用語は意味をなさないからである。「無効」とされた規範は，上述のように，存在しえない。しかし，存在しえない規範を法的に取り消すことは不可能事に属する。だから，ケルゼンは次のようにいう，「法秩序がある規範を何らかの理由で廃止しよう (vernichten) とするのなら，法秩序はこの規範を，……まず客観的に妥当する，つまり合法的な法規範とみなさなければならな

---

(1)　Kelsen, La garantie juridietionnelle de la Constitution Rerne da droit public, 1928, p. 250.

(2)　Vgl. Kelsen, General Theory of Law and State, 1945（以下，GTLS. と略記），p.30. 尾吹善人訳『法と国家の一般理論』(1991) 80 頁。したがって，「妥当していない規範は，存在しない規範であり，ゆえに規範ではない」(Kelsen, Recht und Logik, 1965, WRS., Bd.2., S.1472.) ということになる。

第1部　憲法の最高法規性

い」[3]と。例えば，財産の不可侵性を命じる憲法規定は，財産を所有権者の意
思に反して補償なしに収用しうることを政府に授権する法律を単に，「憲法違
反」として廃止しうると規定しているにすぎない[4]。

　「憲法違反の法令」を仮に妥当性根拠を上位規範に有しない規範，すなわち
《存在しない規範》と把握すれば，このような《規範》は法的思惟においても
とより認識不能となる。そこで，「憲法違反の法令」をあくまで妥当する法規
範として前提したうえで，その廃止すべきかを有権解釈権者の判断に委ねる，
という構成が採られる。つまり，ケルゼンによれば，ある法令についてア・プ
リオリな妥当性否定（「無効」）が回避される一方で，なおア・ポステリオリな
「廃止」可能性が残存することで法の段階構造は維持される。これを逆からい
えば，下位法規が「廃止」されることによって上位規範の優位性が保障される
かどうかは，もっぱら有権解釈権者の判断いかんにかかる，ということになる。
例えば，違憲審査権を行使する裁判所は，合憲・違憲について「確認」「宣言」
するのではなく，「選択」「決定」[5]する役割を果たす。あらゆる法規の頂点に
立つべき憲法は，自らの実定性保持を全面的に裁判所に依存するほかない。こ
うしてみるとケルゼン理論において，「憲法の最高法規性」が大きく「手続法」
の世界の観念として立ち現れることになるようにみえる[6]。

---

(3)　Kelsen, RRL2., S.272.

(4)　Vgl. Kelsen, RRL2., S.146.

(5)　日本国憲法 81 条が，最高裁判所に法令の憲法適合性を「決定する権限」を認めてい
　　ることについては，違憲の法令に際して，いかなる事例に，いかなる法的効果を結び
　　付けるかを問題としうる（畑尻剛『憲法裁判研究序説』（尚学社，1988 年）252 頁以
　　下）契機とみなすとともに，同条が「手続法」思考を表象する可能性をも秘めた条文
　　と解する根拠とみることができる。

(6)　この点を強調するのが，例えば，長尾龍一「憲法変遷論考」『思想としての日本憲法
　　史』（信山社，1997 年）256-7 頁。また，菅野喜八郎『続・国権の限界問題』（木鐸社，
　　1988 年）276 頁は，小林直樹の「違憲・合法論」を批判する文脈において，「ケルゼン
　　の実定法概念よりすると，『手続法』こそが優れて実定法だということになる」として，
　　「自衛隊法は，日本国走法の意味として『妥当する力』をもつ『手続法』，優れて実定
　　法ということになるから，実定法の認識としては，これに基づく自衛隊は『合憲・合
　　法』の存在といわねばならぬ」（傍点菅野）と説く。もっとも，本書筆者は，このよう
　　な「手続法」思考を偏重するケルゼン理解に疑問を覚える（参照，次章 I 第 1 節）。

第 2 章 「手続法」の優位

Ⅱ　ミシェル・トロペールにおける「手続法」の優位

1　トロペールによるケルゼン理論の「徹底化」

　このようなケルゼンの「レアリステイッシュ」な契機に着目し，その内在的批判を通じて，独自の法解釈理論を提示したのが，ミシェル・トロペールである。このトロペールの法解釈理論については，つとに樋口陽一，長谷部恭男，南野森らによって詳細な検討がなされている[7]。そこで，本章では，その紹介に重点をおくというより，これまで見落とされてきたと考えられるトロペール理論の問題点を指摘することに主眼をおくことにする。したがって，以下紹介される彼の理論は，このような目的に資する限りのものであることをお断りしておきたい。

(1)　トロペールがまとめたケルゼンの法解釈理論

　トロペールは，自らの法解釈理論を明確に定式化した「ケルゼン，その解釈理論と法秩序の構造」と題された論文において，ケルゼンの法解釈理論を次のようにまとめていた[8]。

(a)　解釈とは適用すべき規範の意味を確定することである。

(b)　適用される規範は，複数の可能性を開いたままにしている。その主たる理由は，規範の言語的意味の多義性にある。

(c)　法適用機関の有権的解釈と，私人とりわけ法学による非有権解釈とは区別される。

(d)　非有権的つまり学理解釈は適用される規範の種々の可能性の意味を明確

---

(7)　特に参照，長谷部恭男「M. トロペール」長尾龍一編著『現代の法哲学者たち』（日本評論社 1987 年）所収，長谷部恭男『権力への懐疑』（日本評論社，1991 年）特に第 1 章，樋口陽一『権力・個人・憲法学』（学陽書房 1989 年）特に 171-82 頁，栗城＝樋口『憲法と裁判』（1988）第 1 部［樋口陽一執筆］，南野森「訳者解説」ミシェル・トロペール『リアリズムの法解釈論 —— ミシェル・トロペール論文撰』（勁草書房，2013 年）201 頁以下。以下，逐一引用しないが，本書著者はこれらの文献から多くの示唆を受けている。

(8)　Michel Troper, Kelsen, la théorie de l'interprétation et la structure de l'ordre jridique, : Revue international de philosophic, no.138, 1981, p.519.（なお，以下引用するトロペールの論文の多くは，Michel Troper, Pour une Théoric juridique de L'Etat, 1994 に収められているが，本書では，旧載誌からの引用によった。）

27

第1部　憲法の最高法規性

化する。

(e)　有権解釈は学理解釈によって明確化された複数の可能な意味から選択する。それは法の創造である。

(f)　したがって，有権解釈は認識行為ではなく，意思行為である。

(g)　唯一真である解釈を確定し得る解釈方法はない。

　ケルゼンの法解釈理論は，伝統的法律学とリアリズム法学の間に道を模索しようとするものである。すなわち，伝統的な理論は，法解釈は法適用に先在する法の唯一正しい意味を認識する作用であると主張した。この見解は，国民主権と裁判官の独立を調和させるイデオロギーとしても機能する。しかし，ケルゼンによれば，個別的規範を導出する裁判作用は「一般的又は抽象的な法規範の個別化又は具体化であり，一般的なものから個別的なものに向かう法創設過程の継続」[9]の一環であるとされ，ここに伝統的理論は否定される。

　もっとも，ケルゼンは，リアリズムに全面的に与するわけでもない。すなわち，法の解釈は等しく「解釈されるべき客体の意味の認識的確定」[10]とされるのであり，「法解釈の結果は，解釈されるべき法を表現する枠の単なる確定に過ぎない」[11]。だが，法の創設（適用）を行う法適用機関は，この「枠」のうちにある選択肢から，具体的事情に応じて，いずれかの意味を選択する必要に迫られる。ただ，法適用機関が，認識によって限定された「枠」の中に適用すべき規範の意味を見出す保証はない[12][13]。

　しかし，このようなケルゼンの法解釈理論は，トロペールによれば不徹底を免れない。法解釈の対象，性格，解釈活動の帰結に関する検討を通じて，トロペールが再構成として提示するのは，次の諸テーゼである[14]。

(2)　トロペールが再構成として示すテーゼ

(i)　解釈は事実にも及ぶ[15]。

---

(9)　Kelsen, RRL1., S.79f. 横田訳 126 頁。

(10)　Kelsen, RRL2., S.349.

(11)　Kelsen, RRL2., S.349.

(12)　Vgl. KELSEN, RR2., S.352.

(13)　もっとも，本書著者は，ケルゼンが「枠」を認識的に確定しうると考えていることにより留意すべきと思う（次章 I 第 1 節で詳述）。

(14)　Troper, op. sit, (8)., p.520f.

(15)　トロペールは，このように，解釈活動により創設されるのは法的三段論法の大前提

(ii) 解釈の対象は適用すべき規範ではなく，テクストである。

(iii) 解釈はあらゆる法適用機関によって行われる。

(iv) しかし，有権的な解釈は，最上級機関として判断を下す法廷の解釈だけである。この最終機関は，適用すべきテクストの意味である一般的規範を創造する。

(v) この一般的規範は，下級裁判所，この法廷に服する個人，機関を拘束する。

すなわち，(i)(ii)が解釈の対象，(iii)(iv)が解釈の性格，(v)が解釈活動の帰結に関わるテーゼである。トロペールによれば，有権解釈機関たる裁判所，とりわけ最上級裁判所は，ケルゼンによる思考とは異なり，個別的規範のみならず，一般的規範をも創設する。かくして，ケルゼンのテクストに示唆された「手続法」思考は極限まで突き詰められた。

(3) ケルゼン理論における「一般的規範」の「創造」

ところで，「手続法」に関して伝統的法理論は，「判例は法源であるか」という形で問題を立ててきた。しかし，トロペールは，ケルゼンの法解釈理論によれば，問題は次のように立てうる，という。すなわち「裁判所は，単に適用する権限だけでなく，一般的規範，個別的規範を創造する権限をも有するか」[16]と。個別的規範については，法段階説によってその創造性が強調されることは

(一般的規範)・結論（個別的規範）に止まらず，小前提たる事実も同じく創設されると指摘する（Troper, op. cit. (8), p.520., Troper, Fonction juridictionnelle ou pouvoir judiciaire?, Pouvoir, no.16., 1981. p.9. 吉田邦彦訳「裁判作用か，それとも司法権力か」ジャン・フワイエ他（山口俊夫編訳）『フランスの司法』〔ぎょうせい，1987年〕7頁）。もっとも，このテーゼは，ケルゼン自身が認めていたものである。「ある人が殺人を犯したという事実（Tatsache）自体ではなく，法秩序にてらして権限を有する機関が，法秩序により規定された手続によって，ある人が殺人を犯したと確認したという事実が，法秩序によって規定された条件なのである」（Kelsen, RRL2., S.245., Vgl. ders., GTLS., p.134f., 145. 273. 尾吹訳227頁以下，241頁，412頁）。つまり，ケルゼンによれば，法の世界には事実それ自体や絶対的な事実は存在しない。権限ある機関が法によって規定された手続で認定した事実しか存しないとされる。しかし，問題は，このような「事実」認定を許す一般的法規範の実定性をどのようにみるかにかかる。トロペールが指摘するように，ケルゼンは，一般的法規範だけは，法適用機関を拘束しうると考える。

(16) Troper, Hans Kelsen et la Jurisprudence, : Archives de philosophie du droit, 1985, p. 84.

第1部　憲法の最高法規性

既に述べたが，これは，ケルゼンによれば，伝統的学説が法源の形式を一般的規範に限定していたことに対する批判的考察の帰結でもある。

　問題は，ケルゼン理論にあって，裁判所に一般的法規範の創設権限が認められるかどうかである。一般に伝統的理論は，前述のように個別的規範が「創造」されることを認めないが，ケルゼンは，個別的規範が裁判官によって創設されることは認める一方で，一般的規範の創設は原則として認めない。しかし，上述のように，伝統的理論とリアリズム法学を仲裁しようとするケルゼンは，次の３つの場合において例外的に裁判所の一般的規範創設を肯定する。第１は，先例拘束の場合，第２は，スイス民法典１条のような場合，第３は，違憲審査権行使の場合である。

　第１の「先例拘束の場合」とは，すなわち「具体的事件の判定が同様の事件の判定に対して拘束力を持つ」[17]場合である。ある決定が先例の性格を有しうるのは，それによって定立される個別的規範の内容が立法もしくは慣習により規定されていない，つまり，当該決定が事前に規定された実体法規範の適用ではない，と仮定される場合である。この仮定の下では，当該決定は先例として新たな実体法規範を創設する。

　第２の場合としてケルゼンが念頭におくスイス民法典１条は，次のように規定する。「法律はあらゆる法的問題に適用される。法律はあらゆる法的問題に対して，文言，解釈に応じて，１つの規範を含む。適用すべき法規範のない場合は，裁判官は慣習に従って，さらに慣習がない場合には，当該裁判官が立法者であるなら定めるであろう準則に従って決定すべきである」。このような規定の趣旨は，ケルゼンによれば，「先例を創造する裁判所は，憲法により立法を授権された機関と全く同様に立法者として機能する。具体的事件の裁判所の決定は，その表現する個別的規範が一般化されることで，同様の事件に対して拘束的となる」[18]とパラフレーズされる。つまり，ここで問題になっているのは，「法の欠缺」が認められる場合である。しかし，そもそも「法の欠缺」とは，現に在る法の帰結が，解釈者の主観的観点からすると望ましくない際に用いられる方便にすぎない。なぜなら，「法の規制の対象となっていない『自由』

---

(17)　Kelsen, RRL2., S.255.

(18)　Kelsen, RRL2., S.255.

の領域を法の欠缺（lacuna）とよぶならば法は原則として欠けており，例外的にのみ埋まっている。しかし，自由に放置することもまた法の規制の一種だとするならば法に欠缺なるものは存在せず，かかる領域のものが法廷に登場した場合は無罪又は請求棄却をもって応ずればよいという意味では法は一切の事案をあらかじめ規定している」[19]はずだからである。この見地からすると，スイス民法典1条は，「欠缺」という擬制をもって，裁判官にとって「適切な（passende）」[20]「立法」を行う権限を授ける一般的規範（法命題）として記述されうる。ケルゼンは，こうした事態のことを述べている。

このように，これまでみた第1と第2の場合は，あくまで裁判所に立法者の役割を認める一般的な権限規範に基づく限りという前提に立っている。したがって，厳密にいえば，この両場合において，裁判官は一般的規範の拘束下にあるということになる。ところが，第3の場合——まさに本章が主たる課題とするケース——について，ケルゼンの見解は微妙な趣を垣間みせる。コトは，実定法秩序の頂点を構成する法規範に関わるからである。前述のトロペールによる再構成の契機はここにあった。

2　法段階から法適用機関の秩序へ

(1)　本章冒頭で触れたケルゼンの文章に戻ろう。「憲法違反の法令を廃止する保障を欠く憲法は，技術的意味において，完全に義務づける力を有するとはいえない」。ケルゼンは，憲法の最高法規性の保障のために何らかの制度的装置が必要だと終局的には考えていたことは前章で述べた。しかし，このように，憲法の最高法規性保障について違憲審査機関の有する重要な意義を認めるケルゼンにあって，違憲審査権の立法的性格に関する見解は先にみた2つの場合に比していささかアンビヴァレントに映る。

ケルゼンは確かに，法作用の観点からは，法令を廃止すること，それは一般的規範の定立にほかならないとする。だが，ケルゼンによれば，裁判作用（fonction juridictionnelle）は，個別的規範のみを定立するに過ぎない。したがって，法令の廃止は裁判作用ではなく，立法作用（fonction législative）ということ

---

(19)　長尾龍一「法理論における真理と価値」同『ケルゼン研究Ⅰ』（信山社，1999年）222頁。

(20)　Dietrich Jesch, Gesetz und Verwaltung, 1961, S.63.

第1部　憲法の最高法規性

になる。つまり，その作用からして，法令を廃する権限を与えられた裁判所は，立法の権限を有する機関とみなされる[21]。ところが，ケルゼンは，違憲審査に関わる裁判官は完全な立法機関とはいえないという。違憲審査機関による違憲の法令を廃止するための「立法」行為は，事前に憲法によって立法府の権限を付与された機関の同意を得ないままでは，有効であり続けることができないからである[22]。

　(2)　しかし，トロペールによれば，憲法により付与された立法府の権限自体が最上級有権解釈機関による審査を免れないのであるから，先にみたケルゼンの躊躇は自説が論理的徹底を欠いていることの表れにすぎない。最上級有権解釈機関は，例外的にでなく原則的に一般的法規範を創設する。こうして，トロペール理論によれば，ケルゼンの法段階説は維持し難いものとなる[23]。つまり，法適用機関を事前に拘束する一般的規範は存在せず，それらは，法適用機関の解釈によって生み出されるのであるから，客観的な法規範上下の階層はありえない。何が「憲法」で，何が「法律」かは最上級裁判所の解釈が確定することによってはじめて明らかとなる[24]。

---

(21)　Kelsen, op. cit., (1), p.224f.

(22)　Troper, Le problém de l'interprétation et la théorie de la supra-légalite constitutionnelle : Recueil d'etude en hommage à Charles Eisenmann, 1974. p.145.

(23)　Troper, op. cit. p.149. ちなみに，フランスにおいて，早い段階でケルゼンの法段階説を批判する論者がいたことは特記されておいてよいだろう。我が国では，Nation 主権と Peuple 王権との区別を明確にした論者として名高いレイモン＝カレ・ド・マルベールである。彼は，既に 1933 年の段階でケルゼンの法段階説の欠点を法適用機関を考慮に入れずに法規の相互関係を論じる点にみていた（Raymond Carré De Malberg, Confrontation de la Théorie de la formation de droir par degrés avec les idées et les institutions consacrées par le droit positif français relativement à sa formation, 1933, p. 165 et s.）。すなわち，彼は，法内容が同一でも，その法規を定立する権威の違いによって，法規の効力に相違が起こるのは実定法秩序に普通の現象であるから，「このことは，法規の法的性質は単に法規の内容に依存するのではなく，むしろ多くの点では主として法規定立者の有する権力の質に依存する」（op. cit., p.165.）ものであることを示すのであるとし，法段階説に代わるものとして，機関の段階説を提唱する（cf.op. cit., p.166.）。本文でみたトロペールの議論と軌を一にしていることは明らかであろう。このカレ・ド・マルベールの議論については，高橋和之『現代憲法理論の源流』（有斐閣，1986 年）116 頁，118-9 頁，菅野喜八郎『国権の限界問題』（木鐸社，1978 年）181 頁以下参照。

(24)　Troper, op. cit., (22) p.136. トロペールのかかる理解は，さらに，モーリス・オーリュウと憲法院の解釈活動を媒介する（Troper, op. cit., p.146f.）。オーリュウによれば，

第2章 「手続法」の優位

「裁判官が適用する上位規範は，彼にとっての所与でない。それを創造することは裁判官に属する」[25]と述べるトロペールの見地によれば，実定法秩序の規範性，つまりは実定憲法の規範性認識を基礎づける根本規範の想定も不要とされる[26]。ケルゼンによれば，ある法規範の妥当性根拠はより上位の法規範にのみ求めうるが，トロペールによれば，ある法規範の妥当性は「下から」由来する。「立法された規範が法的に存在しうるのは，憲法に一致するからではなく，裁判官の解釈から帰結されたからである。妥当性は上位規範にではなく，下位規範の創設過程に由来する」[27]。さらに，トロペールによれば，規範の創設過程は事実に依拠して制度化された権威の解釈過程である以上，法の妥当性もしくは規範性は，Sollen では在りえず，Sein に還元せざるをえない[28]。

(3)　しかも，全ての国家機関すなわちあらゆる法適用機関の法解釈によって創設された法規範は，最上級機関の有権解釈によって統制されるのであるから，元来法秩序とみなされてきた「段階構造」とは，最上級裁判所を頂点とした複数の法適用機関から構成される位階秩序にすぎないということになる[29]。例えば，違憲審査権の権限をこの観点から分析すれば，「実質的意味の憲法」は，共同で自らの権限を決定する権限を有する諸機関のシステムとみなされうる[30]。

légitimité constitutionnelle（憲法的正統性）を形成する，すなわち憲法典の上位にある諸原則の総体が存在しており，これら諸原則に違反した憲法規定は，憲法裁判官によって廃止されねばならない。もちろん，このようなオーリュウの見解は，自然法イデオロギーに刻印され，メタ法的原則の遵守を実定法規範の妥当条件とするものである。ところが，トロペールによれば，現代の憲法院の活動は，オーリュウの思考によって正統化されないにしても，解明されうる。すなわち，憲法院は，「超憲法的」諸原則を憲法典の妥当条件にはしないものの，解釈の際には，しばしばこれらの諸原則を援用する。憲法院は，自ら「自然法」「共和国の諸原則」「憲法の精神」の「光りに照らして」，憲法テクストを解釈している。しかも，憲法院は，これらの諸原則を，「憲法」から引き出し（dégager）ているのである。ちなみに，légitimité constitutionnelle は，「憲法」と憲法典を峻別する小嶋和司の所説に大きな影響を与えている（本書第3章において詳述する）。

(25)　Troper, op. cit., (15), p.9., 吉田訳6頁。
(26)　Troper, Kelsen, op. cit., (8), p.529.
(27)　Troper, op. cit., p.526. この論理が，伝統的理論さらにケルゼン理論に比しても，特殊なものであることについて，次章Ⅰ・3を参照。
(28)　Troper, op. cit., p.528. 彼の Sein と Sollen 理解については本章Ⅲ・3で詳述する。
(29)　Troper, op. cit., (22), p.134.
(30)　Troper, op. cit., (22) pp.144.

第 1 部　憲法の最高法規性

これに対して,「形式的意味の憲法（憲法典）」は,既に紹介したように,法適用機関の解釈を経るまでは単なるテクスト（条文）の集合体でしかない。したがって,当該テクストが客観的な意味を獲得するためには有権解釈機関による解釈を要する[31]。「形式的意味の憲法」は,こうして法適用機関を拘束せず,ただ生み出されるのみである。憲法典は,その条文を自らの権限について可能な限り有利に解釈しようとする[32]諸々の法適用機関の間で交わされる「記号」にすぎない。

3　最上級有権解釈機関を拘束するもの

2 でみたように,トロペールによれば,法適用機関とりわけ最上級有権解釈機関は,憲法テクストによって規範的に拘束されることはない[33]。しかし,法適用機関は,あらゆる制約から自由であるわけではない。すなわち,彼らは,規範的な制約からは自由であるが,政治的・社会的な制約,つまり,事実上の拘束は免れえない,とされるのである[34]。

（1）　トロペールがまず挙げる制約事由とは,特に裁判官が行う理由づけ（motiver）の構造である。裁判官は,自らの結論を正当化するにあたり,その場限りではない解釈原理（principe d'interprétation）を用いざるをえない。なぜなら,裁判官は,以後の同種の事案に応じて,複数の法規範の創設を一貫して正当化しなければならないからである。このように,解釈原理は,他の下級国家機関の法解釈を拘束するが,裁判官自らの以後の法解釈をも拘束することになる[35]。

---

(31)　Troper, op. cit.,(22), p.143 et p.150.

(32)　Troper, Nécessité fait loi, Mélanges Robert-Edouard Charlie, 1981, p.315.

(33)　Troper, op. cit., (15), pp.9-11. 吉田訳 6 - 9 頁。

(34)　Troper, op. cit.,(15), p.12. 吉田訳 9 頁。

(35)　Troper, op. cit., (15), p. 13. 吉田訳 10 頁。Troper, Justice constitutionnelle et démocratie, Revue française de droit constitutionnel, no.l, 1990, p.45f. 長谷部恭男訳「違憲審査と民主制」『日仏法学』19 号 17-8 頁。なお後者論文は,「一般意思（volonté générale）」を媒介にして,違憲審査制を規定する憲法典テクストと人民主権原則を規定するそれとを「調和（concilier）」（Troper, op. cit.,(35)〔1990〕, p.29. 長谷部訳 1 頁）させる規範を記述しようとする試みである。しかし,同論文については,「定義による問題の解消」（長谷部恭男「司法審査と民主主義の正当性」法律時報 69 巻 6 号 54 頁）ではないかという批判がありうるうえ,トロペールの依拠する「法の科学」の使命と

34

第2章 「手続法」の優位

（2）　第2にトロペールが挙げるのは，裁判官の地位固有の問題である。裁判官は，政治的圧力から自由でいることはできないという，周知の問題が挙げられる[36]。しかも，このいわば客観的な原因のほかに，いわば主観的な原因がある。すなわち，「裁判官の非政治性」という伝統的な観念による裁判官個人に対する心理的圧力である。これによって裁判官は，裁判において自らの政治的選好の表出を差し控えざるをえない[37]。

（3）　第3に，裁判所秩序が複数あることから生じる最上級裁判所の意思の不徹底性が挙げられる。他方，秩序内部においても，下級裁判所は常に最上級裁判所に従属するとは限らない。例えば，地裁は，最高裁の判断にではなく，直近の高裁の判断傾向に従うかもしれない。また，当然のこととして，全ての事件が最上級裁判所まで争われるとは限らない。このように，最上級裁判所は，完全な立法者たりえないことになる[38]。

Ⅲ　批　　判

トロペールの法解釈理論が，現実の法運用過程を突き放した形で明らかにしている点は否定できない。しかし，その理論は，ケルゼン理論のより発展的なレアリザシオンといえるのであろうか。それは，以下述べられるような多くの問題点を抱えているようにみえる。

1　条文の「客観性」に関して ── 憲法典による制約 ──

トロペール理論の通説破壊的衝撃としてまず挙げるべきは，最終有権解釈楼関に先立つ規範，とりわけ憲法規範さえ存在せず，在るのは事実としての憲法典条文のみである[39]とする点であった。トロペールによれば，条文が目の前に

する「記述」と前記「調和」はいかにして整合するのか，すなわち，彼が遂行したと誇称する「調和」とは，彼が拒否する（正当化（justification）」（Troper, op. cit.,(35)〔1990〕, p.29. 長谷部訳1-2頁）にあたる言説なのではないか，という疑問を提起しえよう。

(36)　Troper, op. cit., (15), p.13. 吉田訳12頁。

(37)　Troper, op. cit.,(15), p.14. 吉田訳13頁。

(38)　Troper, op. cit.,(15), p.14. 吉田訳13-4頁。もっとも，裁判所秩序の複数性という問題は，フランス，ひいては大陸特有の事情であるともいえる。

(39)　この点，ペーター・ヘーベルレが同様の思考を有しているようである（Vgl. Peter Häberle, Zeit und Verfassung, in：ZfP21., 1974, S.127.）。だからこそ，彼は，憲法典の制

第1部　憲法の最高法規性

在ることについては確かに疑いえない。だが，憲法典条文の意味は，制憲者の
意図した意味かもしれず，あるいは法適用機関の付与した意味かもしれない。
いずれにせよ，条文の「客観的」意味といったものはア・プリオリには存在し
ない[40]。したがって，最終的で絶対的な権威者が当該憲法典テクストの意味と
して決定した意味が，当該憲法典テクストの「意味」であるといわざるを得な
いということになる。しかし本書著者には，十分疑問を呈す余地が残されてい
るように思われる。

　憲法典条文が経験によって与えられているという事実を否定しえないとすれ
ば，憲法典の条文は有意な文字群として最上級有権解釈機関にも認識されてい
るはずである。それは，単に紙に印刷された「文字群」としてという以上に，
「憲法典」を構成する「条文」として認識されたということである。したがっ
て，憲法典条文は，それを構成する言語あるいは文法[41]，より一般的には思考
の諸規則による制約を既に被ったものとみなすことができる。と同時に，憲法
典は，言語の被るこのような一般的な制約のほか，当該条文が，「憲法典」の
条文であるという特殊的意味においても客観的な制約性を発揮しうると考えら
れる。《憲法テクストは単なる事実に過ぎない》というトロペールのテーゼは，
それ自体矛盾している。彼は，既に当該テクストが規範命題の集合体としての
憲法典を意味するものということを前提しているからである。憲法典の条文は，
憲法規範を表象する（「し̇う̇る̇」ではない）テクストの集合体として，あらゆる解
釈者の思考を制約する。

　このように，「形式的意味の憲法」—— 憲法典 —— の制約性について，トロ
ペールの理論は次のように要約的に批判されうる。すなわち，解釈の対象とし
ての憲法典条文が「憲法」を構成しうるとみなすこと自体が，最上級有権解釈
機関の解釈活動が，「憲法典条文は憲法規範として解釈されるべし」という規
範的な制約を受けていることを意味すると考えるべきである[42]，と。

　　定という「狭義の憲法制定」に加えて，憲法典制定後における「広義の憲法制定」（憲
　　法典制定後における憲法意義の確定過程の総称）を問題にしうるのであろう（Vgl.
　　Häberle, Verfassung als öffentlicher Prozeß, 1978, S.195ff.）。参照，栗城壽夫「憲法にお
　　けるコンセンサス（四）」法学雑誌 31 巻 3・4 号 118 頁以下。
(40)　Troper, op. cit., [35], p.35. 長谷部訳 3 頁。
(41)　「コトバの約束」が，裁判官の解釈活動を制約しうることを示唆するのは，樋口陽一
　　『権力・個人・憲法学』（学陽書房，1989 年）178 頁である。

2 「拘束力」に関して ──「実質的意味の憲法」による制約 ──

　前述したように，トロペールは，最上級有権解釈機関は憲法典テクストによって規範的に拘束されることはないが，事実上の制約は免れないとして，3つの要因を指摘している。確かに，②にみた制約要因は，心理学の問題として規範的意義を否定されるべき要因であろうし，③にみた裁判所秩序の複数性については，大陸特有の事情という点はともかくとしても，規範的な制約事由とはいえまい。しかし，①にみた「解釈原理」による制約要因については，それが果たして「事実上」の制約といいうるのか，との疑問を払拭し難い。しかも，この「解釈原理」にまつわるトロペールの議論は，憲法典を構成しえなくとも，裁判官の解釈に必然的に先行する客観的規範の存在を示唆するという新たなトロペール理論の欠陥を示すものと考えられる。

⑷　以上みたように，法実証主義の基本的テーゼの1つである条文の客観的制約性をトロペールは，全く認めない。このことは，トロペールの理論が，例えば，「反法実証主義」をスローガンとして掲げるロナルド・ドゥオーキンの理論（以下，ドゥオーキンの思考については，Ronald Dworkin, Taking Rights Seriously, 1977, R. ドゥオーキン（小林公訳）『法の帝国』（未来社，1995 年）を参照）と実は軌を一にしていることを裏付ける。ドゥオーキンによれば，裁判所は，全ての法的諸問題について何が「正しい法」か，すなわち「正解」を発見する義務がある。しかし，判決の発見過程は，様々な法原理，判決，法規定の検討を免れない。これら法の網は，相互に矛盾するとみなされうる法をも含む混乱に満ちた世界であるかもしれない。だが，それでも，裁判所は，「正解」を発見する。つまり，我々は，裁判官が「正解」を示さなければ，何が「正しい法」かわからない状況におかれていることになる。ここで，トロペールが，何が「憲法」なのかは，最上級裁判所の解釈がなされるまで明らかでないと述べていたことが想起されよう。ドゥオーキンによれば，条文も判決も彼のいう「法命題」に還元されるが，このことは，条文が定立されていてもそのこと自体が直ちに意義を有するものではないことを意味する。トロペール説は，解釈以前に条文が経験に与えられていることは認めるのだが，条文の存在そのものの持つ客観的意義が全く考慮に入れられていないため，ドゥオーキン説と結果的に一致するというわけである（両者が，驚くほど「建設的な対話」をなしうる可能性については，「ドゥオーキン特集」を組んだ《Droit et société》no.1., 1985, no.2., 1986. を参照）。ちなみに，ドゥオーキンに強く影響されながらも，「憲法典」の実定性に拘るという興味深い論理を採る，佐藤幸治『現代国家と司法権』（有斐閣，1988 年）140 頁を参照。さらに，ドゥオーキンの理論に対して，「法律家中心のリーガリズム」ではないのかという批判を浴びせる中山竜一「20 世紀法理論のパラダイム転換」『岩波講座現代の法 15』（岩波書店，1997 年）特に92 頁以下もまた示唆に富む。

第 1 部　憲法の最高法規性

（1）　トロペールによれば，裁判官は，以後の同種の事件に対応するために，複数の法規範創設を一貫して基礎づける「解釈原理」を設定せざるをえないという制約を受ける。裁判官は，このような性質を有した「解釈原理」を定立しなければ，以後下級の裁判所さらには司法権以外の国家機関による法解釈活動を拘束しえない。かかる「解釈原理」設定に関わる「拘束力」は「論理的必然性」[43]を有した拘束力であって，あくまで事実上の制約である[44]。

　　しかし，トロペールのこのような理解には賛同し難い。仮に，以後なされる複数の法規範の創設を裁判官が一貫して基礎づけようとする傾向が存するとしても，それは《そうせざるを得ない（müssen）》がゆえではなく，《そうすべし（sollen）》と考えられているからである。つまり，この傾向は，《裁判官は法を平等に適用すべし》，あるいは《裁判官は恣意的な法適用をすべきでない》といった客観的当為命題（規範）に依拠している。このような所与の規範のゆえに，最上級裁判所は，一般性を有した「解釈原理」を創設し，下級の国家機関は，最上級裁判所の定立する「解釈原理」が有する一般性に「拘束」される。

　　かかる理解は，ケルゼンの「拘束力」観念による。ケルゼンによれば，ある規範が存在するということは，その規範が妥当していることを意味する（本章Ⅰ）。さらに，「規範が妥当する」ということは，その規範が拘束力を持つことを意味する。このケルゼンのいう「拘束力」は「規範に従って行態すべし」と

[43]　Troper, op. cit., [15], p.10, 吉田訳 11 頁。

[44]　この点は，我が国の憲法学上の論点に翻訳すると「判例の拘束力」の問題ということになり，トロペールの議論は差し詰め「事実上の拘束力説」ということになろうか。もっとも，この通説に対しては，その曖昧な「拘束力」概念を逆手にとった「判例が裁判所を事実上拘束しているということは，結局，法的な拘束力があるということである」（長谷部恭男『憲法〔第 7 版〕』（新世社，2018 年）449 頁）との批判がある。ただ，長谷部のいう「法的な拘束力」が，心理的な要因からも生じうるかにみえる点は興味深い。長谷部・同書 405 頁は，「憲法習律」の成立要件として，「先例の存在」とともに，当事者が「そのルールに拘束されていると意識しているかどうか」を挙げている。しかし，この 2 要件は区別して議論しうるのであろうか。「先例」が「存在」しているとされるのは，それを認定する人（々）がそれらを「ルール」とみなす場合だからである。また，ある事実の集積が法的「ルール」とされるのは，それを許容する上位規範が存在するからだとすれば，「憲法習律」なるものはあくまで規範論理によって説明されるはずであるが，「意識」という心理学上の概念は，その際どのように性格づけられることになるのであろうか。それとも，「憲法習律」は事実の問題とされるのであろうか。だとすれば，語られるところの「ルール」とはいかなる性質を有するものなのかが別に問題となろう。

第2章 「手続法」の優位

記述され得る Sollen を本質とする観念にあたる[45]。したがって、「解釈原理」に「拘束力」があるのであれば、何らかの規範（もちろん『存在』し『妥当』する規範）が必ず前提されているということになる。このような規範の前提抜きに、トロペールの説明する事態は理解できない。つまり、裁判官は、恣意的に「解釈原理」を設定できないという規範的な制約を受けていることである。

（2） また、裁判官に対する一般的「解釈原理」定立要求が規範的制約によるものであることを、先のように積極的に論証しない場合であっても、それが「論理的必然」あるいは事実上の拘束には、やはり当たらないことは消極的にせよ指摘されうる。すなわち、「解釈原理」自体が解釈を受けるテクストであることを指摘すればよい。ある「解釈原理」が後の法適用機関による解釈を基礎づけうる一般性を有しているかは、トロペールのテクスト理論に従えば、当該原理に対する解釈を待たなければならない。最上級裁判所が、当該原理に一般性を認めて定立したとしても、以後、他の法適用機関とりわけ最上級裁判所自らが同様に当該原理の一般性をみい出すかどうかは定かでない。トロペールによれば、「解釈原理」であっても、それがテクストである限りア・プリオリに客観的意味は認められないはずだからである。このような性質を有するテクストしての「解釈原理」につき、論理必然的に創設されるべき意義は乏しい。他方、テクストに表象するとされる規範としての「解釈原理」は、あくまで法適用機関とりわけ最上級裁判所の解釈活動においてテクストとしての「解釈原理」から形成される不断の動態なのであって、そこにも論理必然的な制約を認めることはできない。

（3） そして、さらに重要な帰結を指摘しうる。すなわち、既にみたように、仮に最上級裁判所が憲法典という「形式的意味の憲法」に規範的に拘束されないとしても、トロペールのいう「解釈原理」にまつわる制約は、「実質的意味の憲法」による規範的制約とみなしうる、ということである。トロペールによると、裁判官、特に最上級裁判所は、規範の創設を自由に行いうるが、このような規範定立を正当化する「解釈原理」は一般性を要求される。

しかし、「解釈原理」の一般性を要求するものが上述のように規範であると

───────────

[45] Kelsen, Value Judgments in the Science of Law, in：What is Justice?, 1957, p.214. ちなみに、本文で既に触れたように、心理上の圧迫感といった意味でいう「拘束力」は、Sein に属し、Sollen としての「拘束力」にはあたらない。

39

第1部　憲法の最高法規性

すれば，この規範（仮に規範 a と呼ぼう）は，規範創設・「解釈原理」創設に先立つ規範，しかも，トロペールの説明に従うと裁判官全てが制約される「解釈原理」の一般性を規定する規範ということになる。したがって，この規範 a は，当然，最上級裁判所が憲法典テクスト解釈を行う際にも，妥当するはずである。つまり，最上級裁判所が規範 a は憲法典に見出せないという解釈を打ち出した場合であっても，裁判官によるあらゆる規範創造に先行する規範 a は，最上級裁判所による「憲法」創造をも規定し続ける。すなわち，結局，規範 a は，全法適用機関による規範創造を拘束する。それ以外全ての実定法創設を規定する規範は，実定法秩序の頂点を構成すると考えられる。このように，規範 a は，憲法典を仮に構成しえなくても，必然的に全ての法適用機関を拘束する「実質的意味の憲法」を構成しているとみなすことができる[46]。

　以上，トロペール理論における根本的な欠陥が明らかにされた。これは，彼の理論に内在的な再構成を加えることによって，裁判官とりわけ最上級裁判所は，形式・実質双方の意味での憲法によって規範的に拘束されうることを示したものである。本書著者は，これらの問題点によって，圧倒的な「手続法」優位を唱えるトロペール理論は維持し難いと考える。

---

[46]　本文は，あくまで，裁判所の創設した「解釈原理」にまつわる制約性を前提にした叙述であったが，規範 a は，日本においては，国家機関を客観的に拘束する法規範であると主張される「平等原則」として翻訳されえよう。日本においては，「平等原則」は日本国憲法 14 条から引き出されることがほとんどである。しかし他方で，「直接的に指示する制定法はない」としながらも，「実質的意味の憲法」は法適用の平等性を保障していることを根拠として，判例の法源性を肯定する見解（参照，小嶋和司『憲法概説』〔良書普及会，1987 年〕89 頁以下）があることは留意されてよいように思われる。このように，判例という「手続法」と，制定法という「実体法」双方の法源性を「実質的意味の憲法」によって媒介しようとする思考の問題性については，本書第 1 部第 4 章 I で詳述する。

第3章 「実体法」の優位

I 純粋法学における「認識論的優位」

　前章においては，ケルゼン理論におけるリアリズムの契機を極限まで追求したトロペール理論を検討し，それを採り得ないことが明らかにされた。しかし，ケルゼン理論そのものにおけるリアリズムの契機について本書は最終的評価を控えてきた。次に本書は，トロペール理論を「誤謬」に導いた「リアリストとしてのケルゼン」という理解，すなわち「手続法」思考優位の理論としてのケルゼン理論という理解が，平衡を欠いたものであることを示す。それは，ケルゼン理論における「実体法」思考を確認することにほかならない。

　トロペールによれば，「法律は裁判官の介入までは真の意味も偽の意味も持たない。法律に意味を付与し，それによって，法律に規範としての客観的意味を授けるのは有権解釈である」[1]以上，いわゆる「違憲の法律」「法律違反の法律」，一般的には「上位規範違反の下位規範」の問題は理論的に排除されていた。そして，トロペールのかかる思考は，確かにケルゼン理論にあっても示唆されていたことは既に述べた（前章I）。しかし，ケルゼンの理論には，法リアリズムに還元されえない概念装置が存在していることを看過してはならない。「裏からの授権」[2]観念がそれである。

---

(1) Michel Troper, Le problém de l'interprétation et la théorié de la supra-légalité constitutionnelle: Recueil d'etude en hommage à Charles Eisenmann, 1974, p.149.

(2) この表現は，長尾龍一の次の叙述による。「議会が違憲の法律を議決し，裁判所が違法な判決を発してもそれらは直ちに効力を否定されない。かかる場合を下位機関による上位規範の『算奪』（Usurpation）とよぶことができよう。……このことは上位規範は表向きは内容制限内の規範設定のみを下位機関に授権しているように装いながら実は内容的制限外の規範設定をも裏から授権していることを意味する」（長尾龍一「法理論における真理と価値」同『ケルゼン研究I』〔信山社，1999年〕211-2頁〔傍点長尾〕）。ちなみに，長尾・同212-3頁は，この文脈で，「制定憲法」と「実効憲法」とを峻別しつつ，「実効憲法」による「憲法変遷」を「法の科学」の観念から排除する樋口陽一「『憲法変遷』の観念」思想484号を批判して，「実効憲法」による「憲法変遷」

第1部　憲法の最高法規性

1　メルクルの「瑕疵予測」説

　(1)　ケルゼンによれば，上位規範は，①特定の下位機関を指定して下位規範の創設を委任し，②下位規範の創設手続を規定し，③当該下位規範の内容を制限する[3]。当然のことながら，この3つの要件が充たされることが法の目的であり，理想である。しかしこれらの要件のうちいずれかが充たされない場合，「瑕疵」が発生したとみなされる。「瑕疵」の発生について，ケルゼンは次のように定式化した。「ある法規範が，その内容を事前に規定する上位の法規範に適合しない場合，何が法たりうるか」[4]。

　(2)　ここで，アドルフ・メルクルの「瑕疵予測（Fehlerkalkül）」論[5]に簡単に触れておくことが適切であろう。実定法の世界においては，人間が法を運用する以上，上位法に違反する下位法が定立されたり，法適用機関が授権された「枠」を無視する，といった事態は避けられない[6]。しかしこれら「違法」な法行為は，時に有効なものとして扱われることがある。この《違法であるが有効な》法行為の現出は，メルクルによれば，「あらゆる法は，少なからぬ場合に法適用機関によって誤解されることを計算に入れておかなければならない」[7]という要請の根拠であると同時に，その帰結である。この要請は次のように説明される。すなわち，「その定立と妥当性に関する実定法上の規定する

　　も「制定憲法」による「憲法の具体化」たりうると述べる。もっともこの長尾による批判に対して，樋口は，「最終的判断を留保」（樋口陽一『現代民主主義の憲法思想』〔創文社，1977年〕152頁）する。おそらく本書は，両者の思考の中間を探ろうとするものであろう。

(3)　Kelsen, Reine Rechtslehre, 2. Aufl., 1960（以下 RRL2. と略記），S. 236f.

(4)　Kelsen, RRL2., S. 271.

(5)　「瑕疵予測」説についてはとりわけ，これに対立するフリッツ・ザンダーの議論と併せて詳細な検討を行う藤田宙靖『行政法学の思考形式〔増補版〕』（木鐸社，2003年）特に326頁以下を参照（ちなみに，藤田による訳語は「瑕疵決済」である）。なおこの検討は，教授による「流動的実体法論」にも大きな影響を与えている（本書第1部第3章Ⅲ参照）。この点を指摘するのが，樋口・前掲注(2)『現代民主主義の憲法思想』155頁。

(6)　この点は，ケルゼンの「枠」論の文脈においても肯定されていた（本書第1部第2章Ⅰ参照）。

(7)　Adolf Merkl, Justizintum und Rechtswahrheit, 1925, in: Die Wiener Rechtstheoretische Schule, 1968（以下 WRS . と略記），Bd. 1., S. 200.

第3章 「実体法」の優位

諸要件を全て充たすものとはいえない行為につき，それを国家に帰属させることを法的に可能にし，かかる行為をその瑕疵にもかかわらず，法として認識することを許容する，実定法の設計」(8)が既に存在している，と。実定法秩序は，自らに関わる瑕疵を事前に「予測」することによって逆に自らの内に取り込む。

　興味深いのは，この「瑕疵予測」によって法的に承認された法行為の「適法性（妥当性）」に対するメルクルのアンビヴァレントな態度である。メルクルによれば，「瑕疵」ある法規範は，「瑕疵予測」ないし「既判力規範（Rechtskraft-norm）」によって適法とされる。しかしここで語られる「適法性」とは，あくまで「瑕疵ある」法規範に認められた「適法性」であった。メルクルは次のように述べる。

　「ア・プリオリにはこの瑕疵ある行為は仮装の司法行為（pseudo-Justizakt），つまり国家行為の外観にすぎない。構成事実（Tat）を法的に誤った意味で充たそうとする行為は，ア・プリオリに無効とされる。にも拘らず，瑕疵の除去のために上訴制度を設定することにおいて表現される瑕疵予測によって，そして，上訴制度が用いられない場合に瑕疵行為に既判力を付与する既判力規範によって，問題の行為はア・ポステリオリに司法行為と考えられる。判決が既判力を獲得すると同時に，『法的に誤って（rechtsirrtümlich）』窃盗の代わりに横領の罪を，……故殺の代わりに謀殺の罪を宣告された者は，法上の現実としては，裁判所の判決によって，その者に帰せられた犯罪をなしたとして有罪となる」(9)。

　つまり「瑕疵予測」と，「適法性（妥当性）」を付与する「既判力規範」とは無関係である。換言すれば，「瑕疵」がないということと，「妥当」する（適法である）ということとは，異なる概念として取り扱われる。ゆえに「瑕疵」ある規範は，「瑕疵」にも拘らず「妥当」するという思考が成り立ちうる。メルクルによれば，法規範の論理的な正しさを知るのは，純粋認識作用を営む法科学なのであって，国家機関のよくするところではない(10)。したがって「妥当」

───────────

(8)　Merkl, a.a.O.(7), S. 201.

(9)　Merkl, a.a.O.(7), S. 205.

(10)　Merkl, Das Recht im Licihte seiner Anwendung, 1917, in: WRS., Bd. 1., S. 1197.

43

第1部　憲法の最高法規性

する法規範であっても，法科学によれば，当該法規範における「瑕疵」が依然として認められうる。裁判所等の国家機関によって「適法」と宣言された法行為であったとしても，法科学者による法認識が，当該法行為を「正しい」[11]法行為とみなす保証はない。

2　ケルゼンの「裏からの授権」観念

（1）　以上みてきたように，メルクルによれば，法科学は《正しい》法，正確にいえば法の《正しい》意味を認識しうる。しかし，このメルクルの見解は，前述したような，ケルゼンによる《法の世界には事実それ自体や絶対的な事実は存在しない》という命題の帰結と対立するものともいえる。ケルゼンによれば，実定法秩序における「事実」なるものは，大略次のような定式をもって断ぜられる。《法的事実とは，権限ある機関によって認定された事実であり，誤判なるものは法的には無意味な私的見解以上のものではない》[12]。ケルゼンは，法思考において有権的な事実認定のみを有意のものとしてカウントする。このような思考からすれば，法科学による法認識といえども，それが非有権解釈である限り，その《正しい法》の認定が意義を有するとされる余地はないようにもみえる。

確かに，ケルゼンによれば，法認識によって生み出される「法命題」は，法規範に照らしてその真偽を問いうる。しかしそれは，メルクルのいう，正ないし不正を判断する法認識ではない。ケルゼンによれば，「法命題」は，有権的に認定された法的事実を前件とし（「ある者が――すれば」），それに，有権機関による指令すなわち法効果を後件として（「――すべし」）結び付ける定式だとされる。すなわち，法規範の「記述」たる「法命題」は，有権的に認定された法規範の「妥当」性から「瑕疵」をア・プリオリに排除した定式である。法科学の認識行為は，「妥当する」有権解釈にのみ向けられる。それは，法科学の認定する「瑕疵」に基づいて，有権解釈の「外部」から，有権解釈の「正」あるいは「不正」を評価するような構造を採っていない。ケルゼンとメルクルとの間

---

(11)　これは法内在的な正しさ（richtig）といった意味に解釈しえよう。Vgl. Merkl, a. a. O.(10), S.1198.

(12)　See, Kelsen, General Theory of Law and State, 1945（以下 GTLS. と略記），p.136. 尾吹善人訳『法と国家の一般理論』（木鐸社，1991年）229頁。

には，決定的な差異が存するようにもみえる。

(2)　両者の「差異」を肯定することは，ケルゼン理論を法リアリズムとして理解することと等しい。仮にケルゼンの考える法認識の対象は，メルクルの考えるそれと異なって，有権解釈にのみ向けられていると結論づけることができれば，そのように解さざるをえない。右にみたケルゼンの理解は，しかしながら，あくまで「事実」（法的三段論法にいう「小前提」）および「個別的規範」（同論法にいう「結論」）に関わるものであった。すなわち，右にみたレアリスティッシュな思考は，ケルゼンによれば，決して「一般的規範」（法的三段論法にいう「大前提」）を直接の対象にしていない[13]。また，少なくとも「個別的規範」の「創設」とは，文字どおりの有権解釈機関による自由裁量行為ではなく，かかる「一般的規範」の先在性によって予め枠づけられた行為に止まるものといえる。

そもそも，先にみたトロペール理論に代表されるレアリスティッシュな思考は，ケルゼン理論のより原理的な法規範の認識構造からすれば，もとより貫徹されえないものと考えられる。というのは，確かに既にみたように，ケルゼンによれば，定立された法規範は，もっぱら有権解釈機関によって「妥当」か否かについて判断され，有権的にその「妥当」性が肯定されれば，その判断自体に「瑕疵」が混入する余地はない。しかし本書は，一般的規範が法適用機関にとって所与であることに固執するケルゼン理論は，なお法リアリズムと区別されうると考える。かかる思考の端的な契機は，前述したようにケルゼンの「裏からの授権」観念にある。ケルゼンは，この観念について次のように述べる。

「憲法は，憲法規範により直接に規定されたのとは異なる手続でも一般的規範を創設し，またこれらの規範に憲法規範が直接規定するのとは異なる内容を付与することを法律定立者（Gesetzgeber）に授権する。これら憲法規範は憲法によって創造された2つの可能性のうちの1つにすぎない。もう1つ

---

(13)　正確にいえば，《対象にできなかった》と表現すべきかもしれない。というのも，ケルゼンによれば，一般的法規範だけは原則，法適用機関を拘束しうるのであって，一般的法規範の妥当性認定を挙げて法適用機関に帰すことはできないはずだからである。この点については，かかるケルゼンの理解を攻撃するトロペール説の問題性と共に，本書第1部第2章Ⅱ参照。

第1部　憲法の最高法規性

の可能性は，法律定立者により法律として公布された規範が憲法の意味での法律であるかどうかという問題の決定が，法律定立者以外のいかなる機関にも委ねられないことをもって，憲法によって創造されている。法律定立（Gesetzgebung）を規律する憲法の規定は選択的性格を有する。憲法は法律定立に対する直接的規律と間接的規律とを含む。そして，法律定立機関がこれら両規律のいずれかを選択する」[14][15]。

　ここで若干文脈はずれるものの，上記の引用文の射程について確認しておく。そこで示された定式は，「憲法」と「法律」との関連において述べられているが，さらに「法律」と「行政行為」，「法律」と「司法行為」との関係等に順次応用されうる。このような応用についてケルゼンは大要次のように説明する。すなわち，まず，一般的規範の創設を規律する規範を「実質的意味の憲法」と定義する。次に，この定義を，法適用機関が個別的規範を創設する手続を規律する「法律」もまた，規律される手続との関係では「憲法」と称しうると相対化すると……，というように[16]。しかし，このようなケルゼンの理解の仕方は，些か難渋である。このような説明の仕方を採らなくとも，法の階層上下の差異は，質的なものではなく量的なものだという法段階説の基本的な思考法を踏まえれば足りる。右引用文にみる「憲法」と「法律」との関係理解は，下位の法段階間に対しても質的には変わりのないこととして容易に適用される。

　(3)　そこで改めて「憲法」と「法律」との関係に立ち戻ることとしよう。先の引用文で示された思考は，次のように定式化することができる。すなわち一般的法規範の創設を規律する上位の法規範について，下位機関は，当該上位規範が直接規定する「正しい」意味（ケルゼンの言葉によると「直接的規律」）と，同

---

(14)　Kelsen, RRL2., S. 277.

(15)　ちなみに，少なくともケルゼンのいう《Gesetzgebung》については，「立法」より，「法律定立」の方が適訳であることを示唆するものとして，大石眞「立法と権限分配の原理（一）法学 42 巻 4 号 24 頁参照。ケルゼンの「動態」法理論によれば，法行為はすべて法定立行為すなわち「立法」行為だといえる。しかし，本文で述べられている《Gesetzgebung》は，明らかに憲法の直接的執行としての法行為のみを指している。なお日本国憲法第 41 条にいう「立法」の意味解釈について，新正幸『憲法と立法過程』（創文社，1985 年）239 頁参照。

(16)　Vgl. Kelsen, RRL2., S. 228., ders Die Funktion der Verfassung, 1964. in: WRS., Bd. 2., S. 1978.

第3章 「実体法」の優位

規範が直接規定しない「正しくない」意味（ケルゼンの言葉でいうと「間接的規律」）のどちらでも任意に選択しうる，と。例えば，憲法が含意する「憲法」の意味，あるいは憲法が含意していない「憲法」の意味のどちらの「憲法」に従うかは，下位機関である法律定立権者の自由だということになる。仮に本来憲法の含意していない「憲法」の意味に基づいて，「法律」が定立された場合であっても，それは憲法が（不可避的に）予定した可能性のうちの片方が現実化したに過ぎず，したがって当該「法律」が，憲法所定の手続によって廃止されるまで効力を発揮し続けるということもまた，憲法自身の認めるところである。

　日本の憲法実例に即していえば，憲法学説の一部から違憲とみなされる自衛隊法が，仮に真正な「違憲」の存在だとして，何故今日に至るまで有効であり続けたかは，先のケルゼンの思考で説明が可能であろう。すなわち，憲法は，有権解釈機関たる最高裁判所による違憲判断がなされるまで，国会の憲法解釈が通用することを許容しているからだ，と。支配的な憲法学説によれば，日本国憲法は自衛隊法が通用している現状を決して直接的に（《表》から）肯定していない。しかし，同時に憲法は，このような自衛隊法を国会が定立することを少なくとも間接的には（《裏》から）認めている。上のケルゼンの思考が，「裏からの授権」観念と名づけられる所以である。

　先に触れたように，この「裏からの授権」観念は，有権解釈機関による憲法解釈のみを法的に有意としてカウントする思考（本書の用語法でいえば「手続法」思考）を顕著に表象するものとして解される傾向にあった。しかし，本書のみるところ，この観念は，一般的規範の先在性にあくまで拘る思考からの帰結である。比喩的にいえば，法の《裏》の意味は，《表》の意味があってこそ観念しうる。「裏からの授権」観念は，法リアリズムを排除する論理を内在する観念にほかならない。この点，次に少しく検討することとしよう。

3　反リアリズムとしての「認識論的優位」

(1)　2でみたように，「裏からの授権」観念によれば，上位規範によって設定された「直接的規律」あるいは「間接的規律」のいずれの可能性を選択するかは，当該下位機関の任意である。前述のとおり，「裏からの授権」観念は，次のように一般化しうる。すなわち，上位規範は，下位機関に対して直接的規律と間接的規律とを可能的に及ぼす。これらの可能性のいずれかを当該機関が

47

第1部　憲法の最高法規性

決定する，と。しかしここで留意すべきは，下位機関が，上位規範の提示した
直接・間接いずれかの規律を任意に選択するといっても，それはあくまで，下
位機関は「選択」の可能性の記述に止まるということである。問題は，下位機
関による規律の「選択」が可能であるということの一方で，この「選択」が2
とおりの「規律」の存在の認識によって逆に，枠づけられている点に存する。

　まず，上位規範の有する「2とおり」の意味からの「選択」を下位機関に認
めるケルゼンの「裏からの授権」観念が，伝統的理論に比べて独自な点を確認
することとしよう。これは，すなわち法秩序の位階構造をいかに説明するかと
いう論理上の相違に関わる。伝統的理論は，上位規範に反する下位規範の妥当
性を否定することによって，妥当性がいわば上から由来するという論理を維持
しようとしてきた。例えば，違憲な法律は，上位規範に違反するゆえに，無効
である。なぜなら当該「法律」は，上位規範に妥当性根拠を有していないこと
になるから，というように。

　他方，ケルゼンの「裏からの授権」観念によれば，上位規範は，直接的に規
律する内容・手続と同時に，それに反する内容をも間接的に規律する。伝統的
理論と異なってケルゼン理論は，「違憲の法律」の妥当性をア・プリオリに否
定することはない。ケルゼンはかかる「違憲の法律」であっても，それは憲法
によって《裏から》妥当性を付与されているから効力を有しうると解する。ケ
ルゼンによれば，上位規範は自らに矛盾する下位規範の定立行為を暗黙の内に
許容するという論理が採られることによって，はじめて法の段階構造は維持さ
れることとなる。ケルゼンは，上位規範に反する下位規範の妥当性をア・プリ
オリには否定せずに，下位規範の妥当性が上から由来する論理を貫徹しようと
する。

　このようにケルゼン理論は，伝統的理論と説明の仕方を異にしながらも，下
位規範の妥当性は，上位規範から由来するという論理を採る点で旧来の思考と
一致するものである。両者の結論上の一致に対し，前章で検討したトロペール
理論は全く対照的な理解を提示した。すなわち，トロペールによれば，有権解
釈機関の解釈活動以前に事実たる条文はあるが規範はない。規範は，当該有権
解釈機関によってはじめて創造される。下位機関によって上位規範が創設され
るというわけである。トロペールの思考は，上位規範の妥当性が下位機関から
いわば《下から》由来する，という論理を採ったものといえる。このケルゼン

48

第3章 「実体法」の優位

と伝統的理論との「一致」と，ケルゼンとトロペールとの間の「対照」は，ケルゼン理論が反リアリズムであることを強く示唆しているように思われる。

(2) では，ケルゼンのこのような理論構成をさらに分析してみよう。上位規範の「規律」についてケルゼンの思考は，それが「直接的」か「間接的」かを問題にしている。すなわち，上位規範による規律は確実に二種に区分されうるという前提が控えている。いわば何が《表》から規律ないし授権されており，いわば何が《裏》から規定されているかについて明確に把握されえなくては，ケルゼンは，そもそも下位機関による両規律の「選択」を語りえなかったはずだからである。下位機関による規律の「選択」以前で，規律の意味が既に論理的に認識されていることを看取しうるであろう。ケルゼン理論は，自説が下位機関による法解釈のみを有意なものとしてカウントする理論ではないことを強く主張するというわけである。

さらに，ケルゼン理論を法リアリズムに還元しようとする思考にとっては致命的な点を指摘しうる。すなわち，ケルゼンによる「直接的」／「間接的」，「表」／「裏」の定式の背景には，いわば《正しい》法，正確には法の《正しい》意味を認識しうるとのメルクル的観念が控えているということである。この点は，単に両規律が区別され得るという観念による以上に，ケルゼン理論がリアリズムと区別されるべきであることを裏づけるように思われる。ケルゼンによれば，「間接的」＝《裏》からの規律方式で成立した規範は，確かに妥当するが，特別の手続で廃止されうる。しかし，「直接的」＝《表》からの規律方式・内容をもって成立した規範について，「廃止」は想定されていない[17]。

本章1で触れたように，ケルゼンにあっては，「間接的規律」のもと「妥当する」法規範は，内在する「瑕疵」を含みえない。もっとも，かかる「妥当する」規範は，ケルゼン理論によった場合でも，「廃止」される可能性が留保されている。確かに，上位規範は下位機関に対して，「直接的規律」のみをなしうるものではなく，「間接的規律」を排除しえない。しかし，当該「間接的規律」は《裏》ゆえに「廃止」されうる。他方で，「直接的規律」はあくまで《表》ゆえに「廃止」は想定されない。一方の「直接的規律」（上位規範の正しい

---

(17) この点，ケルゼンは専ら「憲法違反の法令」が憲法裁判官によって廃止されうることを示すに止まる（本書第一部第2章Ⅱ1参照）。

49

第1部　憲法の最高法規性

意味）に基づく下位規範は，「廃止」の可能性なく妥当するが，他方の「間接的規律」（上位規範の「正しくない」意味）に基づく下位規範は有権解釈機関による「廃止」をいわば解除条件として妥当しているにすぎない。つまり，上位規範が有する両「規律」は同価値のものとして想定されているわけではないということである[18]。

(3)　ケルゼンの「裏からの授権」観念によれば，上位規範のもたらす「直接的規律」と「間接的規律」との間には，確固した序列が存在する。小貫幸浩の用語法によれば，前者は後者「に対して法認識論的に優位」しているといえる[19]。ケルゼン理論にあって，「直接的規律」と「間接的規律」とは，法的認識において区別されうるのみならず，前者は後者に対して「法認識論的」に優位したものとして確定されている。前述のように「直接的規律」とは，上位規範によって「直接規定された内容」を意味し，「間接的規律」とは上位規範によって「直接規定されたのとは異なる内容」を意味した。したがって，上述の「裏からの授権」の趣旨を換言すれば，法の《正しくない》意味は把握されうるし法適用機関によって適用されうるというに止まらず，法の意味は認識論的に《正しく》把握されうるとなる。このような「法認識論的優位」が，法適用機関による上位規範の意味の「選択」以前に肯定されるということは，すなわち，かかる認識論上の優位を内包するケルゼン理論は法リアリズムと相いれないということを意味する。そして，それは，ケルゼン理論において，法適用機関の定立する「手続法」の妥当性が肯定される一方で，法の意味の客観的な認識すなわち「実体法」が法的により有意な規律としてカウントされていることを同時に明らかにする。ケルゼンは，「手続法」の現出を冷徹に認識しつつも，その前提として確固とした「実体法」思考を有していたと考えられる。

---

(18)　井上達夫「決定と正当化」長尾龍一他編『新ケルゼン研究』（木鐸社，1981年）183頁は，ケルゼンを，メルクルの「既判力規範」概念について「ルール懐疑」を正当化する概念と曲解していると批判する。しかし本文のように解せば，両者は，「妥当性」概念の相違にも拘らず，総体的には同じ思考の筋道を辿っているといえる。もっとも，メルクルは《正しい》法の意味の認識を法科学に委ねたのに対し，ケルゼンは，それを憲法裁判権に期待しているようにもみえる（小貫・後掲注(19)参照）。ただ，この後の本文で触れるように，このことは，ケルゼン理論における反リアリズムを認定することの妨げにはならない。

(19)　小貫幸浩「憲法の最高法規性ということ」早稲田大学大学院法研論集51号49頁。

第3章 「実体法」の優位

　(4)　もっとも，このような理解には次のような批判が予想される。すなわち，下位機関は「直接的規律」を受けた法規範をも「廃止」しうるのではないか。例えば，議会が憲法の「直接的規律」を受けて「合憲」の法律を定立した後，別の有権解釈機関（議席変動後の議会あるいは最高裁判所等）が，憲法の「間接的規律」を受けて当該法律を「廃止」した場合を想定すればよい。上位規範が下位機関に二つもの規律を有しうるというケルゼンの思考は，このような事態に直面した場合，結局，上述の認識論的優位の確認（「実体法」思考）をリアリズム（「手続法」思考）の前に無意味のものとする思考にほかならないのではないか，と。

　しかし，本書はそうは考えない。問題は，「廃止」を前提されていない「直接的規律」は，「廃止」を解除条件とした妥当性しか主張しえない「間接的規律」に比べて，認識論上同列に扱えるものなのか否かである。仮に前者の後者に対する優位が認識されれば，「直接的規律」に従わないあらゆる法定立行為は当然のこととして，認識論的に劣位におかれる。「手続法」について「実体法」を根拠とした対比が認識論上可能になるという論理が，ケルゼン理論において発見しうるという点に注目すべきである。下位機関は，上位規範の両規律を，あくまで結果として任意に選びうるに過ぎないのであって，それは，下位機関が常に上位規範の「正しい」意味を認識しうるかという問題と直接の連関を持たない。仮に下位機関が，上位規範の「正しくない」意味に基づいて，下位規範を定立したとしても，それとは独立して，上位規範の「正しい」意味は，認識されうる。確かに，この場合に定立された当該下位規範は，妥当性そして多くの場合強制装置を背景に実効性を獲得するが，それらは「廃止」を解除条件付きとした「妥当性」であり「実効性」に過ぎない。他方でしかし，何らの条件も付されないがゆえに，真の「妥当性」を獲得しうる上位規範の「正しい」意味は，実効性は皆無であったとしても，それはいわば眠っているに過ぎず，法を認識するうえで有意な存在であり続ける。さらにいえば，規律の「直接」「間接」二分論によると，「間接的規律」を受けた「手続法」が存在するという論理的前提こそ，「直接的規律」を受けた「実体法」だとみることができる。ある規範の「直接的規律」を観念しえずに，当該規範の「間接的規律」は観念しえないからである。先に述べた《裏》があれば《表》があるという比喩の趣旨はここにあった。ケルゼン理論にあっては，「実体法」・「手続法」の両

51

第 1 部　憲法の最高法規性

思考は両立しつつも，前者思考は後者思考に認識論上優位していることが確認されるべきである[20]。

Ⅱ　柳瀬良幹における「実体法」の優位

Ⅰにおいては，ケルゼン理論における「実体法」思考を確認した。加えて，同理論にあって，「実体法」が認識論的に優位している可能性が認められた。このケルゼンによって示唆された「法認識論的優位」論は，柳瀬によって打ち出された「実体法」と「手続法」の峻別論と，かなりの程度思考構造を同じくしているものと考えられる。しかし本書は，柳瀬による「実体法」と「手続法」の峻別論について終局的に同意することができなかった。それは，柳瀬による同峻別論と，実定法として「実体法」と「手続法」とを認識すること，とは両立できないからである。

以下，柳瀬による「実体法」と「手続法」の峻別論について概観し，それに対する批判を展開する。ただ，柳瀬がこの問題を展開したテクストは必ずしも豊富とはいえない。そこで，本稿の議論は，この柳瀬の議論に触発された樋口陽一と藤田宙靖との間で交わされた示唆に富む論争[21]との対話をも踏まえての

---

(20)　菅野喜八郎「自衛隊法の『合法＝違憲』説所見」同『続・国権の限界問題』（木鐸社，1985 年）276 頁は，「ケルゼンの実定法概念よりすると，『手続法』こそが優れて実定法だということになる」としたうえで，自衛隊法は日本国憲法の意味として妥当する「合憲・合法」の存在として認識されるべき旨を説くが，直ちには賛同し難い。日本国憲法の正しい意味としての「実体法」を参照することによって，憲法適合性は「認識」されるべきである。菅野は，学理解釈を「実体法」に，有権的解釈を「手続法」に対応させる（菅野・同前頁）。しかし，このような腑分けが必然だとは限らない。学理解釈が誤った法認識を正当と主張することもあろうし，有権的解釈が「実体法」を認知することもありうる。したがって「実体法」を認識したと信じる学理解釈が，「手続法」たる有権的解釈を批判することは，菅野が指摘するような理由，すなわち学理解釈が自らを法源とみなしていることに基づくものとは，必ずしもいえない。それは，真の法源（「実体法」）とは何かをめぐる争論のひとこまにすぎないというべきであろう。また，このことを逆からいえば，「手続法」のみが「優れて実定法だ」と即断することもできないことになるはずである。

(21)　両者の応酬については，樋口陽一『近代立憲主義と現代国家』（勁草書房，1973 年）特に 87 頁以下，同・前掲注(2)特に 153 頁以下（以下本節での樋口論文の引用は同書の頁を指す），藤田・前掲注(5)特に 256 頁以下，261 頁以下を参照（以下本節での藤田論文の引用は同書の頁を指す）。藤田・同前 159 頁以下（「柳瀬博士の行政法学」）は，その方法論を中心に柳瀬の思考について極めて詳細な内在的検討を施したものである。

第3章 「実体法」の優位

叙述となる。樋口の議論が柳瀬のそれに一致していることについては，既に触れた。一方藤田の議論は，本稿の見解をより裏づけるものであるが，問題点が存しないわけではない。

1 「実体法」と「手続法」の峻別

柳瀬による「実体法」と「手続法」の峻別論は，既に戦前から至る所で姿を現していた。例えば，1939年に著した論文で柳瀬は，「無効の行政行為」については権限ある機関による認定がなくても，誰もが認定権を有するとする当時の通説を大要次のように批判している。すなわち，このような思考は，当該行政行為が「実体法」的に無効かという問題と，かかる無効が何人によって認定判断されるかという問題とを混同している[22]，と。また，1943年に出版された柳瀬の著書によれば，清宮四郎の「違法の後法」「国家における立法行為の限界」，田中二郎の「法令の瑕疵と其の審査権」といった諸論文には次のような問題点が存する。すなわち，これら諸論文は「裁判所が法律命令に就てその内容の瑕疵を審査しその無効を認定する権限を有しないことから，恰も法令はその内容の瑕疵にも拘らず実体法上にも有効であるもの」と説くものとして批判される[23]。

しかし柳瀬による同峻別論の明確な定式化がなされたのは，戦後，田上穣治によってなされた批判[24]に応えることを目的として著された「実体法の世界と手続法の世界」[25]，そして，田上による再批判[26]に応えた「実体法と手続法再論」[27]である。これらの論文においては，「実体法」と「手続法」の峻別論を採るに至った事情についても述べられている。柳瀬は，自らの考えを次のよう

---

[22] 柳瀬良幹「司法裁判所の先決問題審理権」『行政法の基礎理論　第2巻』（弘文堂，1940年）特に71頁以下参照。

[23] 柳瀬良幹『行政行為の瑕疵』（河出書房，1943年）91頁。

[24] 田上穣治「公法理論における実体法と手続法の関連」自治研究26巻8号1頁以下。

[25] 柳瀬良幹『憲法と地方自治』（有信堂，1954年）107頁以下に所収。以下，柳瀬論文の引用は，断りの無い限り，同書の頁を指す。

[26] 田上穣治「法の解釈とその権限」自治研究27巻3号1頁以下。もっとも，このような田上による一連の議論に対して，柳瀬は「（田上）教授と私との間の議論の相違が何処にあるのかも未だ明瞭になったと言ふことができない」（柳瀬・140頁）と困惑の色を隠していない。

[27] 柳瀬・123頁以下に所収。

第1部　憲法の最高法規性

に定式化する。

　　「実体法の世界と手続法の世界とはこれを峻別し，前の世界における事実
　を以て直ちに後の世界に当嵌め，又は前の世界に妥当する原理から直ちに後
　の世界に関する結論する如きことをなしてはならぬ」[28]。

　柳瀬は，このような思考を採るに至った事情として次の三点を挙げていた。
その第一は，「判決の拘束力」の問題[29]，第二は「裁判所の違憲立法審査権の
制度」[30]，第三は「職務命令に関する通説」[31]である。これらの事情には次の
ような共通の問題が含まれている。すなわち，同一の法文に対する解釈にも拘
らず，ときに複数のそれが主張される。そのうち，上級裁判所，最高裁判所，
職務命令による法解釈が，下級裁判所，立法府，下級公務員に対して各々拘束
力を持つことがある。しかし，これら拘束力を有する法解釈が正しい法解釈と
は限らない。このような必ずしも「正しい」とは限らない法解釈が何故拘束力
を発揮するのか。

　これまでの通説は，柳瀬によれば，このような諸問題に必ずしも明快な説明
を与えてきたわけではない。この通説に対する不審は，「実体法」と「手続法」
とを明確に区別することに発する。「実体法」とは「或る者が法の意味として
言ふところが本当に法の意味であるかどうかの問題」であり，「手続法」とは，
「或る者が法の意味として言ふところが法の意味として通用するかどうかの問
題である」[32]。「法律の意味が何であるかと何が法律の意味として妥当するか
とは全く別の問題である」[33]。例えば，「同じ憲法の規定が裁判の世界と立法
の世界とで異なる意味を有するといふ奇なる現象の如きも，憲法がそれ自身と
していかなる意味を有するかと或る世界においていかなる意味が憲法の意味と
して妥当する力を有するかとは全く別の問題である」[34]と考えれば容易に溶解

---

　(28)　柳瀬「実体法の世界と手続法の世界」107 頁。
　(29)　柳瀬・同前 108 頁。
　(30)　柳瀬・同前 110 頁。
　(31)　柳瀬・同前 112 頁。
　(32)　柳瀬「実体法と手続法再論」126 頁。
　(33)　柳瀬「実体法の世界と手続法の世界」115 頁。
　(34)　柳瀬・同前 114-5 頁。

第3章 「実体法」の優位

する。もっとも柳瀬が，「両者は全くその原理を異にする別個の世界であって，本来架橋するに能わず，又架橋すべからざるものである」[35]と述べて，「実体法」と「手続法」とを峻別するとき，その根拠が次に問題となる。

2 「手続法」に対する「実体法」の優位

(1) 「実体法」と「手続法」とは，何故「架橋すべからざるもの」として峻別されるか。それは，両者の性質が全く異なるからだ。前者は「合理的なる論理が支配」する「実質的なる真理の世界」であるが，後者は「非合理的なる権威が支配する」「形式的なる秩序の世界」である[36]。それゆえに，「この両世界の間を架橋し，その間に関係をつけ，これを統一して理解解明せんとする」[37]ことがそもそも不可能とされる。この「実体法」の「客観的真理」性を支えるものは何か。それは，「法には必ず一つの意味」があるという立場である。さらにいえば，「法の意味というものは，それが客観的に明瞭である場合にもそうでない場合にも，解釈を待たずして既にいはば先験的に定まっている」[38]。したがって，特定の実定法について二つ以上の解釈が併存している場合であっても，なお「客観的な法の認識」は可能である[39]。このように柳瀬によれば，法学とは何より，実定法に対する「権利根拠の確実と思はれる論理的操作」によって，実定法の「真の意味」を把握することを目的とする[40]。柳瀬の「学問的良心」にとって，目的論的解釈，自然法論，政策論は別世界の話であった[41]。

(2) それでは，逆に「手続法」は何故我々を拘束するのであろうか。なぜに「正しい法の意味」たる「実体法」の世界は，「手続法」の世界に敗北を強いら

---

(35) 柳瀬・同前 115 頁。

(36) 柳瀬・同前 118-9 頁。

(37) 柳瀬・同前 115 頁。

(38) 柳瀬「実体法と手続法再論」129 頁。

(39) なお藤田・210 頁によれば，柳瀬が《実定法の意味が一つである》というのは，法律の意味の多義性を否定する趣旨ではないという。すなわちそれは，「実定法自体が多義的な内容をもっているとすれば，内容が多義的ということ自体が，その実定法の真の唯一の意味」だという趣旨とされる。

(40) 柳瀬「実体法と手続法再論」136-7 頁。この記述を手がかりに，藤田は，柳瀬による「客観的な法の認識」を支える手法を「実証主義」「論理主義」と規定する（前者については藤田・特に 158 頁以下，後者については特に藤田・199 頁以下参照）。

(41) 柳瀬「実体法と手続法再論」137 頁。

55

第1部　憲法の最高法規性

れるのか。柳瀬によれば，かかる疑問を立てることは「人間精神の当然の働であり，権利である」[42]。そして，そのさしあたりの回答は「実力」だという[43]。もっとも，それは，現実の権力関係に我々が屈服しているという事実上の現象を指すものではない。我々が，判決・職務命令に従うのは，我々が「秩序」という当為命題を前提しているからである[44]。

　ただ，このような内容を捨象した形式としての「秩序」が究極の価値たりうるかは疑問だとはいえる[45]。例えば，ジャン・ジャック・ルソーの「一般意思」は，おそらく「秩序」が形式的な根拠ではなく実質的なそれを要する，すなわち権力に対する服従根拠に「正しさ」を要求する概念であったのであろう[46]。しかし，「一般意思」はあくまで，国家の理想であって，現実の事実ではない。我々が問題としているのは，かような理想ではなく，いかに「手続法」を経験上の事実として「ありのままに認識」できるかである[47]。確かに我々は，「手続法」の根拠をルソーと同じく「実体法」に求めねば満足しえないのだが，それは，既に「手続法」の「客観的認識」の域を越えるものといわざるをえない[48]。

---

(42)　柳瀬「実体法の世界と手続法の世界」118 頁。

(43)　柳瀬・同前 117 頁参照。

(44)　柳瀬・同前 118 頁参照。

(45)　柳瀬・同前 119 頁。

(46)　柳瀬・同前 119-20 頁参照。このような理解は一般的であろう。例えば，恒藤武二「ルソーの社会契約説と『一般意志』の理論」桑原武夫編『ルソー研究〔第二版〕』（岩波書店，1968 年）特に 150 頁以下は，ルソーの「一般意思」の概念が多義的であることを指摘しつつ，それが「法内在的正義」を示すものであることを確認している。しかし，トロペールは逆にフランス人権宣言第 6 条第 1 文（「法律は一般意思の表明である」）を事実命題とみなす。だから，法律制定に関わるものはすべて「一般意思の表明」者ということになる（Michel Troper, Justice constitutionnelle et démocratie, Revue française de droit constitutionnel, no. 1., 1990, pp.47-8. 長谷部恭男訳「違憲審査と民主制」日仏法学 19 号（1993-4）19-20 頁）。この論理は，柳瀬らのような指摘にも拘らず，結局「手続法」の優位に大いに資する。トロペールによれば，法律適用（定立）機関はすべて「一般意思」を体現するからである。このような「一般意思」の理解の仕方は，権力に対する実質的な服従根拠が再び形式的なそれとして読み直されたことを意味する。なお，こうした「一般意思」理解に象徴される「フランス近代の法実証主義の源流の一人としてルソーを位置づける」学説に真っ向から反対する，西嶋法友『ルソーにおける人間と国家』（成文堂，1999 年）特に 139 頁以下を参照。

(47)　柳瀬「実体法の世界と手続法の世界」121 頁参照。

(48)　柳瀬・同前 121-2 頁参照。

第3章 「実体法」の優位

(3) 以上，柳瀬のいう「実体法」と「手続法」のそれぞれの性格が明らかになった。前者は，「法の正しい意味」であり，後者は，それとは無関連の「法として妥当する意味」である。もっとも，柳瀬による「手続法」に対する性格規定には実は微妙なものがある。柳瀬によれば，「手続法」を維持するのは，前述のとおり「力」である。この「力」は「妥当する力」[49]とも換言されるが，この措辞については Geltung と Macht とを区分する立場によれば，矛盾さえ指摘されうる。ただ，このような立場（精確には Sollen と Sein の二分論）は，これをいかなる視点から観察するかによって，相対化されうるから，柳瀬のいう「妥当する力」が，方法論上の混同を犯した概念か否かについての判断は慎重を要する。しかし柳瀬によれば，「専ら手続法の世界の問題」とされる行政行為の公定力は，明らかに実定法上の効果と考えられている[50]。また，公定力の根拠は，実定法上の各国家機関に対する権限分配規定に求められる[51]。したがって少なくとも柳瀬の主観的意図によれば，「手続法」は，規範つまり Sollen としての性格を与えられているものとみなしてよいであろう。

柳瀬のいう「実体法」は「法の正しい意味」であるので，これに規範つまり Sollen の性格を認めることについて問題はない。とすると，柳瀬のいう「実体法」・「手続法」は共に，規範としての存在性格を有するといえる。ここに柳瀬の「実体法」「手続法」という区別論を，先にみたケルゼンによる「直接的規律」「間接的規律」の区別論に容易に重ね合わせることができる。柳瀬の「実体法」と「手続法」との二分論は，前者が「正しい」認識の所産とされ，後者は「正しい」かどうかは不問の世界だとされる。これに対してケルゼンのいう「直接的規律」とは，上位規範が「直接規定した意味」であり，「間接的規律」とは，上位規範が「直接規定するのとは異なった意味」であった。そして，私見によれば，ケルゼンのいう「直接的規律」は「間接的規律」に対して，認識論上優越した地位を占めている。これに対して柳瀬のいう「実体法」も，「手続法」に理論構造上優位するものといえる。なぜなら柳瀬によれば，実定法の「真の意味」を把握することこそ法学の目的とされるからである。「実体法」は，実定法の「真の意味」を指す概念であった。前節で確認されたケルゼンにおけ

---

(49) 柳瀬・同前 114-5 頁。

(50) 柳瀬良幹「司法裁判所の先決問題審理権」前掲注(22) 65 頁。

(51) 柳瀬良幹『行政法教科書〔再訂版〕』（有斐閣，1969 年）108 頁参照。

第1部　憲法の最高法規性

る「認識論的優位」は柳瀬説にあっても見出されるとして大過ないように思われる。

　しかし問題が残る。ケルゼン理論によれば，「直接的規律」と「間接的規律」とは上位規範が下位機関に及ぼす2つの意味とされていた。すなわち，両規律はあくまで同一の規範によって媒介されている。これに対して柳瀬説にあっては，「実体法」と「手続法」とは媒介どころか，「架橋すべからざるもの」として峻別される点で好対照である。柳瀬説によれば，「客観的な」「実体法」が「認識」される一方で，あたかもトロペール説のように，法適用機関が定立する「手続法」が，「実体法」と切断された形で跋扈する現実が突き放して把握される。ケルゼン理論における法認識論上の優劣は，柳瀬説にあっていわば拡大し，理論的な統合の可能性は完全に否定されている。このような柳瀬説は果たして維持可能なのであろうか。節を改めて，柳瀬説における「実体法」と「手続法」の峻別論の問題点について検討することとしよう。

Ⅲ　批　　判

　(1)　柳瀬による「実体法」と「手続法」の峻別論をめぐっては，上述のように，樋口陽一と藤田宙靖による論争があった。樋口は，基本的に柳瀬の峻別論を肯定する。樋口によれば，「制定憲法」という形で「実体法」が存在する一方で，他方で「制定憲法」の運用過程で定立される法律，命令，判決等，「実効的憲法」という形で「手続法」が，存在していることは二元的に認識されうる[52]。「制定憲法」―「実体法」―と「実効的憲法」―「手続法」―のどちらが優位するのか，すなわち，いずれが「真の実定憲法」とされるかは実践の問題である[53]。つまり，「実体法」たる「制定憲法」と「手続法」たる「実効的憲法」のそれぞれを客観的に認識しうるということまでは科学として成り立つが，両者のいずれが優位するのかは優れて実践的決断に委ねられる。このように，樋口の思考にあっては，柳瀬の「実体法」と「手続法」の峻別論はとりたてて問題なく理解される。

　他方，藤田は，柳瀬によれば「架橋すべからざるもの」とされる「実体法」

---

(52)　樋口・159頁。
(53)　樋口・160頁。

と「手続法」の両世界が何故同一法秩序において併存できるのかという問いを立てる[54]。柳瀬のいう「実体法」と「手続法」が各自実定法であれば，「これらは共に，論理的には同一の根本規範に帰報せしめられなくてはならない」[55]はずである。柳瀬によれば，実定法の概念は「唯一の意味」を有する（すなわち実定法は「実体法」として客観的に認識される）ものとして確固不動であるかのようだ[56]。しかし，法適用機関の定立する「手続法」の実定性と，実定法秩序全体の論理的統一性とをなお整合的に説明しようとすれば，「手続法」と同じく実定法だとされる「実体法」の「唯一の意味」というのは，「有権的解釈者の認定・解釈なる行為を解除条件とした，その意味において流動的な内容をもったもの」[57]とみなさざるをえない。このような再構成によって，はじめて「実体法」と「手続法」は共に実定法秩序に包摂される。

（2）樋口による議論が，科学と実践との区分論という方法論によって，「実体法」と「手続法」の峻別論を擁護しようとするものであったのに対して，藤田は，このような方法論によって問題処理を貫徹するのではなく，「実体法」と「手続法」をいかにして実定法秩序の統一性の中で矛盾なく説明しうるか，を問題とする。樋口は，矛盾を「ありのままに」認識するのが科学であるから，「全く原理を異にする」[58]，「実体法」と「手続法」の併存に疑問を感じなかった。これに対し藤田は，そもそも両者が実定法であるということから思考を出発し，「実体法」について「手続法」による変更を予定した流動性を認めることで，両者を共に実定法として整合的に説明することを可能とした[59]。樋口が二分論という方法によって，分断された対象を「ありのままに」放置しようと

---

(54) 藤田・247-8 頁。

(55) 藤田・278 頁。

(56) もっとも藤田・227 頁以下によれば，このような柳瀬の「実定法」概念は，その「実証主義」的な趣の一方で，立法者・裁判官に対する「あるべき法」の提言等を含む点で，矛盾に満ちているとされる。

(57) 藤田・248 頁。「流動的実体法論」と名づけられている。

(58) 柳瀬「実体法の世界と手続法の世界」115 頁参照。

(59) この点に注目した樋口・155-6 頁によれば，藤田の説は，ザンダー，さらにはトロペールの説に接近し得る。しかし藤田によれば，実定法の「流動」は有権解釈を「解除条件」として起こるのであって，後述のように，これは既に存在する「実体法」を前提にした議論である（藤田・262-3 頁参照）。したがって樋口のこのような理解に対しては，後述するような疑問が提示されうる。

第1部　憲法の最高法規性

したとすれば，藤田は逆に，峻別された対象を統合のなかに回復しようとしたといえる。藤田が，樋口からの批判に対して，「制定憲法」と「実効的憲法」とを，共に法規範として認識するにはどうしたらよいのか，という問いを発した[60]のは，樋口説が方法論によって両者を分断することに対する疑問でもあった。すなわち樋口によれば，「実体法」と「手続法」のいずれを「真の法」とするかは，科学の問題ではないとして思考の外に排除されるが，藤田によれば，いずれも矛盾なく説明することこそ両者を実定法として認識するうえで不可欠の作業とされるわけである。

(3)　これまでの叙述から，ケルゼンの理論により忠実なのは藤田であることは明らかであろう。樋口が認めているように，藤田の「流動的実体法論」は「裏からの授権」観念の趣旨をなぞったものといえる。一般的規範の先在性を前提して，なお「実体法」と「手続法」との併存を説明するには，藤田のような手法を採るほかないように思われる。ケルゼンの思考によれば，規範の意味の受け取り方には「直接的規律」と「間接的規律」の二つがある。これらは，いずれも同一の規範の意味として妥当しうる。しかし，「直接的規律」すなわち「実体法」も常に妥当性を発揮しうるわけではない。「実体法」とはいえ，実定法の意味を主張する役割を「手続法」に譲ることも起こりうる。これが，藤田のいう「流動」である。これらは，規範がすでに予定していた事態であるがゆえ，効力を発揮し，したがってあくまで実定法の内部における現象として認識されることとなる。

　もっとも，かかる藤田の「流動的実体法論」は，あくまで柳瀬説をいかに解釈するかという試みの一つに過ぎない。藤田は「法秩序の動態構造を規範科学的にどう捉えるか」という，より一般的な問題については見解提示を留保していた[61]。藤田の議論は，柳瀬のいう「実定法」概念の再構成の可能性を示唆するものであった。ただし柳瀬の「実定法」概念が藤田の想定したものであるとは一概には断定できない。柳瀬の「実体法」と「手続法」との二分論は，樋口が解釈するように峻別が強調される余地も依然として残されよう。しかし，その場合には，両者が共に実定法として認識されうるのは何故か，という藤田の

---

(60)　藤田・263-4頁。

(61)　藤田・263頁。

第 3 章　「実体法」の優位

問いに回答が与えられなくてはならない。

　この点，樋口は大要次のように応答していた。確かに「実体法」たる「制定憲法」と，「手続法」たる「実効的憲法」とが，共に同位の実定憲法規範だと捉えることはできない。「実効的憲法」は，法律以下の各法段階に応じた効力（法律・政令・判決段階の規範としての効力）を発揮するに止まる。このような意味に「実効的憲法」の実定性は限定されるから，これら「手続法」たる「実効的憲法」と，「実体法」たる「制定憲法」とを峻別して二元的に把握したとしても，決して実定法秩序の統一的認識と矛盾を引き起こすものではない[62]。

　ところが，かかる樋口の思考が，実定法秩序は上位規範が下位規範の妥当性根拠を有することの確認によってはじめて統一的に認識される，という思考からの批判を招く。「問題はまさに，そこでいう〝法律段階の規範としての効力〟なるものが，上位の憲法規範との関係なしに，どのようにして理論的に存在可能なのか，ということにこそある」[63]。「制定憲法」と切り離された「実効的憲法」（例えば法律という形式をとった場合）が，なぜに効力を主張できるのか。確かに，法律は「実効的憲法」として自らの妥当性を主張するだろう。しかしこの妥当性主張は，あくまで主観的なそれであるから，それが直近の上位規範である「制定憲法」に妥当性根拠を有していることが客観的（理論的）に明証されなければならない[64]。

---

(62)　樋口・158 頁以下参照。

(63)　藤田・264 頁。

(64)　ある下位規範が上位規範に妥当性根拠を有することの確認は，その前提として，あるいは少なくとも同時に，かかる上位規範そのものを認識することを要するはずである。この点，樋口は「憲法慣習」論を扱う際，（上位）規範の認識いかんを「法源」の認識いかんの問題だとしていた（樋口・160 頁参照）。もっとも樋口は同時に，論者による解釈論上の実践的選択の帰結が，「法源」の「認識」として主張されうることについて注意を喚起する。本書もかかる樋口の指摘の重要性を認め，「不文の憲法法源」論の孕む問題点について検討を行う（次章 I 参照）。なお，樋口が「憲法慣習」の「法源」性を否定することに対して，長谷部恭男『権力への懐疑』（日本評論社，1991 年）34 頁以下は，その論理の「循環」を指摘する。まことに鋭い批判であるが，私見によれば，「憲法慣習」が「制定憲法」と別個の「法源」性を有するという主張のみが樋口によって否定されるに止まり，前者の内容が結果的に後者の解釈として主張されることまでは，樋口は，「法源」の認識としては否定しえないように思われる。とすれば，何より問題なのは，「憲法慣習」の「法源」性を認めるか否かではなく，何が「制定憲法」の解釈として主張されるのか，ということになろう。

第1部　憲法の最高法規性

(4)　もっとも藤田の議論にあっても，問題点は皆無ではないように思われる。すなわち，藤田による「実体法」の性格規定いかんである。藤田によれば，「実体法」の意味とは，有権解釈者の認定・解釈なる行為（「手続法」）を解除条件とした「流動的な内容」を有したものとされる。実定法秩序は，「流動」が発生する以前に存在する「実体法」と，かかる「実体法」の「流動」を引き起こす「手続法」とから構成されるというわけである。ところが，藤田は，「実体法」について次のように規定する。

　　「実定法秩序は，上位の規範が法律制定・裁判判決・行政行為によって具体化されて行くことを予定し，諸々の機関にそのような具体化の権限を与えているのであって，〝実体法〟なる概念は，そこでは，この具体化の動態化プロセスを特定の時点で切断した場合の切断面を意味するものであることになる。つまり，その時点において，公的機関によって具体化されている法内容が，その時点における実体法の内容だ，というわけである」[65]。

　しかしながら，かかる藤田の叙述からは，「流動」前の「実体法の内容」は必ずしも明確にみえてこない。むしろ，かかる藤田の思考は，法適用機関の解釈活動によってはじめて実定法が生み出されるという，本書の用語法でいえば「手続法」思考を顕著に示したもののようにみえる。「流動」以前に「実体法」が存在しているのであれば，「公的機関によって具体化されている法内容」を「実体法の内容」だとする余地はないはずである。ここで藤田のいう「実体法の内容」とは，前述の樋口の用語法によれば，「実効的憲法」，すなわち「手続法」にあたるものではないのか，との疑問が生じる。樋口が，藤田のいう「実体法」の概念を当初から，「『実体法』自体の客観的意義内容は存在し得ないのであって，ひとびとによってそれぞれに認定解釈されたものがそのときどきに存在しうるにすぎず，それがまさに『実体法』の『流動的な内容』として認識されるのだ」[66]と受け止めたことは，理解に難くない。この樋口の把握の仕方に対して，藤田は反発し，あくまで「手続法」による流動に先行して，「実体

---

(65)　藤田・262-3頁。
(66)　樋口・154-5頁。

法」は存在しているのだとする。その反論において上述の注(65)を付して本書が引用した叙述がなされたのだが，それは決して藤田の意図を裏づけるものとはなっていないように思われる。

　藤田はケルゼンと同様に，上位規範が下位機関による解釈活動に先行するという思考を受け入れた。そのうえで藤田は，上位規範の有する「正しい意味」（「実体法」）と，下位機関が定立する当該規範の「意味」（「手続法」）とが各々妥当性を主張しうることを，規範科学的に根拠づけることには成功した。しかし，藤田のいう「公的機関によって具体化されている法内容」は，これに先行する「具体化」以前の「実体法」の存在を前提とするはずである。ケルゼン・柳瀬の諸説にみられた「実体法」の「認識論的優位」とは，かかる思考を意味する。柳瀬は，「実体法」の「認識論的優位」を肯定した点で正当であったが，これと「手続法」とを峻別した点で実定法の統一的認識を困難なものとした。藤田は，「実体法」と「手続法」との双方を，遍く実定法秩序の中に包摂しようとした点は正当であったが，結果的に「手続法」思考を偏重する帰結を導いたものといえる(67)。そこで次の問題は，ケルゼン理論から，「実体法」の「手続法」に対する「認識論的優位」（樋口の用語法によれば，「制定憲法」の「実効的憲法」に対する優位）を確保しつつなお，両者を媒介しうる論理をいかにして引き出せるか，に移る。

---

(67)　したがって，藤田の議論と，ザンダーやトロペールといったリアリストの思考とを結びつけた樋口の理解は，無理からぬところであったといわねばならない。しかし，このような樋口の理解を媒介するケルゼンの「裏からの授権」論について本書は，樋口と異なる解釈を示してきた。すでに論じたように本書の見地によれば，藤田の思考はともかく，ケルゼンの「裏からの授権」概念とリアリズムとを結合させることは到底不可能である。

第4章 「実体法」と「手続法」の架橋

　以下では，「憲法の最高法規性」を論理的に基礎づけることを目的として，「実体法」と「手続法」との架橋を試みてみよう。まず，Ⅰにおいては，「国家」が検討の対象に据えられる。それは具体的には，憲法典の上位に「国家」という不文法源を認める小嶋和司の所説を指す。小嶋は，憲法典の上位に不文憲法を認めることによって，「手続法」たる憲法判例の憲法法源性を容易に肯定する。問題は，この小嶋による「架橋」の当否である。Ⅱにおいては，憲法典の上位に根本規範を想定する思考が検討される。検討の対象は，主にケルゼンが晩年到達した《Grundnorm》論に求められる。「根本規範」はそもそも措定が不可欠な概念なのか否かが，当節で示される。Ⅲにおいては，「条文」による「架橋」の可能性が特にケルゼン晩年の仕事から示唆される。この示唆を通じて憲法典条文は，「実体法」と「手続法」の狭間でいかなる地位を占めているのかが明らかにされる。

　なお，ここで「憲法の最高法規性」の論理的基礎づけに関連して，日本の憲法学において，「憲法の最高法規性」を語る際に援用されることのあるケルゼンの「法段階説」について若干言及しておこう。高橋和之は，「憲法の最高法規性」の「形式的根拠」を説明する文脈において，「ケルゼンは『憲法―法律―命令』といった上下関係によって構成される法の段階構造を考えた」として，「法段階説」を「憲法が最高規範であることの根拠の一つ」と述べる[1]。

　しかし，果たしてそうか。日本の憲法学説は，日本国憲法98条1項にいう「この憲法」とは，「日本国憲法」を指すものと解してきた（本書第1部第1章Ⅱ参照）。すなわち日本国の法形式の最高位にあるのは，「日本国憲法」という「形式的意味」の憲法ということである。したがって，この通説的思考をケルゼンの「法段階説」によって根拠づけるには，ケルゼンのいう「法段階」の最

---

[1]　野中俊彦他『憲法Ⅰ〔第5版〕』（有斐閣，2012年）22頁〔高橋和之執筆〕。

第1部　憲法の最高法規性

高位には「形式的意味の憲法」が位置することが確認されなければならない。ところがケルゼンが，「法段階説」を説明する文脈における次のテクストは，このような理解を否定しているようにみえる。「根本規範を仮定すれば，憲法が国法秩序において最高位を占める。ここで憲法は，形式的意味でなく実質的意味に理解される」(2)。ケルゼンの法段階の上下は，法内容に規定され，法形式に規定されるものではない。ケルゼンは，実定法秩序の最高位を構成する法規群を，便宜的に「憲法」と述べたわけである。それは，「形式的意味の憲法」に限られず，「形式的意味の法律」をも含みうる。小嶋和司が，ケルゼンの法段階説について次のように説いていたのは正当である。「ここにいう『憲法』は憲法典のことでなく，論者が『憲法』とする何かのことにすぎない。法段階説を憲法典の『最高法規』性の理解の資とすることはできない」(3)。要するに，憲法典の「最高法規性」について検討する本書では，ケルゼンの「法段階説」にこれ以上立ち入る必要はない(4)。

I　「国家」── 小嶋和司説 ──

1　「不文の憲法法源」としての「国家」

　本節が検討の対象とするのは，小嶋によって打ち出された次のような見解である。

---

(2)　Kelsen, GTLS., p. 124. 尾吹訳 214 頁。

(3)　小嶋和司『憲法概説』（良書普及会，1987 年）110 頁（以下，『概説』と略記）。同「法源としての憲法典の価値について」同『憲法解釈の諸問題』（木鐸社，1989 年）511 頁も参照（以下，『諸問題』と略記）。

(4)　もっともメルクルの「法段階説」は，「形式的意味の憲法」の最高性を根拠づけるかもしれない（Vgl. Merkl, Das Prolegomena einer Thorie des rechtlichen Stufenbaues, 1931, in: WRS., Bd. 2., 1311f.）。メルクルの「法段階説」の詳細は，菅野喜八郎『国権の限界問題』（木鐸社，1978 年）161 頁以下を参照。この菅野によるメルクル理解に対して，森田寛二「法規と法律の支配（一）」法学 40 巻 1 号 86 頁以下は，法規の「廃止力（derogierende Kraft）」と段階構造・法形式との関係が混乱して理解されていると批判する。両者の応酬について詳しい検討は他日を期したいが，ここではケルゼンの「法段階説」が，憲法典の「最高法規性」の論証には用いえないことを確認しておけばとりあえず足りよう。

66

第4章 「実体法」と「手続法」の架橋

「国家および主権は，憲法典をして有効ならしめる根拠で，これに，憲法典に付随する副次的な地位しかみとめないことは，度を過ぎた成文法源偏重で，正当でない。これには，成文法源から独立した法源 —— 不文の —— としての地位をみとめるべきである。その法源としての権威は，憲法典の効力の基礎であるのみならず，憲法典の規定を修正して法的効果を指示するものとして，憲法典に優越することを認めなければならない。憲法解釈は，憲法典のみに着目してなされるのではなく，それを超える不文の法源をもあわせ考慮してなされるべきものと論理構成するのである」[5]。

(1) 多様な反応[6]を誘発したこの問題提起は，「実質的意味の憲法」と憲法典との区別を強調する小嶋の立場[7]と密接に連動しているものである。もっとも上にみた不文法源を重視する思考は，当初から一貫したものではなかった。1954年の段階で，小嶋は憲法典につき，「『憲法』的規範のすべてが網羅されてはいないとしても」[8]と留保しながらも，「立憲主義じしんをまもるためにも憲法典解釈学」が「強烈に求められる」[9]と述べていた。さらに小嶋は，モーリス・オーリュウの憲法的正統性（légitimité constitutionnelle）[10]を例に引きつつ，上記引用に示されるものとは明らかに異なる思考を提示していた。すなわち légitimité constitutionnelle は，「観念的には憲法典を拘束するもの」ではあるが，「この把握がすぐれてイデオロギー的に彩られやすくその内容の恋

---

(5) 小嶋「法源としての憲法典の価値について」『諸問題』508頁（傍点小嶋）。ちなみに，「法源」とは「それじしん法であり，法の内容を提示するもの」である（同509頁）。

(6) 小林直樹「憲法概念の考察」，樋口陽一「『憲法学』の対象としての『憲法』」両論文とも『法学協会百周年記念論文集第二巻』（有斐閣，1983年）に所収［樋口論文は後に樋口『権力・個人・憲法学』（学陽書房，1989年）に所収］，今井威「憲法と憲法典」西南学院大学法学論集12巻3号，山下威士「憲法学の憲法典からの解放」埼玉大学紀要人文科学篇30巻等を参照。

(7) 小嶋『憲法学講話』（有斐閣，1982年）1頁以下，小嶋『概説』特に1頁以下を参照。なおこれらの文献において詳述されている「憲法」と憲法典との区別論については，既に前掲の小嶋「法源としての憲法典の価値について」において概略が示されている。同論文は，併せて憲法典に上位する不文法源について詳述しているので，憲法典の「最高法規性」を主たる関心とする本稿は，同論文を中心に検討を進めることとする。

(8) 小嶋「憲法学の課題と方法」『諸問題』393頁。

(9) 小嶋・同前『諸問題』401頁。

(10) Maurice Hauriou, Précis de droit constitutionnel, 2. éd., 1929, p. 269.

第 1 部　憲法の最高法規性

意的な拡大が……立憲主義じしんをも危くすることを考えるとき」, légitimité constitutionelle の「具体的な内容や限界は憲法典じしんの中から, 論証されなければならず, ……実定的規範としての légitimité constitutionelle の追求には憲法典規範の研究こそ不可欠の前提となる」[11]。

　(**2**)　ところがその後, 小嶋はこの姿勢を変化させる。すなわち小嶋は,「憲法」＝憲法典と考える戦後憲法学に対して「憲法典絶対視」「憲法典神聖視」をなすものとして, 強烈な批判を展開するに至る[12]。小嶋によれば, 憲法典の孕む問題は大きく次の 3 点にあると指摘される。第 1 に, 憲法典が成文法であることによる限界である。例えば「公共の福祉」と「人権」はそれぞれ明確な成文法源であるが, 両者をいかに調整するかを示す成文法源は存在していない。このような不完全な成文法源の間の調整は, 不文のものにその多くを委ねざるをえない[13]。

　第 2 に挙げられるべきは, 憲法典特有の規定の概括性である。憲法典は, その規制対象が広範であるのに, その成立時は政治社会の激動期であることが多い。そのような環境下で法律的に緻密な規定はなされにくい。憲法典には民・刑法典のような具体的な法上の効果が期待されていないこともその要因となった[14]。

　第 3 は, 憲法典が必ずしも「実質的意味の憲法」のすべてを汲み尽くしていない点である。政治的考慮によってしばしば,「実質的意味の憲法」であるものが憲法典に持ち込まれなかったり, 逆に,「実質的意味の憲法」でないものが憲法典に組み入れられたりする。将来の国政の運営に幅を持たせるために意味の曖昧な規定が制定されることもあるし, このような憲法典の規定が制憲者

---

(11)　小嶋「憲法学の課題と方法」『諸問題』403 頁。

(12)　小嶋「戦後憲法学の特色」『諸問題』471 頁以下, 小嶋「憲法判例の変更」『諸問題』376 頁以下を参照。とりわけ前者論文は,「低いレヴェルで多数説を形成した」憲法学の姿勢全般が批判され,「長期的には滅ぶべきものは滅ぶ」と烈しい言葉でしめくくられる点で際立つ。

(13)　小嶋「法源としての憲法典の価値について」『諸問題』486 頁以下参照。このような思考を持つ小嶋が, 戦後憲法判例にみる「公共の福祉」概念に替わるより精密な準則として提案される「二重の基準」(芦部信喜『憲法判例を読む』(岩波書店, 1987 年)97 頁以下参照) を,「不文の法理」として位置づけるのは当然の帰結と思われる (小嶋「憲法と憲法典について」法学教室 25 号 13 頁参照)。

(14)　小嶋「法源としての憲法典の価値について」『諸問題』492 頁以下参照。

第4章 「実体法」と「手続法」の架橋

の間での意見対立の妥協の産物であることも珍しいことではない。さらに制憲者が憲法典起草時に決定しえなかったため，国家生活上本来規律すべき事項が憲法典の規定に入れられなかった事例も歴史上数多く確認することができる[15]。

(3) このような不完全な憲法典を規定するものは何か。小嶋は「自然法則」「論理上当然のこと」[16]と共に，「社会的事実としての国家」を挙げる。なぜなら「憲法典は国家の存在なくして効力をもちえず，国家が消滅すれば，その生命も終る」からである[17]。したがって国家の存立と憲法典の遵守とを対比すると，前者が基本的価値とされるので，ここに後者の効力停止を認容する「国家緊急権」の理論が当然に肯定されることとなる[18]。また，国家主権の喪失下で憲法典が効力を主張しえないのは，憲法典を規定する前提が欠落していることからする必然的帰結である[19]。そして，国家に不可欠な事業（例えば郵便事業）が国営とされることが「営業の自由」等の基本権と対立しないことは，国家が当然に有する権能行使による正当な制約として説明できる。このような正当化は，基本権行使の「内在的制約」論にも適用される[20]。

もっとも憲法典を規定するこれらの要件は，単に事実上のものではない。それらは，憲法典を完全な法源に補強するための「当為」[21]である。ここでいわれる「当為」のなかでも，小嶋はとりわけ「国家および主権」を重視するというわけだ。次に款を改めて，小嶋によって提示された憲法典に優位する不文法源「国家および主権」の構造を少しく検討したうえで，これがいかにして，小嶋による「実体法」と「手続法」との架橋の根拠たりえているかを検討することとしよう。

2　不文法源とその「架橋」の論理

(1) 小嶋によれば，「国家および主権」は憲法典の欠缺を補充するだけでは

---

(15) 小嶋・同前『諸問題』497頁以下参照。
(16) 小嶋・同前『諸問題』504頁参照。「論理上当然のこと」としては，「法は，私人が他者を害すことを権利として認めることはできない」ことが挙げられている。
(17) 小嶋・同前『諸問題』504頁。
(18) 小嶋・同前『諸問題』504頁。
(19) 小嶋・同前『諸問題』505頁。
(20) 小嶋・同前『諸問題』506頁。
(21) 小嶋・同前『諸問題』507頁。

第 1 部　憲法の最高法規性

なく，「憲法典をして有効ならしめる根拠」である[22]。ここで語られる「主権」とは，「国際的意味での主権（国際社会における独立性）」[23]の意味すなわち「国家」が有する「主権」を指す。したがって憲法典に優位するとされる「国家および主権」のうちでは，「国家」が論理的前提とされるわけである。では，ここでいう「国家」とは何か。小嶋によれば，それは「領土とか人民という可視的なものの具有を基礎とするが，それじしんは可視的な存在ではない。統治作用の帰属先を論理探求的な観察（teologische Betrachtung）をした結果見出される観念的な存在で，作用によってのみ社会的実在として認識される」[24]という。

　このような「国家」の観念の仕方には，ゲオルグ・イェリネク及びルドルフ・スメントの所説が直接に影響している[25]。このことは，小嶋がつとに，ケルゼン等に代表される「法実証主義」を批判して，公法学は「抽象的な観念になり，実用性を失う」[26]と述べていたことと裏腹であろう。成文の憲法典に対して「不文法源」の重要性を強調することもまた，「成文法源と『論理』の尊重を説く」「法実証主義」に対するアンチテーゼである[27]。また，前述のように 1954 年段階では「イデオロギー的に彩られ」る恐れがあるとして憲法典にその探求を限定することが望ましいとされた憲法的正統性（légitimité constitutionelle）が，小嶋の《改説》後，逆に憲法典に上位する不文法源を正面から正当化する概念として援用されていることも指摘しておくべきであろう[28]。

　(2)　小嶋によって提示された「不文の憲法法源」としての「国家」は，「実

---

[22]　小嶋・同前『諸問題』508 頁。

[23]　小嶋『概説』18 頁。

[24]　小嶋「法源としての憲法典の価値について」『諸問題』505 頁。

[25]　前者については小嶋・同前『諸問題』505 頁，後者については小嶋・前掲注(7)『憲法学講話』21 頁をそれぞれ参照。

[26]　小嶋「法律学の道しるべ」『諸問題』461 頁。

[27]　小嶋「法源としての憲法典の価値について」『諸問題』509 頁参照。

[28]　小嶋「憲法と憲法典について」法学教室 25 号 13 頁以下参照。そこでは，légitimité constitutionelle の思考を表した判例として，第 1 部第 1 章注(5)で触れたドイツ連邦憲法裁判所判決（BVerfGE 2,380）が引用されている。そこで小嶋は，判決中の Grundsatz を Grundgesetz と記して，「根本法」という訳語をあてている。しかし 1954 年段階でこの判決の同じ箇所を援用する際には，正しく Grundsatz が引かれていた。原文は Grundsatz としている（a.a.O., S. 403.）ので，上記 1982 年の小嶋による引用は誤りというほかない。この《誤引》は，結果的に，憲法規定に上位する不文法源の重要性強調に資するものとなっている。

体法」と「手続法」との架橋に大きな役割を果たすこととなる。すなわち，憲法判例の法源性が不文の憲法法源の援用によって容易に肯定されるということである。小嶋は，「判例が法源とされることを直接的に指示する制定法はない」として，「制定法」の欠缺をまず確認する[29]。そのうえで次の3つの理由をもって，判例とりわけ最高裁判例は「国法の法源である」とされる。すなわち第1に「憲法」が「法」の平等な適用を命じていること，第2に裁判所はこの平等な法適用の任を最終的に委ねられていること，第3に「他の国家機関は，ことさら判例による法解釈と異なる法解釈をとって，国民は訴訟による以外に判例法理の適用をうけないといった態度をすべきでないこと」，が根拠とされる[30]。判例に期待される具体的機能は，成文法と慣習法の明確化である。成文法も慣習法も曖昧・欠缺を有しているので，判例によるそれらの規範内容の明確化は「法的効力をもつ」とされる。さらに「憲法についての解釈判例は憲法典に準ずる効果を」有し，「他者による変改は……憲法改正……を要する」[31]との帰結が示される。

　上にみた小嶋説は次のように定式化できよう。憲法典には欠缺がある。「憲法典の効力の基礎であるのみならず，憲法典の規定を修正して法的効果を指示するものとして，憲法典に優越する」不文法である「国家」は，憲法典の欠缺を埋めなければならない。「国家」を含む実質的意味の「憲法」は，特に最高裁判例にその任務を命じたものとみることができる。したがって，最高裁による憲法判例は，憲法典による根拠づけを待つことなく，憲法典の規範内容の明確化・補充を行う「不文の憲法法源」たりうる。「不文法源」たる「国家」は，憲法典と「憲法判例」の双方の法的効力を媒介する役割を果たすわけである。

---

(29)　小嶋『概説』89 頁。

(30)　小嶋『概説』90 頁。小嶋「憲法判例の変更」『諸問題』381 頁によれば，薬事法距離制限規定違憲判決の後，「法律を誠実に執行」すべき行政庁が直ちに当該制度廃止の通達を発したのは，「制定法に特別の規定」があるからではなく，「憲法が前提とする法治主義」に加えて，「行政が法秩序を維持すべき任務」という「不文法理からの論理的要請」に基づくものとされる。

(31)　小嶋『概説』91 頁。小嶋によれば，司法権の限界論について，憲法典にその旨が規定されていないことを理由としてこれを否定する論は採りえない。憲法典に上位する「不文法」の検討を経たうえで結論を出す必要がある（小嶋「法源としての憲法典の価値について」『諸問題』513 頁）。以上の本文につきさらに，小嶋・前掲注(7)『憲法学講話』49 頁以下も参照。

第1部　憲法の最高法規性

「国家」による憲法典（本稿の用語法によれば「実体法」）と「最高裁による憲法判例」（「手続法」）との「架橋」の論理は，以上のようなものであったといえる。

3　批　　判

(1)　以上みてきた，小嶋による憲法典に優位する不文法源たる「国家」の承認に対しては，いうところの「国家」のイデオロギー性を突く批判が寄せられることとなるのはやむをえない。この点，小林直樹によれば，次のような批判がなされる。すなわち，少なくとも国家は憲法と同時に存在しうるのであり，憲法的原理こそ国家を成り立たしめるとさえいえるから，国家が憲法に優位するという主張は原理的に誤りである。憲法典は一般に国の根本法であり，仮に憲法典の外に「不文の憲法」が存するとしても，それはあくまで憲法典の趣旨に基づいて確定されなければならない。先験的に，憲法典の上位に国家を据えるという手法は，実際には，「国家」を，階級抑圧のための「イデオロギー」として機能させることになろう[32]，と指摘される。

この小林による批判は，その思考の基本線において肯定できるものと思われる。ある団体が正当な「国家」として我々を拘束するには，「国家」以前にそのような権限を認める規範が前提される必要がある。単なる社会的事実は支配の正当性を主張できないから，このような正当性を付与する（実質的意味の）「憲法」は，社会的事実としての「国家」に先行しなければならない。確かに，「実質的意味の憲法」が憲法典によってすべて汲み尽くされているとは直ちにはいえないとしても，だからといって直ちに，「憲法典は国の根本法でもない」[33]と断定することは適切であろうか。憲法典として制定された以上，それは，何らかの形で「実質的意味の憲法」を構成するものと意図されているはずである。憲法典が「実質的意味の憲法」と区別されるからといって，前者が後者と全く無関係な存在だということ，すなわち憲法典が「国の根本法」であることが否定されることにはならない[34]。

(32)　小林・前掲注(6)「憲法概念の考察」特に22頁以下，49頁以下参照。
(33)　小嶋「法源としての憲法典の価値について」『諸問題』511頁。
(34)　山下威士は，「日本国法体系の解釈問題としては，98条による限り，日本国憲法典が，法形式的には最高の位置を占めている」という（同「憲法の最高法規性の宣言」法学新報11・12号291頁）。これは「すべて国法は，憲法典による権威づけをうけてのみ法的権威を有しうると考えてはならない」（小嶋・前掲注(7)『憲法学講話』23頁）

第4章 「実体法」と「手続法」の架橋

　そもそも小嶋が重要性を指摘する「実質的意味の憲法」自体，その確固とした意味内容を常に十全に提示しうる保証はない。小嶋は，「実質的意味の憲法」にあたらない憲法典規定の例として，1893年に採択されたスイス憲法典第25条bにいう麻酔なしの屠殺禁止規定を挙げる[35]。しかし樋口陽一によれば，この規定は，実際はユダヤ人の宗教儀式を抑圧するという意図のもとに定立された。同規定は「単なる動物愛護規定」に止まらず，同憲法典第50条にいう「礼拝・典礼の自由」規定と抵触する恐れがある規定だというわけである。この種の規定は果たして「実質的意味の憲法」と無関係のものといえるのか。このように「実質的意味の憲法」の相対性は否定できない[36]。

　(2)　さらに，成文の憲法典の上位に不文の法源を設定すること自体，それが一種の自然法として機能することが予定されているものとみざるをえない。確かに小嶋は，自身のいう「国家」は社会的事実であると同時に，「当為」性を発揮するものであることを強調している。したがってこの点で小嶋説は，小林の指摘する要請，すなわち，社会的事実としての「国家」は「実質的意味の憲法」を前もって，あるいは少なくとも同時には伴うべし，という要請を充たしたものといえる。しかし問題は，このような法源性を「国家」に与える不文の法源の意味内容いかんである。

　小嶋は，自らの主張が「自然法学派の発想と似ている」ことを認め，その欠陥の指摘を予想しつつも，成文の憲法法源が不十分であるにも拘らず，論者の主観によって想定された不文の法源が，成文意法の解釈として主張されるという通説的思考のしばしば採る手法の方が有害だとする。つまり，不文法源の実定性をまず肯定したうえで，法源に値するものが引き出されたのか否かについて具体的に検証することの方が望ましいというわけである[37]。しかしこのような思考に対しては，小嶋の通説に対する批判の全く逆のことを指摘しうる。すなわち上述のように，小嶋の手法によると，今度は，不文法源の曖昧さによって成文憲法の意味が希釈化し，「論者が不文憲法としたもの」が立ち現れてく

───────────

　　という思考（これに賛同する佐藤幸治「最高法規」樋口陽一他『憲法Ⅳ』〔青林書院，
　　1988年〕337頁も参照）に対する批判である。
(35)　小嶋・前掲注(7)『憲法学講話』8頁。
(36)　樋口陽一『憲法〔第3版〕』（創文社，2007年）5頁以下。
(37)　小嶋「法源としての憲法典の価値について」『諸問題』508頁以下。

第1部　憲法の最高法規性

ることとなろう[38]。小嶋説においては,「法源に値するかどうか」の検討は免れえない。この点からしても,小嶋説が「自然法学派」の弱点を免れているかは,検討の余地があるように思われる。

小嶋は通説的思考を揶揄し,憲法典を「打出の小槌」[39]と考えているかのようだと指摘する。しかし,このような揶揄は,そのまま小嶋にも浴びせられよう。例えば上述のように,小嶋は郵便事業の国営制を不文法源としての「国家」の命じるところとして当然視していたが,その根拠は実は明らかでない。郵便事業の国営は,「国家」の生存にかかわる規範の命じるところなのであろうか。他方で,小嶋は,尊属殺重罰規定違憲説が道徳を強制すべきでない,と主張していることを捉えて,このような「立法論的主張」は法源たりえないと批判する[40]。しかし,同違憲説は,人間の尊厳・法の下の平等等に根拠をおく人格の対等性を主張しているのであって,何らの実定法源も踏まえない議論をしているわけではない。

このような小嶋の議論は,異論に対して,憲法典の限界・欠缺を強調するものといえる。すでに触れたように,「法の欠缺」は現に在る法の帰結が解釈者の主観によると好ましくない際に主張されるものであることはよく知られている。他方で小嶋説は,自説を根拠づけ・補強する際には,憲法典の上位にある「国家」という不文の法源を援用するという手法を採るものであった。小嶋によれば,不文法源たる「国家」を解釈する際には,「良識」にそのよりどころを求めざるをえない。そうせざるをえないのは,小嶋によれば,決して小嶋説の論理の欠陥のゆえではなく,法源としての憲法典の不完全性に起因する。したがって,このような憲法典の不完全性を補充する「国家」は,自ずと「良識」に満ち,豊饒な意味内容を湛えるものとなる。「国家」は,自らの生命を保つための規律のほか,「自由民主主義」「立憲主義」をも内包するものとされるに至る[41]。

小嶋は,日本の憲法判例の「良識的感覚」を称賛する[42]。憲法判例は,上に

---

[38]　この点,樋口・前掲注(6)『権力・個人・憲法学』特に232頁以下は,論者による「法源」の取捨選択を,実践的提言たる「解釈学説」の問題としてみなしていた。

[39]　小嶋『概説』45頁。

[40]　小嶋『概説』46頁。

[41]　小嶋・前掲注(7)『憲法学講話』47頁以下参照。

[42]　小嶋・前掲注(13)「憲法と憲法典について」11頁。

みた豊かな内容を有する「国家」によって法源性を付与されているのだから，小嶋にとって，このような評価はしごく当然のものである。他方で，「手続法」たる「憲法判例」が，憲法典の補充権限を「国家」から直接授権される結果，《欠缺》をかかえる「実体法」たる憲法典は，「手続法」たる憲法判例に対して劣位におかれることとなる。小嶋による「架橋」は，柳瀬とは全く逆に「実体法」に対する「手続法」の「存在論的優位」を帰結したものと理解される。すなわち，小嶋に打ち出された「不文法源」としての「国家」は，「実体法」と「手続法」との「架橋」に成功しているとみせかけながら，実際は「手続法」の優位を引き出す「打出の小槌」，すなわち法適用機関による法定立行為を実定憲法外から正当化する「自然法」の役割を明らかに演じていた。巧妙な仕かけが施された「自然法学派」的思考と評すべきであろう。

（3）　もっとも，小嶋に代表される「実質的意味の憲法」と憲法典との区別を強調する思考は，確固とした認識論的前提の存在をうかがわせる。というのも，この両者を区別せよという命題は，両者が明確に区別されるという理解のうえにはじめて成り立つからである。そして，両者を明確に区別するためには，両者は各自の意味内容が明確に認識されなければならない。小嶋が，宮沢俊義に代表される法解釈の性質に関する「実践説」に反対し，「認識説」に傾くのは(43)，二つの《憲法》の区別を語るための，当然の選択であった。小嶋によれば，「言語が一定の客観的意味内容をもつことを前提」すると，憲法典とは国家機関に対する制限規範を「客観的文書に表現した」ものにほかならない(44)。小嶋は，憲法典が客観的意味を有していると理解したからこそ，その意味の限界すなわち欠缺を公然と語りえたといえる。

　他方，法解釈の実践性を強調する立場によれば，憲法典の解釈についてその「客観的」な意味把握は放棄されるべきものと考えられる。法文書が眼前にある場合でも，それにいかなる意味を付与するかは解釈者の実践的選択の問題とされるから，もはや憲法典が「客観的意味内容」を持つかどうかは，問題とされえない。したがって，このように意味の客観的限界が問題とされえない憲法典と，「実質的意味の憲法」とを区別すること自体の実益は見出し難いものと

---

(43)　小嶋「憲法学の課題と方法」『諸問題』404頁参照。
(44)　小嶋・同前『諸問題』405頁。

第 1 部　憲法の最高法規性

されるに違いない。仮に小嶋の指摘するように，通説が憲法典と「実質的意味の憲法」とを明確に区別していないとすれば，それは，必ずしも憲法典を絶対視したためとはいえない。すなわち「実質的意味の憲法」を軽視したためではなく，これと憲法典とは明瞭には区別し難いという認識論的前提からの帰結だと理解する余地がある。小嶋が批判するところの，「不文法源」を「成文法源」の解釈として主張する通説的手法は，憲法典と「実質的意味の憲法」との境界をもとより意識していない，あるいは，この境界を有意のものとみていないのかもしれない[45]。

　ただ，仮にそうだとすれば，次のような疑問が通説に向けられることとなろう。すなわち一般的に憲法解釈には「枠」があるという場合，それが憲法典条文といかなる関係にあるのか，という疑問である。通説にいう憲法解釈の「枠」とは，必ずしも憲法典条文自体が発揮する効果のことを指すものと考えられていないからだ[46]。あるいはまた，憲法典条文の「客観的」意味把握が放棄されたところで，「憲法変遷論」等で「憲法典の正文」の意味の改廃を問題にする実益が果たしてどの程度あるのかという疑問も挙げうる。「憲法典の正文」の客観的意味が確認されないままで，その「意味の改廃」を問題にする思考は，そもそも，その前提を欠くものといえる。というのも，そこで「改廃」が問題とされる「意味」とは，論者が憲法典に投影した主観的意味ではないのかと考えられうるからである。「憲法変遷論」とは，それとも「憲法典の正文」の背景にある不文の価値秩序の改廃を問題にする議論なのであろうか。だとすれば，一般に問題とされる「憲法典の正文」の意味改廃いかんは，それ自体で

---

(45)　例えば「実質的憲法論」にコミットする論者は，憲法典と「憲法」とを区別する実益を認めない，あるいは乏しいものと考えるだろう。高橋和之によれば，「憲法」は個人の尊厳を中核とした価値秩序として実質的に理解される。ゆえに「憲法を最高法規とする実質的根拠は，憲法が基本価値秩序を体現していることに求められる」（野中他前掲注(1) 23 頁［高橋和之執筆]）。確かに高橋は「形式的意味の憲法」と「実質的意味の憲法」とを区別している（同前 7 頁以下参照）。しかし憲法典が「基本価値秩序を体現する」ものとして実質的に理解される以上，憲法典と「憲法」とを区別することは，高橋の思考構造上格別の意味はない。この点は，高橋が同書において注釈抜きで《憲法》という用語で叙述を一貫させていることからも明らかである（同様の思考・用法を採る芦部信喜の思考については後述する）。

(46)　赤坂正浩「憲法解釈の枠と憲法変遷論」同『立憲国家と憲法変遷』（信山社，2008年）特に 582 頁以下参照。

第 4 章　「実体法」と「手続法」の架橋

は大きな問題ではないように思われる[47]。「憲法典の正文」の改廃は，直ちに不文の価値秩序の改廃に直結するわけではないからである。問題とされるべきは，専ら「意味」たる不文の価値秩序の改廃いかんのはずだ。現に小嶋は，憲法典以上に「生きた実質的規範」を重視する立場から，通説とは異なり「『憲法変遷』は法的意味のある現象と評価される」と明言していた[48]。いずれにせよ通説的思考に立つ限り，憲法典存在の意義とは何かという困難な問題に応答が迫られることとなる。小嶋説の諸帰結に反対する論者にあっても，小嶋説がこれらの問題に一貫した説明を与えうる認識論的前提を採っていることを看過してはならない。

II　《Grundnorm》

　本節では，ケルゼンの《Grundnorm》論の変遷，特に晩年に彼が到達した見解を概観し，「実体法」と「手続法」の架橋を試みる以前で，《Grundnorm》の措定が必要か検討する。もっとも日本においては，かねてより「実定的根本規範」論が主張されてきた。それは，実定法秩序に上位する規範として想定され，憲法制定者に憲法制定権を授権する規範として捉えられる点では，ケルゼンのいう《Grundnorm》と内容上同一であるかにみえる。しかし，我が国で主張されてきた「根本規範」は，あくまで「実定的」とされるので，「法論理的意味の憲法」たる《Grundnorm》とは内容的に全く異なる。すでに詳細な検討がなされているように，ケルゼン理論によれば，「実定的根本規範」論は内容的にみて「自然法」論と評される[49]。したがって，ケルゼン理論から示唆

---

(47)　この点，法解釈の性質についての「実践説」に立つ樋口陽一「憲法の変遷」芦部＝池田＝杉原編『演習憲法』（有斐閣，1984 年）特に 33 頁以下は，もっぱら「解釈論としての実践的効果に即して」当否が定められるという。このような思考は，「憲法典」の客観的意味把握と完全に切断したところではじめて成立しうる。

(48)　小嶋・前掲注(3)『憲法概説』126 頁。

(49)　「法論理的意味の憲法」についてはさしあたり，Vgl. Kelsen, Allgemeine Staatslehre（以下 ASL.と略記する），S. 248f. 清宮四郎訳『一般国家学』（岩波書店，1971 年）415 頁以下参照。清宮の「実定的根本規範」論（清宮四郎『憲法 I〔第三版〕』（有斐閣，1979 年）特に 32 頁以下参照）について，菅野喜八郎『国権の限界問題』（木鐸社，1978 年）60 頁は，「自由・民主を普遍妥当の価値とし，法の妥当性はこの価値の実現であるとする」「自然法」論とみなす。これに対して新正幸『純粋法学と憲法理論』（日本評論社，1992 年）特に 111 頁以下は，ケルゼンの《Grundnorm》を「一般憲法

第1部　憲法の最高法規性

を獲得しようとする本稿が，この「実定的根本規範」論に立ち入った検討を施す必要はないものと思われる。

　なおここで，本書第1部第1章で思考類型設定の素材とした芦部理論における「根本規範」概念について確認だけしておくこととする。芦部によれば，「人間人格と尊厳はもっとも根本的な法原則であり，この原則を中核とする価値・原理の総体は近代憲法の根本規範，すなわち，『規範の規範』である」とされ，「かような民主的法治国家の基本価値を内容とする根本規範は，制憲権が自己の存在を主張するための基本的な前提であり，制憲権の活動を拘束する内在的な制約原理である。したがって，この根本規範をふみにじる新しい秩序の創設は，制憲権の発動ではなく，あらわな事実力による破壊であり，正当性を主張できない」[50]。

　この芦部説は，菅野喜八郎によって「自然法」論だとして批判される[51]。しかしこれに芦部は反論し，自らの説く「根本規範」とは，自然法でも実定法でもない「実定化された超実定的憲法原則」だと説く。芦部によれば，菅野が依拠する規範と事実の二分論は「法と事実の交叉点に位する」制憲権論に適さないとされる[52]。ここでは，芦部のいう「根本規範」について以下の三点を確認するに止めたい。第一に，それはケルゼンのいう《Grundnorm》とは無縁の概念であること，第二に，それは制憲者を拘束すること，第三に，それは実体価値に満たされた規範として想定されていること。

　　学上の可能態概念」，清宮の「根本規範論」を「個別憲法学上の現実態概念」と理解して，両者が併存・補充の関係にあるとする。もっともかかる新の理解に対しては，「両者のアイデンティティは，明らかに相互対立的であることをみうしなってはならない」（樋口陽一「国法秩序の論理構造の究明——清宮四郎先生の戦前の業績」『ジュリスト』964号96頁）との批判がある。新の指摘は，確かに論理的に可能な構成には間違いないものと考えられる。しかし，《Grundnorm》がその中身が全く問題にならない「法認識の前提」であることを思い起こすと，菅野・樋口がいうように，両概念の質的対比を強調すべきように思われる。

(50)　芦部信喜「憲法制定権力」同『憲法制定権力』（東京大学出版会，1989年）41-2頁。さらに同『憲法学I』46頁以下等参照。

(51)　菅野・前掲注(49)60頁。

(52)　芦部・前掲注(50)『憲法制定権力』322頁以下。なおこの芦部説をM. オーリュウに依拠して擁護しようとする試みとして，高見勝利「『憲法制定権力』考」芦部古稀『現代立憲主義の展開（下）』（有斐閣，1993年）特に724頁以下参照。

第4章 「実体法」と「手続法」の架橋

1 仮設としての《Grundnorm》

(1) 《Grundnorm》については，既に若干述べてきたところであるが，その意味内容について，今一度確認しておきたい[53]。ケルゼンによれば，純粋法学は「法の基礎を，すなわち法の効力の基礎をメタ法的原理にではなく，法的仮設に求める。つまり，現実の法的思考の分析によって確立されるのがGrundnormである」[54]。このような根本規範こそ「規範体系における効力の最終にして根源的な理由」であり，規範の効力根拠を追求する者が発見する「最高の規範」だとされる[55]。

(2) もっとも，ケルゼンによる《Grundnormは現実の意思行為によって制定された規範ではなく，法認識ないし法思考によって仮設された規範である》との説は直ちには受け入れられない。この法的「仮設」というターミノロギーによって，ケルゼン理論は多くの法学者の当惑さらには最も烈しい批判を受けることとなった。このことは仮設としての《Grundnorm》の存在証明が専ら論議の対象になったことを意味する。例えば，ジュリウス・ストーンによれば，《Grundnorm》概念の動揺（実定法なのかメタ法なのか）からして《Grundnorm》の規範性は即座に否定されなければならない[56]。ヘルマン・ヘラーによれば，《Grundnorm》は，国家意思の「単なるいい換え」に過ぎず，したがってそれは「実定性も，規範性も喪失している」[57]とされる。

(3) ケルゼンは当初，《Grundnorm》論に対する疑問や批判が何ら根拠のないものであることを指摘したうえで，前述のストーンの指摘を受けて，《Grundnorm》と実定憲法との相違を明らかにしようとする。すなわちケルゼ

---

(53) ケルゼンの《Grundnorm》論について文献は枚挙に暇がない。その中でも特に本稿が示唆を受けた代表的な文献として，前出の新『純粋法学と憲法理論』，菅野『国権の限界問題』の他，菅野喜八郎『続・国権の限界問題』（木鐸社，1988年）特に105頁以下，高橋広次『ケルゼン法学の構造と方法』（九州大学出版会，1979年）特に258頁以下，長尾龍一「根本規範について」同『ケルゼン研究 I』（信山社，1999年）315頁以下，古野豊秋『違憲の憲法解釈』（尚学社，1990年）特に5頁以下等を挙げうる。本書がこれらの文献に付け加えるものはほとんどない。

(54) Kelsen, GTLS., p. XV. 尾吹訳7頁。

(55) Kelsen, GTLS., p. 111. 尾吹訳195頁。

(56) Julius Stone, Legal System and Lawyers' Reasoning, 1964, p. 140.

(57) Hermann Heller, Staatslehre, 1934, S. 225.

79

第1部　憲法の最高法規性

ンは，前者を「法論理的意味の憲法」，後者を「実定的意味での憲法」と呼ぶ[58]。他方でケルゼンは，《Grundnorm》の規範「内容」と実定法秩序のそれとの間にはいかなる関連も存在しない。《Grundnorm》から導出されるのは，実定法秩序の諸規範の客観的効力，すなわち「形式」以外の何物でもない，とした[59]。ケルゼン次のように述べる，

　　「この前提としての Grundnorm を確立することこそ，法学の機能の核心であるといえる。このような前提の中に在るのは，究極的にして，しかし，その本質に従って条件づけられている，その意味で仮設的な，法秩序の効力根拠にほかならない」[60]。

2　「かのように（Als-Ob)」の哲学

(1)　ケルゼンは，以上みたような《Grundnorm》論を晩年近くまで掲げ続けた。しかしケルゼンは，1964 年に著した「憲法の機能」[61]において次のような改説を明言した。「Grundnorm は，これまでわたしが主張してきた仮設ではない。ハンス・ファイヒンガーのかのように（Als-Ob）の哲学の意味での擬制である」。この《Grundnorm》と「擬制」との関係については，ケルゼンの遺書『規範の一般理論』においてさらに深化されることとなる。もっとも，その前提であるファイヒンガーのいう「かのように」の哲学とは何か。そして，これと晩年のケルゼンが行き着いた境地とどのような関係にあるのか。何より，前者が問題になろう。

(2)　ファイヒンガーによれば，我々は外部世界を認識する主体である。その内的世界には「概念」や「表象」が存在する。このような概念や表象の対応物を我々が外部世界に発見するとき，その事物の客観的実在性は確認される。しかし，内的世界には外的世界においてその対応物を見出しえない多くのものがあり，しかも，実際には「存在しない」すなわち客観的実在性を有しないそれ

---

(58)　Kelsen, ASL., S. 248f. 清宮訳 415 頁。
(59)　Kelsen, RRL2., S. 223f. なお，ここでケルゼンのいう「形式」とは，必ずしも法典を意味しない。それは，規範の効力の「客観性」を指すものとして用いられている。
(60)　Kelsen, RRL2., S. 47.
(61)　Kelsen, Die Funktion der Verfassung, 1964, WRS., Bd. 2., S. 1976.

第4章 「実体法」と「手続法」の架橋

らのものが，外部世界の認識という我々の目的を遂行するための有益な「手
段」となっている。このような外部世界には対応物を見出しえないが，我々の
思考の手段として不可欠の役割を果たしているものを，ファイヒンガーは「擬
制」と呼ぶ[62]。ファイヒンガーは，このような思考を「批判的実証主義」と称
した。「批判的実証主義」によれば，絶対的なもの，物自体，客体，主体はな
い。一切のものは推論的思考の補助手段つまり「擬制」でしかない[63]。

(3) この「かのように」の哲学は，ケルゼンの純粋法学といかに関連するの
か。このことを考える前に，ファイヒンガーが「仮設」と「擬制」の関係をど
のように考えていたのかに触れるべきであろう。ファイヒンガーによれば，
「仮設 (Hypothese)」は，「真なるものとして，現実的なるものとして」，「検証
(Verifikation)」によって真理たりうる[64]。仮設の場合，「いつの日か証明される
であろうことを我々は願う」。しかし，「擬制」は，このような証明は必要とさ
れないので，外的世界における対応物を得ることはない。それは，我々の思考
が，目標とするところに到達しえない場合にはじめて用いられる思考の手段で
しかないというわけである[65]。この点，尾高朝雄が現行憲法典施行から間もな
い時期に次のように述べていた。

　「ファイヒンガアの『かのごとくの哲学』は，法，とくに憲法の示す政治
　の表裏のずれを示すために設けられた標語とするに足りる。夏目漱石の言葉
　を用いるならば，立憲政体，天皇の統治，国民の主権，国民の代表，権力の
　分立，というもろもろの概念は，かならずしも実体の伴わない『雅号』だと
　もいい得る」[66]。

3　批　　判

(1) 1でみた初期ケルゼンの《Grundnorm》は，「仮設」として位置づけら

---

(62)　Hans Vahinger Die Philosophie des Als Ob, 1923, S. 78f., S. 134.

(63)　Vaihnger, a.a.O. (62), S. 161f. 来栖三郎「モデルと擬制」同『法とフィクション』（東京
　　大学出版会，1999 年）105 頁以下参照。

(64)　Vaihinger, a.a.O. (62), S. 89f. 駒城鎮一『法的現象論序説』（世界思想社，1985 年）36
　　頁参照。

(65)　Vaiihinger, a.a.O.(62), S. 24.

(66)　尾高朝雄「憲法の社会学」日本法社会学会編『法社会学　1951』9 頁。

第 1 部　憲法の最高法規性

れる。2でみたファイヒンガーのいう「仮設」である。しかし，ケルゼンにとって《Grundnorm》は，ファイヒンガーのいう「現実的なるもの」では決してなかった。この点を指摘したのが，前述のストーンやヘラーによる批判であったといえる。ファイヒンガー哲学は，この批判を受けたケルゼンによって最終的に取り入れられた。ケルゼンは，《Grundnorm》論における「擬制」の効用を次のように述べる。

　「Grundnorm とは実定規範ではなく，単に思考された規範である。それは擬制された規範（eine fingierte Norm）であるがゆえに，実在的意思行為の意味ではなく，単なる擬制的意思行為の意味でしかない。このようなものとしての Grundnorm とは，ファイヒンガーの『かのようにの哲学』の意味での，真正にして厳密な擬制である」[67]。

　ケルゼンは，法秩序を構成する規範の妥当性をあくまで規範によって基礎づけようとした。しかし，彼は晩年，規範の定立の前提として意思行為を必要とみるようになった。したがって，彼はもはや我々の思考の内にしか存在しない，すなわち意思行為を前提しない《Grundnorm》を「規範」とみなすことはできない。晩期ケルゼンによれば，規範性の根拠は「擬制」に求められるというわけである。

　(2)　しかしケルゼンは，ここで新たな問題を抱えたといえる。すなわち，実定法秩序を基礎づけている《Grundnorm》が「擬制」——規範ではない——となれば，基礎づけられている実定法秩序もまた「擬制」——現実に存在しない——であるということになりはしないかということである。Sein でもなく Sollen でもない Fiktion から「規範性」は生じるのであろうか。「擬制」の想定は，重大な困難を純粋法学にもたらすように思われる。《必然的に規範は体系を成すから，同一体系内の諸規範の妥当性は同一の Grund に負う。規範の妥当性は事実からは導出しえないから，諸規範を規範たらしめる Grund は規範でなければならない》とのケルゼン理論の基本テーゼがもはや維持できないからである。

───────────
　(67)　Kelsen, Allgemeine Theorie der Normen, 1979, S. 206.

第4章 「実体法」と「手続法」の架橋

(3) 本書は，このような困難をもたらす「擬制」を設定する必要はないと考える。端的にいえば，実定法秩序の規範性を根拠づける際に，《Grundnorm》は必要ない。本書第1部第2章においては，憲法典の存在自体の有する客観的制約性が強調された。この思考は，あるテクストを憲法典として認識すれば，その時点で当該憲法典の規範性すなわち妥当性を認識したこととなるというものであった。一方，ケルゼンのいう《Grundnorm》とは法秩序の妥当性の前提，すなわち「ある法秩序が全体として妥当であるとすれば」という仮定を指していたといわれることがある[68]。この点ケルゼンは，次のように述べる。

　「先行する憲法所定の手続では成立しなかった憲法すなわち歴史的に最初の憲法の妥当性根拠を問うならば……この憲法の妥当性，この憲法が拘束力を有する規範だという想定が前提されるべきということのみでありうる。……規範の妥当性根拠は再び規範でのみありうるから，かかる前提は規範でなければならない」[69]。

　このケルゼンの叙述は難解である。ここで「歴史的に最初の憲法」の《妥当性（拘束力）の想定の前提》とは，「規範」つまり《Grundnorm》を指すものとみるほかない。しかし，《想定の前提》とはいかなる意味なのであろうか。これをあえて，先に注（69）を付して本文で引用したところの，《Grundnorm》を仮定文の前件として記述しようとする試みに代入してみるとそのナンセンスは明白なものとなる。すなわち「ある法秩序が全体として妥当であるとすればとすれば」となるからである。

　実定法学は「歴史的に最初の憲法」の妥当性を「前提」できればそれで足りるように思われる。実定法秩序を認識しようとすれば，その最高層を「憲法」と理解できればそれで十分である。菅野喜八郎は次のように述べる。

　「ひとたび，歴史的に最初の憲法を妥当する法規範と見なすという態度決定をすれば，その人間にとって，この憲法と直接，間接の委任連関関係に立

---

[68] 長谷部恭男『権力への懐疑』（日本評論社，1991年）29頁。
[69] Kelsen, RRL2., S. 203.

第1部　憲法の最高法規性

つ意志行為の意味は法として認識可能となる」[70]。

　この「態度決定」あるいはこの「態度決定」をさらに「想定」するという作業を，あえて規範とりわけ《Grundnorm》と定式化する必要はないように思われる。

　以上，本節では，ケルゼン理論において《Grundnorm》を擬制とみることは内在的困難を招くこと，そもそも《Grundnorm》の前提は不要であることを示してきた。実定法を考察する際に必須といえない《Grundnorm》は同時に，実定法をなす「実体法」と「手続法」との「架橋」にとっても不可欠の概念だともいえないこととなる。もっとも，ケルゼンや菅野のいう「憲法」とは，あくまで「実質的意味の憲法」を指していることは看過されてはならない。そして，このような「実質的意味の憲法」の妥当性を前提することは，「実体法」と「手続法」の双方の妥当性を一括して前提することである。しかし，本稿の見地によれば，問題は，「憲法典」の妥当性すなわち最高法規性をいかに示すかにある。これは「憲法典」と，「実体法」・「手続法」それぞれとの関係はいかなるものなのかという問いに答えることであることも縷々述べてきた。「実質的意味の憲法」の妥当性が《Grundnorm》を欠いた場合においても，認識されうるということだけでは，決して本書の立てた問いに回答が与えられたことにはならない。節を改めて，この問題そのものの解決法を探ることとしよう。

Ⅲ　「条　　文」

　前節までで確認されたことは，ケルゼン理論によれば，もはや実定法秩序の外で，「実体法」と「手続法」とを架橋する論理を見出すことはできないということである。「国家」，《Grundnorm》（「根本規範」）いずれも「架橋」に失敗する概念装置であった。そこで本節ではケルゼン晩年の理論から，「憲法典」

---

[70]　菅野・前掲注(53)『続・国権の限界問題』135頁。菅野と同様に，「そもそも実定法学者が妥当を前提しなければならないのは，憲法なのであって根本規範ではない」と説く土井真一「H. Kelsen の根本規範論に関する覚書」法学論叢 132 巻 1・2・3 号 273-4 頁参照。他方，古野・前掲注(53) 51 頁は，実定法と非実定法との区別の際には依然として《Grundnorm》が有用とする。しかし実定法の頂点が把握できれば，実定法と非実定法との区別は可能となるはずなので，結局《Grundnorm》は不要とされることになろう。

第 4 章 「実体法」と「手続法」の架橋

正確にいうとその「条文」による「架橋」の契機を導出することが試みられる。これは一見極めて自己言及的な方法であるが，実定法の内部に考察対象を限定する思考は自己言及を避けることができない。

本節の論述は次の順序でなされる。すなわち，まず晩年のケルゼン理論がその主な素材として取り上げられる。次に「実体法」と「手続法」の狭間のいずれに，憲法典条文が位置しているかが，中間的に概念図として整理される。そして，この「概念図」を用いて，序章における思考類型設定の際に援用した論者の議論が分析される。本書第 1 部第 1 章で示唆された論者の間の「ねじれ」が整理されることによって，憲法典条文がいかに「実体法」と「手続法」の媒介で重要な役割を負っているか，さらに，「憲法の最高法規性」の宣言の意義が説き明かされる。その過程では，小嶋によって「不文の法理」として理解された「二重の基準論」等の「審査基準論」を，上記「概念図」に位置づけることでささやかな問題提起としたい。

まず，本書が注目するのは，晩年のケルゼンが「意味としての規範」というテーゼを明確にした点である。

ちなみにグスタフ・ラートブルフは，ケルゼンほど徹底していないが，「意味としての規範」という捉え方をかなり鮮明に打ち出している。彼は規範と命法（Imperative）とを次のように区別する。すなわち，両者の違いは，例えば，「汝の義務を果たせ！」のような「規範的内容が命法形式で表現されている文」をみると明らかになる。その文の「担い手（Tuäger）」とその「意味（Sinn）」とを分離するなら，我々は一方において「時間的空間的」な「存在現象」，「音の連なり（Lautfolge）」を受け取るとともに，他方では「非時間的非空間的」な「意味内容（Bedeutungsgehalt），「人倫的（Sittliche）必然性」を受け取る。だから，「汝の義務を果たせ！」は，「存在し作用する限りでの命法であり，意味し妥当する限りでは規範である」[71]。

ラートブルフのこの議論は，命法を条文一般に置き換えても成立する。なぜなら，彼がここで問題にしているのは，「音の連なり」という文の担い手とそ

---

[71] Gustav Radbruch, Rechtsphilosophie, 8. Aufl., 1973. S. 132.

第1部　憲法の最高法規性

の意味との区別だからである。したがって彼の見解は次のように換言できよう。すなわち規範とは，存在世界に発せられた何らかの文の文言形式に規定されないところの，規範の意味である，と。このラートブルフの見解をさらに徹底させたのが，次に触れるケルゼンの見解であった。

1　『純粋法学（第二版）』における「意味としての規範概念」

　ケルゼンは，『純粋法学〔第二版〕』において，次のように述べる。規範は「他者の行態に意図的に向けられた行為の特殊な意味（Sinn）」[72]であり，その行為は，「さまざまな方法で遂行され得る」[73]。さらにこうも述べている。「法規範が言語的に，つまり，語や文に表されると，それは事実を確定する言明の形式において現れることがある。窃盗は罰せられるべきである，という規範は法律定立者によってしばしば，窃盗は投獄によって罰せられる，との文に定式化され，国家元首に条約締結を授権する規範は，国家元首は条約を締結する，という形式に定式化される。しかし，重要なのは言語形式ではなく，法を創設し規範を定立した行為の意味である」[74]。

　このように，規範の意味は条文という表現形式から一旦切断される。しかし，規範と条文とはいかなる関係にあるかが次に問題となる。先のケルゼンの理解によれば，規範としての法は意味の世界にあることになるが，それでは条文はどこに位置づけられるかは必ずしも明らかではない。条文は規範文形式（「〜べし」）を持たずして，法規範を示すことがあるとされているからである[75]。

---

[72]　Kelsen, RRL2., S. 5.

[73]　Kelsen, RRL2., S. 6f.

[74]　Kelsen, RRL2., S. 73f.

[75]　井上達夫は，全く異なった理由からではあるが，規範を「それを定式化する現実の，或は可能的な（限りなく詳細且つ複雑でありうる）文の『意味』であると考えるのが妥当であるように思われる」と主張する。その理由は，「同一の規範が異なった複数の文によって定式化されうる」という異論と，「規範は言語によって明示的に定式化されなくとも知られている，あるいは与えられていると言える場合がある」という異論を処理できる，ということに求められる（井上達夫「規範と法命題（一）」国家学会雑誌98巻11・12号49頁）。この理由の前半は本書の問題関心と通じるが，後半は，本書とは見地を異にする。本書の問題関心は，あくまで経験に与えられた憲法典条文と憲法規範との関係だからである。

2 『規範の一般理論』における規範理解

(1) 上述したように規範は，当為（べし）を構造として持つ文章である。この「べし」という助動詞を持つ文章は基本的に話しかける相手があって用いられる。したがって，規範というものは，それを発した者は当然のこととして，話しかける特定の相手，つまり，問題となっている行為の対象たる人物の存在を前提にする。そして，このような発話の相手方との関連を通じて，はじめて発話の存在や内容について語りうるはずである。

このことに注目して規範の問題を論究したのが，ケルゼン晩年の遺書『規範の一般理論』[76]であった。同書においては，多様な規範論理学，言語哲学との対質を通して規範と言明の本質的相違が明らかにされるなど独自の規範理論が展開されている。その規範論の中核には，今述べた規範を発話者と特定の受話者との間に成立する特殊な意味として描き出す試みが位置している。以下，これを要約的に紹介する。

(2) この著書によれば，規範とは，他者に向けられた「意欲」たる「意思行為（Willensakt）の意味（Sinn）」[77]であり，「当為を規定（statuieren）している」[78]。そして，「他者の行態に向けられた意欲のみが当為の意味を持つ」[79]ゆえに，「あらゆる規範は二人の人格を前提する」。つまり「規範定立行為なくして規範なし，規範名宛人なくして規範なし」[80]というわけである。

ところで規範も言語によって表現されるが，「その意味が規範であるところの意思行為と，その意思行為の意味が表現されるところの発話行為（Sprech-Akt）とは区別されねばならない」。そうすると，「意思行為の意味たる規範は，その意思行為が表現されるところの文の意義（Bedeutung）である」[81]ということになる。そして，この「言語的表現とその表現の意味（Sinn），その

---

(76) この遺稿集については，井上達夫「（書評）H. Kelsen, Allgemeine Theorie der Normen」国家学会雑誌 94 巻 1・2 号 154 頁以下参照。また，この遺稿集の成立事情，構成について触れた手島孝『ケルゼニズム考』（木鐸社，1981 年）281 頁以下も参照。

(77) Kelsen, Allgemeine Theorie der Normen, 1979, S. 2, 21.

(78) Kelsen, a.a.O.(77), S. 3.

(79) Kelsen, a.a.O.(77), S. 25.

(80) Kelsen, a.a.O.(77), S. 23.

(81) Kelsen, a.a.O.(77), S. 131.

第1部　憲法の最高法規性

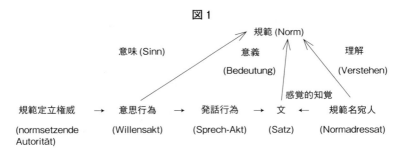

表現の感覚的知覚（Wahrnehmung）とその理解（Verstehen）とは区別されねばならない」[82]のであって、「話しかけられた者」は「語られ書かれた文」をみたり聞いたり、すなわち感覚的に知覚することはできるが、その「意義は感覚的に知覚できない。できるのはただそれを理解すること、すなわち、観念的に把握する（gedanklich erfassen）ことだけである」。ここでいう「理解する」とは、「私は一定の仕方で行態すべきである、という意味を把握すること」[83]とされる。以上のようなケルゼンの規範理解を、若干の用語上の混乱を本稿なりに補正して図式化すると上記《図1》のようになると考えられる。

　この概念図に示された理解によれば、法という規範は、条文という言語メディアを介して、規範定立者から規範名宛人へと伝達される1つの情報とされる。したがって、このケルゼンの規範理解によると、規範の内容は、誰が規範名宛人か、という問題を論究しなければ確定することはできず、条文の位置づけも明確にされえないこととなる。規範とは、規範定立者が特定の文をもって特定の規範名宛人に理解してもらうよう目論んだ（sinnen）ものである。と同時に、それは、その特定の規範名宛人がその文をそのようなものとして理解するものといえる。このことを逆からいえば、規範定立者がいかなる規範名宛人を想定するかによって、規範の特定化は左右されるということとなる。この規範理解は、憲法典条文が憲法「規範」といかなる関係にあるかにも適用できるように思われる。

---

[82] Kelsen, a.a.O.(77), S..,30.
[83] Kelsen, a.a.O.(77), S. 27.

3　憲法典「条文」を媒介にした再構成

　上述の規範の名宛人の問題を憲法規範についても適用してみよう。憲法典はさしあたり，国家の統治機関に向けられた規範であると理解されていることは改めていうまでもない。もっとも憲法規範の中でもとりわけ人権規定は微妙である。人権保障が裁判所に最終的に委ねられていることからして，名宛人を裁判所とするのはまず第1の前提といえる。しかし，人権規定のいわゆる間接適用説によれば，人権規定が民法の一般条項を媒介として「私法秩序」に一定の効力を有しうることが肯定される。つまり，同説によれば，人権規定が一定の範囲で私人の行為規範として通用する可能性が認められることとなる。この思考は，憲法典名宛人が実は国家機関だけではないことを意味する。すなわち憲法典の規範的効力は，国家機関だけではなく，非有権解釈者に対しても及ぶことが前提されているというわけである。現在憲法典の人権規定の効力が私人間に全く及ばないと解する学説は有力に主張されているものの[84]，さしあたり通説的思考を前提した場合，憲法規範とりわけ人権規範の名宛人は，国家機関と一般私人の2方向に向けられることとなる。先の概念図は，条文（憲法典）を中間に挟んで展開されることになろう（《図2》）。

(1)　「実体法」の確認と憲法典条文の意義

　以下《図2》を手がかりに，憲法規範の名宛人が2方向とされることで，「実体法」と「手続法」とが，「憲法典条文」といかなる関係を持つに至ったかについて検討してみよう。

①　「実体法」の確認

　第1に「実体法」の存在が浮かび上がることとなった。とりあえず，《図2》における直線の枠と破線の枠に囲まれた部分にだけ注目してみよう。もし憲法典の名宛人を単に国家機関として想定したならば，その再構成は《図1》の言葉のいれ替えで終わったであろう。しかし，人権規定の名宛人を私人にも拡大し得るという間接適用説によれば，「憲法規範」の意味は憲法制定者と国家機関の間だけで語られるのみならず，憲法制定者と一般私人の間においても，

---

(84)　高橋和之『立憲主義と日本国憲法〔第4版〕』（有斐閣，2017年）特に107頁以下。

第1部　憲法の最高法規性

図2

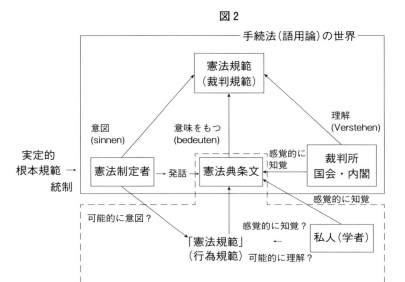

「憲法規範」の意味は語りうるということになる。前者で語られる「憲法規範」の意味は，本書が「手続法」と呼んできた「憲法規範」である。後者は，公権的な憲法解釈とはとりあえず無縁な「憲法規範」，すなわち「実体法」を示唆している（本書第1部第3章における「実体法」の「法認識論的優位」をも併せて確認したい）。

《図1》に示されたような規範理解のみによる場合，ケルゼンの規範概念からは「手続法」たる「憲法規範」しか読み取ることができない。「憲法規範」の下位機関に対する授権関係しか念頭に法規範を観念しない場合，なおのこと「手続法」しか認識されえない。これまで触れてきたように，ケルゼンの規範理解は，授権規範（の有権解釈）優位，すなわち「手続法」優位の思考と解される傾向にあった。これは，ケルゼンの思考が国家機関による規範の具体化という垂直思考に依存しているとするものであろう。しかし，名宛人を国家機関以外に求めること，すなわち規範の認識地平を水平化することによって，「手続法」とは別の「憲法規範」（「実体法」）を引き出すことが可能性として肯定される。ここでいう「実体法」としての「憲法規範」とは，典型的には私人間を規

90

律する行為規範であろうが，これは私人が行う憲法典解釈の所産である。

　確かに，行為規範としての「憲法規範」も最終的には裁判規範としての「憲法規範」によって裁断されうる。「手続法」（《図2》の直線の枠内の「憲法規範」）と「実体法」（《図2》の破線の枠内の「憲法規範」）が一致することもあろう。また，とりわけ「実体法」の世界において，憲法典すべての規定が私人に向けられて「意図（sinnen）」されているものとはいえない（特にいわゆる統治機構の規定）であろうし，したがって私人にそのようなものとして理解されるとも限らない。《図2》に「可能的に意図（理解）？」等と留保した語句を入れたのはそのためである。

　しかし，真に「客観的」な「実体法」が認識されうるかはともかくとしても，次のような蟻川恒正の思考は示唆に富む。

　　「憲法条規の人権規定は，社会に生起する憲法問題を広く発見し，その解決のための指針を提供するという役割をも有する。憲法条規のもつかかる問題発見的機能は，その裁判規範的機能と両立し得る」[85]。

　本書のこれまでの検討は，まさに憲法典条文の有する「問題発見的機能」を「実体法」として再評価することにあったといえる。ケルゼン理論を手がかりにして，このような「問題発見的」意味における「実体法」存立の示唆を得たというわけである。さらに，国家機関に向けられた憲法規範とは別に，「憲法規範」発見のための領域が確保されたということは，本書第1部第1章で紹介されたR. ヴァールのいう「一般的意味における憲法の優位」（憲法が国家生活で最高の価値を有すること）実現にも理論的根拠を提供しうるであろう。なぜなら，憲法典とは，裁判所を頂点とする法適用機関によって強制される憲法規範に尽きるわけではなく，その解釈は，常に非国家機関の立場にある一般私人に対して広く開かれているということを意味するからである。このことは，「法律的意味における憲法の優位」（憲法が裁判による担保を通じて法的に貫徹されること）を大いに相対化することとなろう。

---

(85)　蟻川恒正「思想の自由」樋口陽一編『講座憲法学3』（日本評論社，1994年）132頁。

第1部　憲法の最高法規性

②　憲法典条文の意義
——日本国憲法98条1項の価値——

そして何より確認すべきは，ケルゼンの規範概念によれば，「実体法」と「手続法」とを「架橋する」契機として，憲法典条文が位置づけられる点である。既に触れたように憲法典条文は，手続法の世界（《図2》直線部分），実体法の世界（《図2》破線部分）それぞれの領域において言語メディアとして「憲法規範」発見のために用いられる。それと同時に，実法典条文は両世界を唯一媒介する言語メディアとしても機能する。このことは，「手続法」の世界における憲法典「違反」に対して，「実体法」の住人が手にする唯一の憲法典「擁護」のための手がかりであることを意味する。なぜなら既に触れたように，「実体法」の世界の住人は，必ずしも自己の生きる世界において「憲法規範」を制憲者から「意図（sinnen）」されていない（名宛人とされていない）ことがあるからだ。

このように，憲法典が「実体法」と「手続法」の両世界を媒介する機能を果たすことは，日本国憲法98条1項「最高法規性」条項の意義を再確認することとなる。日本国憲法81条があるにも拘らず，なぜ98条1項は存在するのであろうか。同項は，憲法典条文が「手続法」に対して，その最高性を保持する最後のより所であることを指示した条規だと解釈しうるからである。前述のとおり，同項は，憲法典テクストが「実体法」と「手続法」とのちょうど中間にあって，両者を媒介していることの象徴であり，同時に「手続法」から「実体法」への侵入に対する禁止規範をも表象しているものと解される。同項は，憲法典が「実体法」と「手続法」とを媒介していることを，法律以下の法形式の列挙によって示す。その一方で，同項は自らに反する法形式の無効を，国家機関による当該法形式の廃止（81条）とは別個に，あえて宣言することによって，憲法典解釈を認識論上「実体法」の世界に留保することを規定した条規とみなすことができる。

このような見地に立てば，98条1項は81条さえあれば必要ないとか，単なる訓示規定だといった解釈は，98条1項の意義を没却するものとしてして採りえない。同項は，81条の「保障」する「手続法」としての「憲法」と対立することさえ予定した規定といえる。それは「手続法」と「実体法」とを橋渡すことによって，「手続法」の規範上の係留地となり，一方で憲法典解釈が常に「実体法」に開かれていることを象徴するわけである。いずれにしても日本

第4章 「実体法」と「手続法」の架橋

国憲法98条1項は，同81条に論理上先行するものと理解される[86]。

(2) 諸学説の分析

① 憲法訴訟論（審査基準論）の性格

本書第1部第1章で取り上げた諸説の分析の前に，憲法訴訟論（審査基準論）の性格について，その問題性に若干触れておきたい。石川健治による次の叙述は本書の視点からしても，興味深い指摘を含んでいる。

「憲法訴訟論は，人権学説におけるあからさまな価値の強調と，価値の横溢した人権行使の仕方から一定の距離を置き，人権規定を論証責任ルールと理解する（換言すれば人権規定解釈は専ら論証責任ルールの導出手続として意味を持つ）ことを通じて，人権の語用論的合理性の可能性を追求する議論である。すなわち，憲法条文の開放性および条文解釈の恣意性＝包摂モデルの破綻を理由として，憲法解釈の意味論的レヴェルでの合理性・客観性を放棄し，民主的政治過程と司法の役割分担論や人権の価値秩序論等々から導出される（『憲法訴訟』当事者間の）論証責任ルール――その基本は二重の基準である――により，解釈主体のプラグマティークを合理的に整序しようというわけである。殊に違憲審査基準論という発想についていえば，主に民主的政治過程論に基づく，立法・行政と司法の間の権限＝職務（Funktion）の配分を前提とする論証責任ルール（『合理性の推定』『挙証責任の転換』『合理性の基準』等々）と，これに立脚した（目的・手段シェーマ＝比例原則に基づく）衡量モデルに依拠することで，語用論的側面において辛うじて実体法解釈論の『客観性』を維持しようとしてきた側面が指摘されなければならない。……たとえば政教分離規定の解釈に典型的に見られるように，目的・効果『基準』にいきなり話が進み，テクストそのものの釈義に注意が払われないのは，憲法訴訟論という1個の（方法論上あり得べき，また評価に値する選択肢の1つでしかない）解釈方法論の，半ば帰結である」[87]。

---

[86] 本書では，一貫して97条といった実質的価値を表象する条規とは別に憲法の最高法規性の宣言の意義をいわば形式的に考察してきたが，これは決して実質的価値の考察を軽視したものではない。その考察の重要性は論を待たない。

[87] 石川健治「財産権条項の射程拡大論とその位相（一）」国家学会雑誌105巻3・4号24頁以下。

第1部　憲法の最高法規性

　仮に，語用論を《記号を使用者と受け手との関係で考察するアプローチ》，意味論を《記号をその意味との関係で「純粋」に考察するアプローチ》とでも簡単に把握すれば，石川は，上記《**図2**》にみる「手続法」の世界の問題として「憲法訴訟論」を位置づけているとみなすことができる。また憲法訴訟論は意味論的アプローチを放棄しているという理解からして，「審査基準」は語用論的合理性確保のための「不文の法理」であると石川は位置づけているのであろう[88]。このような石川による指摘は，分析を越えて批判も含んでいると考えられる。すなわち，憲法訴訟論は，「手続法」内部における合理性確保に汲々とするあまり，憲法テクストと審査基準とがいかなる関係にあるのかという考察を怠ってきたという批判である。

　もっとも，石川のような審査基準論の理解の仕方については，批判が予想される。棟居快行は審査基準論を論証責任ルールと捉える説を批判して，「審査基準は実体的基本権保障（例えば『表現の自由』）に含まれるさまざまの実体的小命題（例えば，『必要最小限度の規制手段を選ぶべし』）を『手続法』的に表記したものにすぎない」[89]と述べる。このような思考は，本稿の概念図によれば，「実体法」思考で，あくまで憲法テクストから審査基準を引き出そうとするアプローチといえる。このアプローチで審査基準論をすべて説明できれば，「法源」等の問題はなくなるが，果たしてすべてが説明しきれるかどうかは必ずしも定かではない。立ち入った検討は他日を期したいが，ここでは憲法訴訟論に関して，その憲法典に対する位置づけについて非常に醒めた分析が現れていること，及び「憲法訴訟論」にコミットする側が憲法典について意味論的憲法解釈[90]をなす意義に対する応答を迫られていること，ひいては審査基準を定立する憲法判例（「手続法」）の法源性について再検討が必要であること，の3点を確認するに止めたい。

　②　諸学説の検討

---

(88)　山本敬三「現代社会におけるリベラリズムと私的自治（2）」法学論叢133巻18頁もまた，石川・同前と同じく審査基準論を論証責任のルールと考える。
(89)　棟居快行「適正手続と憲法」同『憲法学再論』（信山社，2001年）383頁注(35)。
(90)　意味論的憲法解釈（「厳格憲法解釈論」）の復権の意義について詳細は，内野正幸『憲法解釈の論理と体系』（日本評論社，1991年）を参照。

第 4 章　「実体法」と「手続法」の架橋

（i）　芦部説

　先の《図 2》の左端に「実定的根本規範」とあるが，これは芦部の説を概念図においたらどこに位置するかというものである。芦部が，前述の審査基準論をどう性格づけているかはかなり微妙であるが[91]，仮に芦部が審査基準論を「権限分配のルール」すなわちもっぱら「手続法」の問題とみなしていたとしても，芦部の「実定的根本規範」論は強力な理論上の意義を持ちうると考えられる。なぜならそれは，制憲者を拘束することによって，制憲者の「意図」をも統制する概念として位置づけられているからである。そして「実定的根本規範」は，その拘束する制憲者の「意図」を通じて，「手続法」にも「実体法」にも「実定的根本規範」に充填された客観的価値を及ぼしうることとなる。したがって，審査基準論について芦部が，「実体法」「手続法」いずれの性格のものとをみなすかは，「実定的根本規範」の想定によってトリヴィアルな問題に化そう。それは，ケルゼンの《Grundnorm》とは全く異質な概念であるが，それとしては周到に準備された議論だと評すことができるように思われる。したがって，先にみたシュライヒの「実体法」思考に整合するのはもちろんのこと，ベッケンフェルデの「手続法」思考にも十分整合しうる。「実定的根本規範」は，「手続法」にも影響力を及ぼしうるからである。

（ii）　樋口説

　上記《図 2》であらわされる規範理解によれば，芦部説に比して樋口説はかなり異質な議論だと評しうる。というのは，樋口のいう科学としての「制定憲法」認識は，専ら制憲者の「意図」の確認に過ぎず，「実体法」の確認としては不十分ということになるからである。既にみたように，さらに制憲者が私人を名宛人にしていない場合には，制憲者の「意図」の確認はできないので，「制定憲法」認識は「実体法」の世界では不可能だということになる。一方，樋口の「制定憲法」の認識は，それが「客観的認識」の所産である以上，「手続法」の領域でも真理値を有しうるはずだが，樋口自身も認めていたように，公権的な解釈機関が制憲者の「意図」に従うべき義務はないので，結局樋口の「制定憲法」認識は，「手続法」の領域でも無意味とされる可能性が高い。したがって樋口の理論がなしうることとは，「解釈学説」の提案等による「実践」

---

(91)　長谷部恭男『権力への懐疑』（日本評論社，1991 年）特に 114 頁以下参照。

によって「手続法」を自らの欲するところに導くこと，すなわち，自説の「勝利」に向けて，「手続法」の規範世界を誘導するための戦略構築だといえるように思われる。いわゆる「批判的峻別論」に関わる一連の論争からも知られるように，樋口が認識行為及びその公表行為の「附随的効果」いかんに徹底的に固執するのは[92]，このような自身の「実践」面に及ぼされる影響が，樋口理論において最大限重視されざるをえない構造を採っていることに起因するのかもしれない。このような樋口の議論は，あくまで憲法典条文に拘る「実体法」志向のシュライヒ説とは，実は全く相いれず，専ら「手続法」志向のベッケンフェルデ説と軌を一にするものである。それは，樋口の「科学と実践の峻別論」の生んだ必然的帰結と分析しえよう。

(3) 今後の課題

① ここまで本書は，第1部第1章において我が国における「憲法の最高法規性」の観念の問題点を指摘しつつ，我が国とドイツの議論を踏まえて「実体法」と「手続法」という思考類型を設定し，これを軸に議論を開始した。第1部第2章においては，「手続法」の優位を唱えるトロペールの議論を批判的に検討し，それが憲法典あるいは「実質的意味の憲法」による拘束を看過した理論であることを明らかにした第1部第3章においては，本稿の通奏低音ともいうべきケルゼン理論における「実体法」の認識論的優位が確認される一方，「実体法」の優位を唱えつつ，それが「手続法」と峻別されるべきことを強調する柳瀬良幹説が，ケルゼニズムの一般的規範の先在性肯定の論理により採りえないことが明らかにされた。第1部第4章においては，「架橋」に成功したかにみえた小嶋和司説が，実は不文法源たる「国家」の強調によって，「手続法」の「実体法」に対する存在論的優位を帰結し，架橋に事実上失敗していることが示された。そして《Grundnorm》についても，それが「架橋」にとって必要不可欠ではないことが，ケルゼン晩年の「擬制」理論の批判によって示された。

本書は最終的に，ケルゼン晩年の理論の再構成を経たうえで，憲法典条文の

---

(92) 樋口陽一『近代憲法学にとっての論理と価値』（日本評論社，1994年）特に17頁以下参照。

第4章 「実体法」と「手続法」の架橋

実在の確認による「実体法」と「手続法」の「架橋」，すなわち憲法典の「最高法規性」の論理的基礎づけがなされうるという結論に達した。すなわち，憲法典解釈上，日本国憲法98条1項は「実体法」と「手続法」との「架橋」の要として位置し，かつ，「手続法」による「実体法」に対する侵害の禁止命題としても解釈しうる。この結論は，第1部第1章で検討したシュライヒの「条文への回帰」との姿勢に連なるものがあるといえる。しかし，今後の検討に委ねられた問題は数多い。

　②　今後に残された課題として一点だけ指摘しておく。条文の有する規範的意義をより詰める必要があろう。憲法典条文とそれが表象する憲法規範とは区別されるべきだとすれば，それらの関係が整理されなければ両者についての理解が深化することはあり得ないからである。本書のここまでの作業は，これについて極めて不十分なままに止まっている。具体的に課題を示せば，小嶋が示唆した不文法源の意義やトロペールが否定した憲法テクストの法源性の検証すなわち認識論に止まらない存在論的な憲法法源の探求である。もっとも，このような課題の確認は，本書による「架橋」そのものが未だ詰め切れていないことをも意味する。あえていえば，本書における「架橋」は，認識論的には成功しているが，存在論的な「架橋」には至っていないともいえる。必要条件は充たしたが，十分条件は未だ論証されていないといえるかもしれない[93]。

----

(93)　本書第1部第5章，第2部第5章・第6章で不十分ながら，具体例に即した検討を行っている。

第 5 章　革命と国家の継続性

I　問題の所在

　憲法を頂点とする実定法秩序はどのような場合にその同一性が断絶し，「革命」が起きたといえるのか。それは，「国家」の同一性の継続・断絶と全く重なるものといえるのか。憲法学において「革命」といえば，8月革命説が何より想起されよう。同説は，旧憲法の「神権主義」から現行憲法の「国民主権主義」への変更，すなわち憲法の「根本建前」[1]の変更を「革命」と表現する。新旧憲法間における「断絶」を強調する議論の一つということができる。

　このような議論に対して，周知のノモス主権説が対置される。天皇主権も国民主権も「帰するところ『ノモスの主権』の承認であって，その点では何らことなった意味内容をもつものではない」[2]という指摘は新旧憲法間の「継続」性を強調するものとして理解しうる。この宮沢・尾高論争の理解・評価についてはすでに学説上豊富な蓄積がある[3]。そこで本章は視角を変えて，日本国憲法98条1項の「経過規定的な意義」[4]をめぐる議論に光をあててみたい。「革命と国家の継続性」というテーマに対する戦後憲法学説の向き合い方を，宮沢・尾高論争とはいわば逆方向から浮かび上がらせることができるように思われるからである。

1　現行憲法98条1項の意義の「表」と「裏」

　「この憲法は，国の最高法規であって，その条規に反する法律，命令，詔勅及び国務に関するその他の行為の全部又は一部は，その効力を有しない」（憲

---

(1)　宮沢俊義『憲法の原理』（岩波書店，1967年）383頁。
(2)　尾高朝雄『国民主権と天皇制』（国立書院，1947年）156頁。
(3)　菅野喜八郎『続・国権の限界問題』（木鐸社，1988年）345-400頁，高見勝利『宮沢俊儀の憲法史的研究』（有斐閣，2000年）315-365頁。
(4)　清宮四郎『憲法〔第3版〕』（有斐閣，1979年）26頁。

第1部 憲法の最高法規性

法98条1項)。この種の規定の「表」の意義は，ひとまず国内法秩序における「憲法の優位」，「憲法の規範性」および「違憲審査制」を要請するものと解される[5]。最後者の要請をこの規定が含意するかは争いの余地がある[6]。しかし，憲法に反する国法はその効力を有さず，憲法以外のいかなる国法も憲法を廃止・変更することはできない旨を規定する条項であるとの理解はほとんど常識に属する[7]。

　もっとも，この「表」の意義と同時に，現行憲法98条1項には「裏」の意義があるともいわれてきた。およそ現行憲法施行以降の実定法秩序を観察するものにとって，同規定は「表」の顔をみせてくれれば十分である。しかし，現行憲法から，ひとたび旧憲法秩序に目を向けるものにとって，同規定は「裏」の顔を覗かせる。同規定の成立過程に目を向けてみよう。総司令部案を起草する過程で作成された「民政局長のためのメモ（天皇の章等についての小委員会案）」は本規定の原型をなす条文を含む点で興味深い。本書ではとりわけ，「メモ」が本規定の原型をなす条文とは別に以下の条規を示していた点に注目したい。

　　「この憲法の承認（＝成立）以前に公布された法律，命令，詔勅，条約および国務に関するその他の行為またはそのうちの特定の条項で，この憲法の条規に反するものは，どのようなものにせよ，またどのような権限に基づくものにせよ，憲法の承認された時から当然にその効力を失う」[8]。

旧憲法下で成立した法令は，現行憲法と矛盾・抵触しない限りで効力を有するとする経過規定である。ところが，総司令部案でかかる経過規定は姿を消し，現行憲法98条1項の原型規定である90条のみが残された[9]。旧憲法が「法律規則命令又ハ何ラノ名称ヲ用キタルニ拘ラズ此ノ憲法ニ矛盾セザル現行ノ法令

---

(5) Rainer Wahl, Elemente der Verfassungsstaatlicheit, in：JuS 2001. S.1041ff.

(6) 樋口陽一『現代法律学全集2 憲法Ⅰ』（青林書院，1998年）394-395頁。

(7) 新正幸『純粋法学と憲法理論』（日本評論社，1992年）によれば，立法手続に比べて厳重な憲法改正手続を定める憲法96条1項がある以上，現行憲法98条1項は「当然の規定」と指摘される（192頁）。

(8) 高柳賢三他『日本国憲法制定の過程Ⅰ 原文と翻訳』（有斐閣，1972年）149頁。

(9) 高柳他・前掲注(8) 303頁。

100

ハ総テ遵由ノ効力ヲ有ス」（76条1項）と経過規定を設けていたことと対照的である。総司令部案で経過規定が削除された理由として，同じ総司令部案前文1段最終文が「われらは，これ（この憲法）に反する一切の憲法，法令及び詔勅を排除する」[10]と規定していたことが挙げられる[11]。

こうして，現行憲法前文にそのまま受け継がれた憲法「に反する一切の憲法，法令及び詔勅を排除する」との規定，さらに，同98条1項は，総司令部案から消え去った経過規定を吸収した規定であるという解釈が提起されることになる。清宮四郎は次のように述べる。

「第98条1項の規定は，日本国憲法施行後に，そのもとで制定される法律，命令などが憲法の条規に違反するときは無効であるとするほかに，経過規定的意義をももち，日本国憲法施行の際に存する明治憲法下の法律，命令などについて，憲法の条規に反するものは効力を失うが，反しないものは引続き効力を有することをも定めているものと解せられる」[12]。

また，最高裁判所も次のように判示している。

「旧憲法上の法律は，その内容が現行憲法の条規に反しない限り，現行憲法の施行と同時にその効力を失うものではなく，なお法律としての効力を有するものである。このことは現行憲法98条の規定によって窺われるところである」[13]。

確かに，総司令部案90条をほとんどそのまま受けついた帝国憲法改正案94

---

(10) 高柳他・前掲注(8) 267頁。

(11) 高柳賢三他『日本国憲法制定の過程Ⅱ　解説』（有斐閣，1972年）282頁。もっとも，同時に「古典的な19世紀的考えをとる人からすれば，法的効力を含む規定を前文に書くことは邪道だとされるであろう」とも指摘される（高柳他・前掲注(11) 282頁。

(12) 清宮・前掲注(4) 26頁。宮沢俊義（芦部信喜補訂）『全訂日本国憲法』（日本評論社，1978年）803頁，伊藤正己『憲法〔第3版〕』（弘文堂，1995年）65頁も同旨。

(13) 最大判昭和23・6・23刑集2巻7号722頁。最高裁が同種の判示をしたものとして，参照，最大判昭和24・4・6刑集3巻4号456頁。最大判昭和27・12・24刑集6巻11号1346頁の河村・入江共同補足意見も同種の一般論を述べている。

第 1 部　憲法の最高法規性

条は，次のように規定していた。

　　「この憲法並びにこれに基いて制定された法律及び条約は，国の最高法規
　とし，その条規に反する法律，命令，詔勅及び国務に関するその他の行為の
　全部又は一部は，その効力を有しない」(傍点著者)。

　傍点部を含めて「国の最高法規」と規定している点に注目したい。「その条
規に反する」かが問題とされる国法とは，現行憲法施行以降ではなく，現行憲
法施行より前に成立した国法を指すというほかない。上記傍点部は，衆議院の
審議で連邦制の国でのみ意味があるものと「誤認」[14]された結果，削除という
経緯をたどることになる[15]。この「削除」が「誤認」の結果にすぎないとなれ
ば，現行憲法 98 条 1 項が経過規定的意義をも有するという解釈に，有利な材
料を提供することになろう。
　現行憲法 98 条 1 項の「表」の意義は，その施行以降の国法の内容・手続を
コントロールする法規範として憲法を位置づける。これに対して「裏」の意義
は，旧憲法下で成立あるいは有効とされた国法について，現行憲法と内容上不
整合でない限り，その効力を容認する。「裏」の意義は，本項の成立史に鑑み
る限り否定しがたいものがある。しかし，長谷川正安の指摘する通り，旧憲法
と現行憲法とそれぞれにおける「経過規定」の意味の違いに配慮することも一
方で必要であろう。

　　「明治憲法の〔76〕条〔1 項〕……という規定は，憲法交替のさいの旧法
　令処理の一般的原則をしめ〔し〕ているものではないことも注意すべきであ
　る。それは，同一の政府のつづく過程のある時期に，現行憲法ができた場合
　の処理であって，そこでは，かならずしも法体系の交替は前提とされていな
　い」[16]。

旧憲法 76 条 1 項を継受したものとして現行憲法 98 条 1 項の「裏」の意義を

---

(14)　小嶋和司『憲法概説』(良書普及会，1987 年) 114 頁。
(15)　条約遵守を定める条項が別に用意されることになった (現行憲法 98 条 2 項)。
(16)　長谷川正安『憲法判例の体系』(勁草書房，1966 年) 122 頁。

認めることは，長谷川のいう「法体系の交替」を日本は経験していないというに等しいのではないだろうか。なぜなら，同項の「裏」の意義を認めることは，憲法の「交替」にもかかわらず，国法体系の「継続性」を原則容認するものと解されるからである。このような言説は，新旧憲法の「根本建前」の転換を高唱する8月革命説と果たして整合するのだろうか。

2　憲法98条1項の「裏」の意義と国家

先に示唆したように，憲法98条1項に「裏」の意義を認めることは，「憲法交替」の意義を理解するうえで深刻な問題を提起する。確かに同項の「表」と「裏」の意義は密接に関連している。国法体系の「継続性」といっても，現行憲法との整合性を条件に認められるに過ぎない。現行憲法が「最高法規」として旧憲法下の法令に優越することを肯定していることに変わりはないと解するわけである。

しかし，このような理解に対する異論は根強い。先に紹介した長谷川の他に，小林直樹によれば，現行憲法98条条1項に経過規定的意義を読み込むことにより旧法令の効力を肯定する理解は，「実務的」悪くいえば，かなり「手軽」な処理だと評される。

　「憲法の変革が同時に政治的革命を意味するような場合には，むしろ逆に，旧憲法下の法令は原則としてすべて無効であると解するのが，原理上は正しいであろう。実際に，現行憲法は明治憲法の『改正』という形式的手続をとって制定されたけれども，法的には一種の『革命』的な変革にほかならないから，旧憲法下の法令が，現行憲法に適合さえすれば，自明かつ自動的に引きつづいて効力をもつ，という結論は直ちには生じないはずであった」[17]。

もっとも，小林はこの「原理」的立場を一貫させることはなかった。小林は，「法的」な「一種の革命」もまた，「政治的・社会的革命に基づかなかったわが国の実情では」，「法生活の継続性」を否定することはできないとして，結局は通説に理解を示す[18]。しかし，このような「原理」が「政治的・社会的」理由

---

(17)　小林直樹『(新版) 憲法講義 (下)』(東京大学出版会，1981年) 515頁。

第 1 部　憲法の最高法規性

で否定されるべき性質なのか必ずしもその根拠は明らかではない。また，小林
のいう「原理」の帰結として，憲法という「法生活」の根幹にある法規範に
「革命」的変更があった場合，「法生活の継続性」にも「革命」的変更が生じる
と解することはできる[19]。

　宮沢俊義もまた，現行憲法 98 条 1 項に経過規定的意義を認める根拠として，
「法生活の継続性」さらに「その安定性」を挙げる一人である[20]。しかし，宮
沢は旧憲法下で著した書物の中で，日本の「固有にして不変な統治体制原理」
を「国体」としたうえで，この変更は「国家の本質の変更であり，国家そのも
のの変更である」と述べていた[21]。現行憲法の成立が仮に「国体」の変更を意
味するのであれば，「国家」のいわば同一性の変更も同時に意味することにな
るはずであろう[22]。

　宮沢は「国家」を次のように定義したことがある。「治安及び法の目的並び
に文化の目的を有つ目的社会であり，地域団体であり，且つ統制団体であ
る」[23]。「法生活」を包含する「団体」として「国家」が語られているとみる
余地がある。とするならば，現行憲法 98 条 1 項に「裏」の意義を読み込むう
えで「国家」の同一性という問題を避けえないことになる。

　この点を直截に問題にしたのは，芦部信喜である。芦部は，現行憲法 98 条
1 項が旧憲法 76 条 1 項と同じ経過規定的意義を有すると解しても，「特に問題
はない」として，これを容認する[24]。憲法の授権規範性を強調すれば，現行憲
法 98 条 1 項に経過規定的意義を認めることは「加重負担を強いるもの」とし
て否定することもまた可能なだけに[25]，芦部が「特に問題はない」とする理由

---

(18)　小林・前掲注(17) 515 頁。

(19)　小林の「原理」的立場をあくまで支持する山下威士「憲法の最高法規性の宣言」法
　　　学新報 98 巻 11・12 号（1990 年）291 頁参照。もっとも，山下が憲法典の交代によっ
　　　て旧法令はすべて無効となるとまで解しているのは必ずしも明らかではない。

(20)　宮沢（芦部補訂）・前掲注(12) 803 頁。

(21)　宮沢俊義『憲法略説』（岩波書店，1942 年）72-73 頁。

(22)　佐藤幸治「第 10 章　最高法規」樋口陽一ほか『注解法律学全集 4　憲法Ⅳ　第 76
　　　条-第 103 条』（青林書院，2004 年）337 頁。

(23)　宮沢俊義『憲法大意』（1928 年口述筆記本，国立国会図書館蔵）14 頁。なお，高
　　　見・前掲注(3) 76 頁注(54)参照。

(24)　芦部信喜『憲法学Ⅰ　憲法総論』（有斐閣，1992 年）100 頁。

(25)　佐藤幸治『日本国憲法論』（成文堂，2011 年）30 頁。

第5章　革命と国家の継続性

は必ずしも明確ではない[26]。ここでは，しかしながら，芦部が旧憲法下の法令の効力を認める「実質的な」根拠として，宮沢と同様に，「法秩序の安定に対する要請」とともに「国家の同一性」の「維持」を挙げる[27]点に着目したい。芦部によれば，新旧「憲法の間に連続性がなくなっても，直ちに国家の同一性が失われるわけではない」とされ，「国家の同一性」を判断する基準としては，「国民共同社会の一体性の理念（国柄）」が「最も妥当」だとされる。

　この点，佐藤幸治もまた，同様の理解を示している[28]。佐藤は国家の「基本の存続を前提に，国家なる共同体としてまとまらんとする規範が存続する限り」，その同一性は失われないとする。その例証として，「私法秩序の独自性」を新旧憲法が双方認める点を挙げる。国民生活を左右する規範群の存続を国家の同一性維持の根拠とする点は，芦部のいう「国民共同社会の一体性の理念（国柄）」に整合する理解といえる。

　芦部・佐藤の理解によれば，現行憲法98条1項の「裏」の意義を認める必要はなくなる。憲法典の規定にかかわらず，「国家」の同一性によって新旧実定法秩序の同一性が確認されるからである。現行憲法典の規定の仕方によっては，旧法令の効力を「原理」的に否定する余地があることを認める小林・宮沢の理解[29]とは好対照をなす。前述の通り，小林・宮沢が旧法令の効力を認めるうえで，「国家の同一性」を挙げえなかった理由は，憲法の「根本建前」つまりは「国体」の変更があったと理解していたからと考えることもできる。宮沢の論敵，尾高朝雄もまた「根本規範」の同一性をもって国家の同一性を論証しようとしたことがある[30]。

　ここで，基本法の交替が「国家」の同一性に直ちに影響をもたらさないという理解は，果たして自明のものなのかという疑念が生じる。他方で，「私法秩序」の連続性・継続性や国民生活の「一体性」を理由に，「国家の同一性」を論証しようとするのは，「国の最高法規」とされる憲法の意義を不当に限定す

---

[26]　長谷部恭男『憲法〔第7版〕』（新世社，2018年）26頁は，芦部と同旨の理解を支持しながら，現行憲法「98条1項が経過規定であるか否かという問題は，さほど重要なものではない」という。

[27]　芦部・前掲注(24) 100頁。

[28]　佐藤・前掲注(22) 337頁。

[29]　小林・前掲注(17) 515頁，宮沢（芦部補訂）・前掲注(12) 803頁。

[30]　尾高朝雄『実定法秩序論』（岩波書店，1942年）465頁。

105

第1部　憲法の最高法規性

ることにはならないだろうか。ここに憲法上の「革命」の意義を再考する必要
が生じる。

II　憲法上の「革命」

1　8月革命説

　本章の扱っている問題は，旧憲法から現行憲法への転換は「革命」と評すべ
きものであるという理解を前提にはじめて論じる価値がある。そもそも憲法上
「革命」などなかったと理解すれば，現行憲法98条1項を云々する以前に旧憲
法下の法令は原則有効ということができる[31]。しかし，これまで紹介してきた
旧憲法下での法令の効力を原則容認する論者はいずれも，新旧憲法の転換を
「革命」とみる点では一致する。他方で，「革命」の意義とそれがもたらすべき
「効果」の理解が論者によって異なるとすれば，旧法令の効力を正当化する論
法も異なってくるはずである。

　宮沢の唱えた8月革命説を支持する点で清宮，小林，芦部は共通する[32]。宮
沢によれば，要するに，「日本の最終の政治形体は，ポツダム宣言のいうとこ
ろにしたがい，日本国民の自由に表明される意思によって定め」られるべきこ
とになった。つまり日本は敗戦によって憲法の「根本建前」を神権主義から国
民主権主義に転換することを余儀なくされたが，このような変革は本来法的に
は許されないから，憲法上ひとつの「革命」といえる，ということである[33]。

2　8月革命説に対する異説

　もっとも，このような「8月革命説」の理論的前提には批判が寄せられてい
る[34]。佐藤幸治は，同説の理論的前提である「徹底した国際法優位の一元

---

[31]　現行憲法は旧憲法の改正憲法に過ぎず，両憲法の間には，「法理的に何ら矛盾はな
　　　い」とした，吉国一郎内閣法制局長官の答弁（1976年5月7日参議院予算委員会）を
　　　参照。
[32]　清宮・前掲注(4)51頁，小林直樹『(新版)憲法講義（上)』（東京大学出版会，1980
　　　年）125頁，芦部・前掲注(24)193頁。
[33]　宮沢・前掲注(1)383-386頁参照。
[34]　日比野勤「現行憲法成立の法理」大石眞・石川健治編『憲法の争点』（有斐閣，2008
　　　年）10頁。

論」[35]を，菅野喜八郎の8月革命説分析を手がかりとして，「一種の観念論」だと疑問を呈したうえで，ポツダム宣言の受諾と同時に国民主権主義の確立（「国体」の変更）があったということはできないとする[36]。

この点，芦部によれば次のように指摘される。

　「この通常の論理は，実質的には無条件に近い全面的降伏という形で休戦の約定がなされた場合にまで適用されるものとは解されない。そのような場合には憲法理論を超えて降伏条項に定められたことが拘束力を有するのは理の当然とも言ってよい」[37]。

しかし，芦部はポツダム宣言を「一種の休戦条約」とみなし，現行憲法制定において日本側の「自律性」が失われていなかった根拠としている[38]。「通常の論理」の適用を排除することは，自らがポツダム宣言に認めた性格を否定することにはならないだろうか[39]。

　8月革命説を支えるもう一つの理論的前提として「憲法改正限界論」が挙げられる[40]。宮沢によれば，神権主義を採る旧憲法から国民主権主義を採る現行憲法への移行は，本来「合法的」にはなしえない。憲法改正の限界を超えるからである。改正の限界を超えた「根本建前の変更」を，宮沢は「革命」と呼んでいる。ただ，この8月革命説は，旧憲法73条の手続を踏んで現行憲法が成立したこと自体を，「革命」と呼んでいるわけではないことには留意が必要である。宮沢のいう「革命」は，ポツダム宣言受諾時に旧憲法の「根本建前」が変更したことをいう。宮沢は次のように述べる。

　「8月革命によって，明治憲法は廃止されたと見るべきではなく，それは

---

(35)　菅野喜八郎の用語では，「ラジカルな国際法優位の一元論」とされる（菅野・前掲注(3)147頁）。

(36)　佐藤幸治「日本国憲法成立の法理とその基本原理」同編『憲法Ⅰ　総論・統治機構』（成文堂，1986年）86頁。

(37)　芦部信喜『憲法制定権力』（東京大学出版会，1983年）342-343頁。

(38)　芦部・前掲注(37)152頁）

(39)　菅野・前掲注(3)192頁，日比野・前掲注(34)12頁。

(40)　菅野・前掲注(3)150頁。

第1部　憲法の最高法規性

引き続き効力を有し，ただ，その根拠たる建前が変わった結果として，その新しい建前に抵触する限度においては，明治憲法の意味が，それに照応して，変った，と見るべきである」[41]。

　この叙述は宮沢が唱えるところの8月革命説の重要な含意を少なくとも2点示している。第一に，「根本建前」は憲法の「効力」の「根拠」をなすとされている。第二に，「革命」によって旧憲法は「廃止」されず，いわば「変質」[42]した旧憲法として現行憲法成立まで存続したとされている。もっとも，第一と第二の含意は衝突する可能性がある。第一の含意を貫くと，「8月革命」によって「効力」の「根拠」を失った旧憲法は「廃止されたと見るべき」ことになる。だとすると，第二の含意は意味を失う。あえて整合的に解するならば，「8月革命」は「根本建前」の交替を意味し，その「廃止」あるいは「消滅」を意味するものではないというほかなかろう。

　第二の含意は，1945年8月以前の旧憲法と現行憲法との間に，「変質」した旧憲法が効力を有していたことを示すものである。日比野勤は，これを「ポツダム憲法」と呼ぶ[43]。清宮によれば，民定憲法である現行憲法の制定にあたり，旧憲法73条の改正手続を踏むのは「法的に説明できないこと」であるが，「行為の形式的合法性」を保つための「便宜借用」であったとされる[44]。しかし，宮沢の語るところに従えば，現行憲法は「ポツダム憲法」の「改正憲法」[45]に過ぎない。旧憲法73条は「8月革命」によって「変質」を被った結果，天皇の裁可と貴族院の議決を定める条項は，「実質的」には「憲法としての拘束力」を失った[46]。現行憲法の「上諭」が同憲法を「欽定憲法」であるかのように謳っているのも，現行憲法が「ポツダム憲法」の「改正憲法」に過ぎないことを確認するものというほかなかろう。

　ところが，佐藤幸治は，「8月革命説」の前提である憲法改正限界論を肯定

(41)　宮沢・前掲注(1) 389頁)
(42)　森田寛二「宮沢俊義とケルゼン —— 宮沢の8月革命説を中心として —— 」長尾龍一他編『ケルゼン生誕百年記念論集　新ケルゼン研究』（木鐸社，1981年）258頁。
(43)　日比野・前掲注(34) 11頁。
(44)　清宮・前掲注(4) 51頁。芦部・前掲注(24) 194頁，樋口・前掲注(6) 97頁も同旨。
(45)　森田・前掲注(41) 258頁。
(46)　宮沢・前掲注(1) 389頁。

第5章　革命と国家の継続性

するにもかかわらず，「革命」の時期について8月革命説と見解を異にする。前述したように，ポツダム宣言の受諾によって旧憲法の「変質」が直ちに生じたとみることは，「徹底した国際法一元論」を前提にしてはじめて可能であるが，佐藤は「徹底した国際法一元論」を採らない[47]。日本は，同宣言受諾によって，「国体」を変革する義務を国際法上負ったにとどまると解する。佐藤によれば，同宣言受諾後も旧憲法秩序は存続し，天皇は同宣言の義務を国内法上履行すべく，旧憲法所定の手続に従って憲法改正案を帝国議会に提出したと解される[48]。もっとも，その改正案は全部改正ともいうべき改正の限界を超えたものであったが，帝国議会の審議の過程で国民に現行憲法制定の意思が顕現したという[49]。この段階ではじめて新旧憲法の「法的連続性」が断絶した，すなわち「革命」が起こったと解するわけである。

　このようにみてくると，各論者の「革命」理解はそれぞれに弱点が存在し，おそらくそれが原因で「革命」の意義もまた，控えめに見積もられていることがわかる。8月革命説については，その賛同者が主唱者と異なった理解に依っている場合があった。少なくとも主唱者の唱える「8月革命」は，憲法の「効力」自体を左右するものでないし，旧憲法が「変質」しつつも「効力」を持続したという理解は，つとに指摘されるように「巧妙」といわざるをえない。しかしその一方で，現行憲法が旧憲法の「改正憲法」だという理解に資することこそあれ，その「法的断絶性」を強調するための援軍としては思いのほか弱体だということができる。

　旧憲法がポツダム宣言受諾によって「物権的」[50]に「変質」したと解するべきかについて，「8月革命」が日本の憲法秩序にもたらした「国民主権主義」はすでに「国際民主主義な限定を備え」ていたものという指摘がある[51]。しか

⑷7　ポツダム宣言・バーンズ回答が果たして国民主権主義の採用を要求するものであったかという問題，さらに「ラジカルな国際法優位の一元論」と「憲法改正限界論」とは果たして両立する言説なのかという問題が関連するが，本書では立ち入らない（とりわけ，菅野・前掲注(3)150-151頁参照）。

⑷8　佐藤・前掲注㊱86-87頁。

⑷9　佐藤・前掲注㉕68頁。

⑸0　宮沢・前掲注(1)395頁。

⑸1　樋口陽一『近代憲法学にとっての論理と価値［戦後憲法学を考える］』（日本評論社，1994年）69頁。

第1部　憲法の最高法規性

し，このような理解が「8月革命説」の主唱者の主張を敷衍するものなのか批判が寄せられている[52]。

　他方，「8月革命説」の否定論者の中にも，「革命」はポツダム宣言受諾時ではなく，帝国憲法改正案の審議で漸進的に「顕現」したと解する者がいる。その結果，旧憲法73条の援用について，宮沢のいう8月革命説のように「変質」理論に依ることができなくなり，清宮説と同様に「政治的配慮」にその根拠を求めている。主権者国民の意思の「顕現」と同様に「政治的配慮」をもって旧憲法73条を用いるとの意向が帝国議会で表明されたと解するわけである[53]。しかし，改正案審議の過程で国民主権主義が「顕現」したのであれば，改正案審議を含む改正手続全般にその「顕現」の効果が限定的であれ及ぶと解することができる。仮に主権者国民（代表）が帝国議会で示した意向だと解したとしても，国民主権主義に反しかねない旧憲法73条をそのまま適用することの正当化は難しい。「顕現」の効果によって，宮沢と同様に，「たとえ形式的には存在していても，実質的には拘束力を失っていた」[54]と同条を解する余地がある。

Ⅲ　挟撃される「革命」憲法

1　国家とノモス

　8月革命説によれば，1945年8月，旧憲法の「根本建前」の変更という意味で「革命」が起こった。しかし，少なくとも8月革命説の主唱者の考える「革命」の効果は，旧憲法の効力の否定を意味するものではない。旧憲法を「変質」させる効果を有していたとしても，効力を否定しえない「革命」が，憲法以外の実定法に及ぼす効果は自ずと限定されたものといわざるをえない。他方で，「革命」を被った憲法典とは独立して，私法秩序が存続していたという理解もまた，「最高」法規としての「革命」憲法の意義を矮小化しかねない。

　経過規定の考察において注意を促していた長谷川の指摘に再び注目してみよう。長谷川によれば，旧憲法76条1項は憲法の交替を前提としない規定であったが，現行憲法98条1項は，憲法ひいては「法体系」の交替を前提とす

---

(52)　菅野・前掲注(3) 179頁，日比野・前掲注(34) 13頁。
(53)　佐藤・前掲注(25) 68頁。
(54)　宮沢・前掲注(33) 389頁。

第 5 章　革命と国家の継続性

る規定だとされる[55]。8 月革命説の主唱者は,「根本建前」の変更は指摘する
けれども,「根本建前」の「変質」を被った現行憲法の効力を否定することは
なかった。現行憲法 98 条 1 項の「前提」理解が異なっていることがわかる。
宮沢が現行憲法 98 条 1 項に旧憲法 76 条 1 項の趣旨を読みこむことと, 長谷川
の指摘がここでつながる。宮沢によれば, 憲法の「根本建前」の変更は「法体
系の交替」にあたらない以上, 長谷川の現行憲法 98 条 1 項解釈は, その前提
を欠くということになろう。

　しかし, 他方で宮沢が戦前,「国体」の変更は「国家の同一性」の変更を意
味すると述べていたことも無視できない。上述のように, 宮沢によれば,「国
体」とは「固有にして不変な統治体制原理」[56]を指すから, 旧憲法の「神権主
義」の変更は,「国体」の変更をもたらしたと解しうることになるはずである。
この点, 1946 年の東大講義で宮沢が「国体」の多義性について注意喚起をし
ている[57]のは興味深い。その後書かれた論文「日本国憲法生誕の法理」におい
て, 宮沢は,「天皇が神意にもとづいて日本を統治するという神権主義的天皇
制」という意味での「国体」は「8 月革命によって消滅してしまった」と明言
する一方で,「単なる天皇制」という意味での「国体」は変化しながらも「変
革されなかった」という[58]。前者の意味の「国体」は「消滅」したとされたが,
後者の意味の「国体」の「消滅」は明言されなかった[59]。しかし, 後者の「国
体」概念を前提にしてはじめて, 同じ論文の末尾で宮沢が次のように述べたこ
とを整合的に理解できよう。

　　「私のように, 8 月革命の理論をとっても, それは, その前の日本国家と
　後の日本国家との同一性を, 少しも害するものではない」[60]。

---

[55]　長谷川・前掲注(16) 122 頁。
[56]　宮沢・前掲注(22) 73 頁。
[57]　高見・前掲注(3) 203 頁。また, 原田一明「解題　敗戦直後の宮沢憲法補講と 8 月
　　革命説」立教法学 92 号 107 頁によれば, 敗戦直後の宮沢は, 君主主権主義としての
　　「国体」がポツダム宣言の受諾と同時に消滅したとは解していなかった可能性がある
　　とされる。
[58]　宮沢・前掲注(1) 385 頁。
[59]　高見・前掲注(3) 205 頁は, 宮沢の真意が前者の理解にあると示唆する。
[60]　宮沢・前掲注(1) 398 頁。

III

第 1 部　憲法の最高法規性

　ところで，「根本建前」「国体」の「根本的な変化」[61]を経ても，なお，国家の同一性は「少しも」害されないと説くかにみえるこの叙述は，尾高朝雄の「ノモス主権」説に対する宮沢の批判といかなる関係にあるのだろうか。宮沢によれば，「ノモス主権」説は，「国体」の「消滅」にもかかわらず，「国体」に「本質的な変化」はないという考えを「満足させる効用をもつ」[62]。このような尾高説は，「天皇制に与えられた致命的ともいうべき傷を包」む「ホウタイの役割を演じ」るものということになる[63]。

　確かに，「国体」概念を前述の「神権主義的天皇制」と解する限りで，尾高説は「ホウタイ」の役割を果たしたということは可能である。宮沢の批判を受けて尾高自身もまた，「建前」としての国民主権と，「建前」としての君主主権とは全く異なることを認めている[64]。しかし，「ノモス」が「ホウタイ」の役割を果たしたというのならば，宮沢のいう「国家」もまた，「ホウタイ」の役割を果たしたということができる。宮沢によれば，「国家」の基本法である「憲法」の「根本建前」が「根本的な変化」を受けたにもかかわらず，「国家」の同一性は「少しも」変化しない。尾高が次のように述べていたことが想起されないだろうか。

　　「国民主権と天皇の統治……は帰するところ，ともに『ノモスの主権』の承認であって，その点では何らことなった意味内容をもつものではない。……故に現行憲法が天皇の統治という伝統的ないい現し方をやめて，政治の最高原理を国民主権という形でかかげることになっても，そこにかかげられた理念そのものには，何の変わりもないのである。だから，これを『国体の変革』であるとして，天地鳴動する問題のように考える必要はないということができるであろう」[65]。

尾高のいう「ノモス」とは，「正しい立法意思の理念」[66]，「常に正しい統治

---

[61]　宮沢・前掲注(1) 385 頁。
[62]　宮沢俊義『国民主権と天皇制』(勁草書房，1957 年) 1 頁。
[63]　宮沢・前掲注(1) 299 頁。
[64]　尾高朝雄，「事実としての主権と当為としての主権」国家学会雑誌 64 巻 4 号 213 頁。
[65]　尾高・前掲注(2) 156 頁。
[66]　尾高・前掲注(2) 135 頁。

第 5 章　革命と国家の継続性

の理念」を指す。菅野喜八郎が尾高のいう「ノモスは，言い換えられた根本規範である」と指摘する[67]のは正しい。では，宮沢のいう「国家」はどうであろうか。憲法の「根本建前」が「根本的な変化」を被っても「少しも」同一性が失われない「国家」とは，実は，尾高のいう「ノモス」でないだろうか。宮沢は「ノモス主権」について，次のように述べている。

　　「君主が主権者であるにしろ，国民がそれであるにしろ，その政治の意志の決定はノモスに即してなされなくてはならない―いわば自明な―原理をいうだけのことである。……ところで，そのノモスの具体的内容を最終的に決めるものは誰か。人はどこまでも追求するであろう」[68]。

　「自明な」「原理」の「具体的内容を最終的に決める」のは「人」であるという指摘に「自然法論」と「決断主義」との相克を発見することができる[69]。しかし，ここで本書が想起するのは，現行憲法 98 条 1 項の経過規定性を認める「実質的」根拠として，「国家の同一性」を挙げる論者が少なからずいたという事実である。このような理解によれば，憲法の「根本建前」が変わろうとも，旧法秩序の効力は「国家」によって正当化される。

　前述したように，現行憲法 98 条 1 項の解釈論の根拠として，宮沢は「法生活の継続性・安定性」のみを挙げて，「国家の同一性」は挙げていない。しかし，芦部は旧法令の効力を認める根拠として，「国家の同一性」を「より重要」と指摘する[70]。もっとも，芦部は「国家の同一性」の指標を「国民共同社会の一体性の理念（国柄）」とするのみで，それ以上の立ち入った説明を行っていないし，「国家」の内実について必ずしも語ること自体多くない。概説書で国家三要素説や国家法人説との関連が紹介される程度である[71][72]。「国家の同一性」の指標に「理念（国柄）」を挙げていることから，少なからず規範的要素が込められている可能性はある。

────────────

(67)　菅野・前掲注(3) 356 頁。
(68)　宮沢・前掲注(1) 303 頁。
(69)　菅野・前掲注(3) 387 頁。
(70)　芦部・前掲注(24) 100 頁。
(71)　芦部・前掲注(24) 32 頁・156 頁・228 頁。
(72)　高見・前掲注(3) 40 頁は，芦部の「国家」理論が未完に終わった可能性を示唆する。

第1部　憲法の最高法規性

　この点，「国家」に「ノモス」に匹敵する規範的価値を正面から認めたのが小嶋和司である。旧法令の効力を肯定する実質的根拠を，「国家の同一性」に求める佐藤幸治が依拠しているのは小嶋説であった[73]。小嶋は次のように述べる。

　　「国家及び主権は，憲法典をして有効ならしめる根拠で，これに，憲法典に付随する副次的な地位しかみとめないことは，度を過ぎた成文法源偏重で，正当でない。これには，成文法源から独立した法源―不文の―としての地位をみとめるべきである。その法源としての権威は，憲法典の効力の基礎であるのみならず，憲法典の規定を修正して法的効果を指示するものとして，憲法典に優越することを認めなければならない」[74]。

　小嶋のいう「国家」[75]とは何か。

　　「領土とか人民という可視的なものの具有を基礎とするが，それじしんは可視的な存在ではない。統治作用の論理探求的な観察（teologische Betrachtung）した結果見出される観念的な存在で，作用によってのみ社会的実在として認識される」[76]。

　「作用によってのみ社会的実在として認識される」という叙述が示唆しているように，「国家」は単なる事実ではない。「国家」は，概括的な条項しか通常有さない憲法典の欠缺を補充・補完する「不文法源」として機能する。ただし，「国家」は不文法源であるゆえ，その解釈は常に「良識」を伴ってなされるべきである。その結果，「国家」は，自らの生命を保つ規律のほか，「自由民主主義」「立憲主義」をも内包するものとされる[77]。

　このような思考によれば，「憲法典の変更は，国家におけるいっさいの法生

---

(73)　佐藤・前掲注(22)337 頁。
(74)　小嶋和司『小嶋和司憲法論集3　憲法解釈の諸問題』（木鐸社，1989 年）508 頁。
(75)　正確には「国家及び主権」だが，以下では単に「国家」と表記する。
(76)　小嶋・前掲注(74)505 頁。
(77)　小嶋和司『憲法学講和』（有斐閣，1982 年）8 頁。

第5章　革命と国家の継続性

活の基礎を交替せしめるものではない」[78]という理解は容易に導かれるだろう。親族，家族，文化諸関係のなかには，「国家」の存亡とすら無関係に存続するものがある。憲法典の変更がこれら諸関係に影響を与えないのは「当然」とされる[79]。

　小嶋説によることで，現行憲法98条1項にあえて経過規定性を読み込む必要はなくなる。憲法典の規定のいかんにかかわらず，憲法典に優位する「国家」が旧法令の効力を肯定するからである。おそらく，小嶋説は，旧法令の効力を最も直接的に正当化できる理論であろう。宮沢は，憲法の「根本建前」の変更と「国家の同一性」の変更とを区別して議論すべきことを示唆した。これに対して，尾高は，憲法制定者を超える「矩」の存在を提示した。こうしてみると，小嶋説は，両者の議論を統合したものということができる。学説継受的にも大変魅力的な「国家」概念である[80]。

　しかし，このような小嶋説にも問題点がある。

　第一に，小嶋のいう「国家」の内実が豊富に過ぎるのではないかという疑義を提起できる。豊富であることそれ自体は魅力的であるが，そこに「イデオロギー」性を発見することもまた容易である[81]。憲法を頂点とする法秩序は「国家」と無関係であるはずはない。しかし，小嶋説は，憲法典の概括性を強調するあまり，憲法典の解釈によって諸規範を導くことを早々に断念し，「観念的な社会的実在」である「国家」に関心がやや集中しすぎたきらいがある。憲法典の解釈から「実質的意味の憲法」を構成する方途を模索するのが先決ではないか。宮沢，清宮，小林らが現行憲法98条1項に経過規定的意義を認めるのは，法秩序妥当の一義的な根拠を憲法典に求めるからだと解する余地がある。

　第二に，小嶋説によると，旧法令の効力決定に混乱が生じる可能性がある。というのも，小嶋説によれば，「国家」は，憲法典の「効力の基礎」であると同時に，「憲法典をこえるもの」として法律以下の諸法令に「法的権威」を授けるとされるからである[82]。

---

(78)　小嶋・前掲注(74) 512頁。

(79)　小嶋・前掲注(74) 512頁。

(80)　無論，美濃部達吉の影響も否定できない（美濃部達吉『逐条憲法精義』〔有斐閣，1927年〕31-33頁参照）。

(81)　小林直樹「憲法概念の考察」法学協会編『法学協会百周年記念論文集第2巻』（有斐閣，1983年）22頁・49頁。

第1部　憲法の最高法規性

こう解した場合，現行憲法典と内容上矛盾を来たした旧法令であっても，現行憲法典に上位する「国家」の要請には適合しているといえる旧法令はありえることになりはしないか。確かに，このような事態を小嶋説は織り込み済みかもしれない。「国家」は，憲法典の欠缺・欠陥を補充・補完するから，現行憲法典が仮に「国家」の要請と齟齬を来たしたとしても，現行憲法典の規定の意味自体が解釈により「修正」される。その結果，「国家」により「修正」済みの現行憲法典と旧法令との矛盾抵触は起こらない。このように，現行憲法の規定の「国家」による「修正」を認めるということは，現行憲法98条1項にいう「この憲法」を，実質的に拡張して理解するということである。しかし，同項の解釈としてはやや無理が生じる。実際に旧法令の効力を決定する法適用機関は，「国家」によって「修正」される「憲法典」の「最高法規」性を，いかなる手続によって担保すべきなのだろうか。

樋口陽一は，違憲審査の基準を提供すべき「解釈学説」の立場から，小嶋説のような「憲法」の拡張を否定する[83]。樋口は，憲法典が立憲的原則を「実質的意味の憲法」として網羅したうえで，「最高法規」と位置づけられていることを重視している。かかる理解自体は，本稿も正当と考える。もっとも，他方で樋口は，旧法令の効力について，現行憲法98条1項に経過規定性を認めるか否かにかかわらず，「国家の同一性」を根拠に肯定する[84]。これは，小嶋と同一の結論というべきである。しかし，芦部説と同様に，樋口のいう「国家」の内実が，小嶋のいう「国家」からどの程度刈り込まれているのか必ずしも明らかではない。さらに樋口のいう「解釈学説」の立場からすれば，「国家」ではなく，あくまで憲法典に経過規定性を読み込むことを選択すべきではないかという疑念も残る。

2　法生活と「法の支配」

「国家」の内実を考察するにあたり注目されるのは，旧法令の効力の肯定論者が「法生活の継続性・安定性」を根拠とする点である。「国家の同一性」を強調することで，「革命」後の現行憲法典の効果がいわば「上」から限定され

---

(82)　小嶋・前掲注(74) 514頁。

(83)　樋口陽一『権力・個人・憲法学―フランス憲法研究』（学陽書房，1989年）234頁。

(84)　樋口陽一『憲法〔第3版〕』（創文社，2007年）87頁。

第5章　革命と国家の継続性

るという議論を先に検討した。これに対して，「法生活の継続性・安定性」を強調することで私法秩序の自律性・独立性を強調する議論は，いわば「下」から，現行憲法典の「革命」性を無化することになりはしないかとの疑問が生じる。

　この点，小林直樹は，先にみた通り，日本国憲法の成立は，法的には一種の「革命」であったとしても，「政治的・社会的革命」に基づかなかったとして，現行憲法98条1項に経過規定としての意義を認めることに賛同している[85]。すなわち，「革命」の意義の限定がここでも行われている。小林は，「革命」の意義を狭く捉える理由として，旧支配層の存続のほかに，「国民の側に主権者の意識や改革の意欲が欠けていた」点を挙げる[86]。小嶋と異なり，「革命」憲法の意義が規範的にではなく，政治・社会状況から事実上限定されていたことを指摘するものである。このような理解からすれば，「法生活の継続性」は規範的な要請ではなく，多分に事実上のものとして，小林の現行憲法98条1項の解釈論に影響を及ぼしたということができる。

　小林と同様に，「安定した法秩序に基づく市民生活の継続」を理由に，旧法令の効力を肯定する論者に長谷部恭男がいる。樋口と同様，現行憲法現行憲法98条1項に経過規定的意義を読み込むか否かはトリヴィアルな問題だと解する一方で，芦部・樋口と異なり，「国家の同一性」という用語が避けられているのが特徴である。長谷部は次のように述べる。

　　「憲法の大規模な改正を理由に下位の法令をすべて無効とすれば，従来の
　法を前提として生活してきた人々の期待をくつがえし，『法の支配』の要請
　に著しく反することになる」[87]。

　長谷部のいう「市民生活の継続」とは，必ずしも従前の論者のいう「私法秩序の自律性」を指すものではない。憲法典を含む「実質的意味の憲法」に予測可能性の担保という意味の「法の支配」を読み込むことで，旧法令の効力を肯定しようとするものと解される。小嶋説の論証構造に接近するように思われる

---

(85)　小林・前掲注(17) 515頁。
(86)　小林・前掲注(32) 126頁。
(87)　長谷部恭男『憲法〔第7版〕』(新世社，2018年) 26頁。

第 1 部 憲法の最高法規性

が，「国家」という用語は使われていない。長谷部によれば，「実質的意味の憲法」こそ「国家」だとされるからである[88]。

では，長谷部においては小嶋と同様，「実質的意味の憲法」（＝「国家」）と「憲法典」との齟齬は想定されているのだろうか。おそらくそうではない。長谷部によれば，憲法解釈は憲法典を持ち出すだけではなく，「憲法典をよりよい光の下に照らし出す」実質論を伴う必要がある。しかし，その実質論も憲法典の文言・全体構造と明らかな齟齬を来たすものであってはならない。憲法典は憲法解釈の「枠」として働く[89]。「実質的意味の憲法」（「国家」）と「憲法典」との関係は，長谷部説にあっては，小嶋説とはいわば逆に理解されている。長谷部が旧法令の効力を肯定するにあたり，「法の支配」を持ち出せたのは，これが現行憲法の文言・全体構造と齟齬を来たすものではないからである。

「国家」の内実もまた，小嶋説と長谷部説との間では，差異がある。小嶋の「国家」は「社会的実在」でありかつ豊富な規範群を含む「当為」でもある[90]。長谷部のいう「国家」は，「誰が，いかなる手続で，いかなる内容の権限を国の名において行使しうるかを定めるルール」の総体である[91]。小嶋は，「実在」としての「国家」が実定法秩序の効力を支えると理解したが，長谷部によれば，実定法秩序それ自体が「国家」である。

小嶋説にあっては，現行憲法典の制定とは「無関係に」「国家」は存続し，ゆえに旧法令の効力も原則維持される。これに対して長谷部説によれば，現行憲法典の制定によって「実質的意味の憲法」が変更された結果，「国家」の同一性もまた失われた。しかし，新しい「実質的意味の憲法」が「法の支配」の要請を含んでいるゆえに，旧法令の効力は原則維持される。これを長谷部が「国家の同一性」によって説明しないのは，旧法令の効力を，新旧の国家・憲法秩序間の断絶を認めた上でなお肯定できると考えているからであろう。このような理解が正しいとすれば，長谷部説は，芦部説を含む従前の学説のいずれとも全く異なる主張をしていることになる[92]。

---

(88) 長谷部・前掲注(87) 5 頁。

(89) 長谷部恭男「憲法典というフェティッシュ」国家学会雑誌 111 巻 11・12 号 169 頁。

(90) 小嶋・前掲注(74) 507 頁。

(91) 長谷部・前掲注(87) 4 頁。

(92) もっとも，長谷部説によっても，「法の支配」が憲法典の文言・全体構造と矛盾しないこと，さらに憲法典が法令の効力根拠であることを示すためにも，現行憲法 98 条 1

Ⅳ 残された課題

　8月革命説もノモス主権説もともに,「国家の実質自体をめぐる問いであった」点で共通すると指摘されることがある[93]。しかし,他方で憲法の「根本建前」の変更が「国家」の同一性の変更を意味するかという問いは,少なくとも憲法典の規定いかんと,「国家」あるいはその「実質」との間に,一定の距離がありうることを含意していたものといえる。

　「私法秩序の自律性」という意味での「法生活の継続性・安定性」もまた,憲法典の国法秩序に及ぼす規制力に限界を課す。現行憲法98条1項に経過規定的意義を認めるということは,憲法典自身が「最高法規」であると誇称しながら,他方で「国家」あるいは「法生活の継続性」を前に授権規範性を自制することを謳う,甚だ皮肉な規定だと同項を解することである。端的に憲法典に優位する不文法源として「国家」を理解したとしても,憲法典の「最高法規」性に文理上必ずしも容易とはいえない操作を加えなければ,旧法令の効力を決定できない事態に陥る可能性がある。「国家」を法規範の総体としての「実質的意味の憲法」と理解し,かつ,憲法典との矛盾を否定する憲法解釈を採れば,新旧憲法の「根本建前」の変更をもって「国家」の同一性の喪失と認定できる。問題は,新しく成立した「実質的意味の憲法」が旧法令の効力をどのように扱うかということになる。

　しかし,「国家」を実定法規範の総体としてのみ理解することが適切か異論の余地もある。現行憲法典の「改正」に向けた議論の途上で,「歴史」「伝統」を担った実在としての「国家」が召還されることがある。現行憲法典と「国家」との緊張関係に向き合うものは,先の小嶋説に思いを致すことになるかもしれない。「ノモス主権論」に,「＜私＞から自律した＜公共＞的価値・＜公共＞的空間」の「主題化」とその「制度装置」追求の意義を再確認する[94]ことは,

---

　　項に経過規定性を積極的に読み込むべきだと指摘することはできる。
(93)　林知更「立憲主義と憲法の保障」安西文雄ほか『憲法学の現代的論点』(有斐閣,
　　2006年)77頁。もっとも,同書の第2版(有斐閣,2009年)で林は,主権の所在いか
　　んを論じるだけでは,「国家」の「実質」は測れない旨を一層強調するようになってい
　　る(68-69頁)。
(94)　石川健治「イン・エゴイストス」長谷部恭男・金泰昌編『公共哲学12　法律から考
　　える公共性』(東京大学出版会,2004年)199頁。

第 1 部　憲法の最高法規性

「実質的意味の憲法」・「国家」に憲法典から自律した意味を見いだす営みに連なる可能性がある。「憲法典」と「実質的意味の憲法」との連関の解明，そして先人の「国家の実質化」の試みとの対話は，将来に向け慎重に，かつ，倦むことなく継続する必要がある。

第2部

基本権解釈とその方法

第 1 章　現代における「自己決定権」の存在意義

Ⅰ　「強い」個人と「自己決定権」

「自己決定権（最狭義の人格的自律権）」[1]は，憲法 13 条後段により補充的に保障される基本権だと一般に説かれる傾向にある[2]。「自己決定は，明文根拠のある多くの個別的な基本権にとっても本質的要素である」[3]とされるからだ。これに対して，本章は，憲法 13 条後段により補充的に保障される「自己決定権」という概念（コンセプト）自体の妥当性ないしありうべき「自己決定権」の構想（コンセプション）の可能性に関して，若干の整理分析を行おうとするものである[4]。したがって，憲法 13 条後段の保護範囲をめぐる「人格的利益説」と「一般的自由説」との対立について立ち入った検討は行わない[5]。また，本章は，いわゆる狭義のプライバシー権（自己情報コントロール権，情報自己決定権）についても検討の対象から外すことにする。

1　樋口陽一説

ところで，日本国憲法が基調とする「個人主義」（憲法 13 条前段）における

---

(1)　以下，必要のない限り，単に「自己決定権」という。

(2)　例えば，芦部信喜『憲法学Ⅱ〔人権総論〕』（有斐閣，1994 年）392 頁，佐藤幸治『日本国憲法論』（成文堂，2011 年）190 頁。

(3)　渡辺康行・宍戸常寿・松本和彦・工藤達朗『憲法Ⅰ〔基本権〕』（日本評論社，2016 年）124 頁〔松本執筆〕。

(4)　概念（concept）と構想（conception）との区別については，ジョン・ロールズ（川本隆史・福間聡・神島裕子訳）『正義論〔改訂版〕』（紀伊国屋書店，2010 年）第 1 章第 1 節 3 照。以下，単に「自己決定権」コンセプションと表記する。

(5)　この論点を詳細に分析する近時の文献として，丸山敦裕「憲法 13 条論における一般的自由説とその周辺」，栗田佳泰「『新しい人権』と『一般的行為自由』に関する一考察—可謬主義的人間観に基づく憲法 13 条解釈の可能性」，ともに松井茂記・長谷部恭男・渡辺康行編『阪本昌成先生古稀記念論文集　自由の法理』（成文堂，2015 年）所収がある。

第 2 部　基本権解釈とその方法

「個人」については，樋口陽一による鮮やかな定式化がよく知られている。樋口によれば，人権論の「前提ないし上位概念」として「理性的」個人が据えられるべきである。「理性的個人」とは，それぞれに「自立」し「自律」し，その「自己決定」の結果を自身に引き受けられる「強い」個人を指す[6]。この「強い」個人を基本権論の出発点とすることに対しては，「弱い」個人の原理的放逐を意味しかねないとする笹沼弘志[7]や石埼学[8]らの批判がある。もっとも，樋口によれば，「強い」個人は，現代においてはあくまで「強者であろうとする弱者」も含む「擬制＝フィクション」に過ぎない。この「擬制」のうえにはじめて「『人』権主体」は成立するとされる[9]。

　このように，樋口は，「自己決定」の責任を引き受ける「強い」個人を多分に「思想としての人権」[10]のレヴェルで語っている。実定憲法・基本権解釈論において具体的な帰結を直ちに導きうるような切れ味を有する概念として想定されているものではない。樋口の説く「強い」個人の「自己決定権」とは，理念的な権利にとどまる。しかし，その一方で，樋口の説くそれは，制憲議会における金森徳次郎の印象的な表現[11]を借りれば，基本権の「奥深く根を張って」基本権を「統合」する，いわば基本権解釈における「憧れの中心」として解されうる，ということなろう。

2　佐藤幸治説

　樋口のいう「強い」個人や「思想としての人権」と，「広範かつ密度の濃い」関係を有する基本権体系を構築したのが佐藤幸治である[12]。佐藤によれば，憲法 13 条前段は，「一人ひとりの人間が人格的自律の存在として最大限尊重されなければならないという趣旨」を定めた客観的法原則とされる[13]。同条後段は，

---

(6)　樋口陽一『国法学〔人権総論〕（補訂版）』（有斐閣，2007 年）43 頁以下，等。

(7)　笹沼弘志「権力と人権―または人権の普遍性の証明について」憲法理論研究会編『人権理論の新展開』（敬文堂，1994 年）。

(8)　石埼学『人権の変遷』第 1 編第 2 章（日本評論社，2007 年）。

(9)　樋口・前掲注(6)68-69 頁。

(10)　樋口陽一『一語の辞典　人権』（三省堂，1996 年）34 頁。

(11)　清水伸編著『逐条　日本国憲法審議録〔増訂版〕第 1 巻』（原書房，1976 年）400 頁。なお念のためにいうと，この引用は，金森の「国体」論に解釈論上の賛意を示すものではない。

(12)　佐藤幸治『日本国憲法と「法の支配」』（有斐閣，2002 年）159-160 頁。

第1章　現代における「自己決定権」の存在意義

同条前段を受けて，各人の主観的権利としての「基幹的な人格的自律権」を定めたものであって，憲法第3章の定める各基本権を包括する権利であると同時に，これによってカバーされていない「狭義の人格的自律権」を補充的に保障する[14]。

この「狭義の人格的自律権」は，名誉・自己情報コントロール権や適正な手続的処遇を受ける権利のほか，「最狭義の人格的自律権」すなわち「自己決定権」権により構成される。この「自己決定権」は，①「自己の生命・身体の処分にかかわる事柄」②「家族の形成・維持にかかわる事柄」③「リプロダクションにかかわる事柄」④「その他の事柄」（服装，喫煙，飲酒，登山等）をその対象とする[15]。「自己決定権」の分類の仕方については論者によって差異がある[16]が，「自己決定権」の対象として，妊娠中絶，安楽死，尊厳死，婚姻，離婚，性的結合，外見，髪型等が含まれうると解する点で学説はほぼ一致してきたといえる。

3　1995年度日本公法学会総会

このような「自己決定権」論の「展開」を決定づけたと考えられるのが，「幸福追求権の構造と展開」をメインテーマの一つとした1995年度日本公法学会総会である。同総会（部会）で，それぞれ説明の仕方にニュアンスの違いはあるものの，戸波江二，竹中勲，土井真一の3名の報告者は，憲法13条後段が補充的に保障する「自己決定権」を憲法的に承認すべき旨を明確に説いた[17]。

---

(13)　佐藤・前掲注(2)173-174頁。

(14)　佐藤・前掲注(2)175頁。なお，竹中勲『憲法上の自己決定権』（成文堂，2010年）は，佐藤説に基本的によりながら，その「意味合いを明確化する」（34頁）ために，「人格的自律権」に代えて「自己人生創造希求権」という語を妥当とする。

(15)　佐藤・前掲注(2)188頁。佐藤による「自己決定権」論の詳細については，佐藤・前掲注(12)125頁参照。

(16)　芦部・前掲注(2)394頁は，「生命・身体の処分」「リプロダクション」「ライフスタイル」，竹中・前掲注(14)15-16頁は，「生命・身体の在り方」「親密なかかわり・人的結合」「個人的（個性的）な生活様式」，にそれぞれ「自己決定権」を分類する。

(17)　戸波江二「幸福追求権の構造」，竹中勲「自己決定権の意義」（後に，竹中・前掲注(14)に所収），土井真一「『生命に対する権利』と『自己決定』の観念」，以上『公法研究』58号1頁，28頁，92頁。もっとも，土井は，近時，「自己決定権」について，「広くは，自己に関する事項について意思決定をする自由一般を意味するもので，憲法上の権利の具体的類型としては適切ではない」（長谷部恭男編『注釈日本国憲法（2）』

第2部　基本権解釈とその方法

もっとも，同総会（部会）において，根森健は，「自己決定権」について，「その保護対象領域をたちどころにイメージさせるカテゴリーではないこと」を理由に，ドイツ流の「一般的人格権」の採用で足りると説いていた[18]。これから本章が検討対象とする日本の最高裁判例の思考を理解・評価するうえで，非常に示唆的なものがある。

4　問題設定とその限界

以上みてきたように，「自己決定権」は学説においては一応の支持をえているとはいえる。しかし，判例においてはどうであったであろうか。本章の関心の第1は，この点にある。最高裁は，いわゆる狭義のプライバシー権（自己情報コントロール権）の少なくとも自由権的側面については，京都府学連事件最判[19]をはじめ，繰り返し承認してきた[20]。しかし，学説によれば基本権の「本質的要素」を有する「自己決定権」について最高裁判例は，未だかつて一度も承認はおろか言及すらしたことがない。それは一体なぜなのか。

本章の関心の第2は，憲法13条後段により補充的に保障される「自己決定権」コンセプトは，現代においてどの程度有効に機能しうるのかという点である。「自己決定権」が補充的であれ適用されると学説が解してきた事項は，先にみたとおり多種多様である。しかし，これらの諸事項に関わる訴訟の解決にあたって，最高裁判例が「自己決定権」コンセプト自体を従来一度も採用したことがないとしたら，判例に同コンセプトの採用をより一層強く求める選択肢がありうる一方，そもそも同コンセプト自体に難がないのか多少なりとも再考してみる価値があるかもしれない。

〔有斐閣，2017 年〕137 頁〔土井真一執筆〕）と従来とはややニュアンスの異なる見解を示している。

(18)　根森健「憲法上の人格権」『公法研究』58 号 73 頁。

(19)　最大判昭和 44 年 12 月 24 日刑集 23 巻 12 号 1625 頁。

(20)　最判昭和 56 年 4 月 14 日民集 35 巻 3 号 620 頁（前科照会事件），最判平成年 12 月 15 日刑集 49 巻 10 号 842 頁（外国人指紋押捺拒否事件），最判平成 20 年 3 月 6 日民集 62 巻 3 号 665 頁（住基ネット事件）等。

第 1 章　現代における「自己決定権」の存在意義

Ⅱ　「自己決定権」と最高裁判例

1　判例理論とその理解

　最高裁判例において「自己決定権」に関連すると思われるものを以下に挙げてみよう。①最大判昭和 25 年 11 月 22 日[21]（憲法 13 条の保護範囲を一般的自由とする上告趣意に一切答えることなく，賭博行為を「新憲法にいわゆる公共の福祉に反するもの」として賭場開帳図利行為の処罰を合憲と判示），②最大判昭和 45 年 9 月 16 日[22]（「喫煙の自由は，憲法 13 条の保障する基本的人権の一に含まれるとしても，あらゆる時，所において保障されなければならないものではない」），③最大判昭和 60 年 10 月 23 日[23]（青少年との性行為が基本権の保護範囲に含まれるか触れないまま，青少年に対する「淫行」を処罰する条例を合憲と判示），④最判平成元年 12 月 14 日[24]（「自己消費目的の酒類製造の自由」が基本権の保護範囲内か触れないまま，「これを放任するときは酒税収入の減少など酒税の徴収確保に支障」を来たす以上，その規制が「著しく不合理であることが明白」とはいえないと判示），⑤最判平成 7 年 4 月 13 日[25]（個人観賞目的のわいせつ表現物は，その国内頒布が禁止されている以上，「これについての発表の自由も知る自由も，他の一般表現物に比し，著しく制限されている」），⑥最判平成 12 年 2 月 29 日[26]（「自己の宗教上の信念」に基づき，「輸血を行う医療行為を拒否するとの明確な意思を有している場合，このような意思決定をする権利は人格権の一内容として尊重されなければならない」），⑦最判平成 19 年 3 月 23 日[27]（女性が自己以外の女性の卵子を用いた生殖補助医療により子を懐胎し出産した場合において，出生した子とその子を懐胎，出産していない女性との間には，母子関係は成立しない）。

　上記諸判例は，判例⑥はさておき，そのいずれも「自己の生を自己が決定していく」という「自己決定」が憲法上保護に値するものか全く言及していない。そして，各事件で要保護性が問題となっている行為が「自己決定権」以外の個

---

(21)　刑集 4 巻 11 号 2380 頁。
(22)　民集 24 巻 10 号 1410 頁。
(23)　刑集 39 巻 6 号 413 頁。
(24)　刑集 43 巻 13 号 841 頁。
(25)　刑集 49 巻 4 号 619 頁。
(26)　民集 54 巻 2 号 582 頁。
(27)　民集 61 巻 2 号 619 頁。

第2部　基本権解釈とその方法

別の基本権の保護範囲に含まれるのかというそもそも論すら説かない。基本権該当性を明らかにしないまま，当該行為に対する規制の必要性・合理性を肯定しているものばかりである。代理母が出産した子の嫡出性をめぐる判例⑦に至っては，基本権に一切の言及はなく，もっぱら民法等の通常法律による規律の必要性が説かれている。

　このような判例の傾向については，事案がたまたま「基本的な生き方の自己決定とは異なるものが多かった」から，「自己決定権」に触れられなかっただけだと解する向きがある(28)。しかし，「基本的な生き方の自己決定」の理解の仕方によっては，上記諸判例の事案のいずれも「基本的な生き方の自己決定」に関わっているといえなくもない。少なくとも，上記判例⑥⑦の事案を「基本的な生き方の自己決定」から切り離すのは困難である。

　「自己決定」について言及しないのは，判例が「人格的利益（自律）説」ではなく，「一般的自由説」を採用している結果とみる余地がある。上記判例⑥はさておき，行為の人格に関連した要保護性を一切かえりみることなく，規制の必要性・合理性のみを問題にしているのだとすれば，そのように解することもまた可能である(29)。だとすると，判例理論と，人格的利益を保護した主観的権利としての「自己決定権」論との間の距離は大きく隔たっているということになる。他方，戸波説のように，「一般的自由説」の枠内でなお，「自己決定」の対象の人格関連性に照らして，その要保護性の強弱を判断するという考えもありうる(30)が，上記判例⑥はともかく，上記諸判例には，そのような思考の跡もみえない。

2　エホバの証人輸血拒否事件

　このように，「自己決定権」に関わる判例理論の「不在」のなか，憲法学説の関心を読んだのが，エホバの証人輸血拒否事件最判（上記判例⑥）である。判例のなかでこれまでのところ唯一，「自己決定権」の憲法的承認に接近した判

---

(28)　高橋和之『立憲主義と日本国憲法〔第4版〕』（有斐閣，2017年）154頁。

(29)　小山剛『「憲法上の権利」の作法〔第3版〕』（尚学社，2016年）95-98頁は，本稿が問題にしている判例理論について，主観的権利ではなく客観法としての，違憲の強制を受けない一般的自由を観念したものと理解している。もっとも，「人格権」（傍点著者，以下同じ）を語った判例⑥をどのように説明するか問題になりうる。

(30)　戸波・前掲注(17)16-17頁。

例といえるからだ。この事件は，「エホバの証人」を信仰する患者・その家族が，無輸血手術を望んでいたにもかかわらず，輸血する可能性について医師から説明のないまま手術を受け，輸血をされたことの慰謝料等を請求したものである。一審[31]は原告の請求を棄却したが，控訴審[32]・上告審[33]はともに原告の請求を大筋認める判断を示した。

控訴審判決は，先に触れた学説の祖述というべき「自己決定権」論を展開した。「各人が有する自己の人生のあり方（ライフスタイル）は自らが決定することができるという自己決定権」の存在を前提に[34]，「手術等に対する患者の同意は，……自己決定権に由来する」と明言した。そのうえで，医師の「相当の説明に基づき自己決定権を行使した患者は，その結果を自己の責任として甘受すべき」であると判示する。本件医師は，説明責任を履行しないまま手術・輸血に踏み切った。これは，患者の「自己決定権」行使の前提を失わせる点で違法と評価せざるをえないと判断したわけである。

これに対して，上告審判決は，「自己決定権」に代えて，「人格権」侵害を上告棄却の決定的な論拠とした。同判決によれば，「自己の宗教上の信念」に基づき，「輸血を行う医療行為を拒否するとの明確な意思を有している場合，このような意思決定をする権利は人格権の一内容として尊重されなければならない」。にもかかわらず，本件医師は，患者が「輸血を伴う可能性のあった本件手術を受けるか否かについて意思決定をする権利を奪」い，同人の「人格権を侵害したものと」いうほかないとされる。

3　控訴審判決と上告審判決の異同

この「自己決定権」から「人格権」への変更について，学説の理解は必ずしも定まっていない。この字句の変更に，「宗教上の人格権」に判断の射程を限定する意図があるといった，控訴審と上告審の思考の間の「隔たり」[35]を看取しうる一方，最高裁判例はしばしば憲法13条が保障する肖像権等の諸権利を

---

(31)　東京地判平成9年3月12日（民集54巻2号690頁）。
(32)　東京高判平成10年2月9日（高民集51巻1号1頁）。
(33)　前掲注(26)。
(34)　ただし，その法的根拠については何も判示していない。
(35)　岡田信弘「判批（本件上告審判決）」法教別冊判例セレクト2001　3頁。

第 2 部　基本権解釈とその方法

包括する「人格権」を語る以上，本件上告審判決もまた，憲法上の「自己決定権」を「内在化」[36]した「人格権」を持ち出したに過ぎないとも理解しうる。本書著者は，両判決間には思考上の大きな差異が認められるように思う。

　控訴審判決は，無輸血手術を実施する旨の「特約」が医師との間で成立していたという患者側の主張を否定する一方，患者と医師とが十分に折衝した結果であれば，そのような「特約」の成立を認める可能性があると判示した。しかし，本件における「特約」成立を否定した以上，その成立可能性にあえて触れる必要はなかったはずである。自己の生に関わる事柄を最終的に決定できるのは患者であるという「自己決定権」コンセプトからすれば，患者の意向に合致した内容である「特約」は，ありうべき，しかも要保護性の強い選択肢の一つになると控訴審判決は解したからではないか。これに対して，上告審判決は，「特約」の不成立については，附帯上告の棄却という形で控訴審判決の認定を是認しているものの，「特約」の成立可能性については一切言及していない。

　そして，上告審判決は，慰謝料請求を退けるべきとする上告について，原審判断を単に「是認」するだけ述べて棄却している。認容賠償額の低廉さ等を攻撃する患者側の附帯上告については，原審判断を「正当なものとして是認する」と述べて棄却しているにもかかわらず，である。上告審判決は，慰謝料請求を認容した控訴審判決の理由づけに不満を持っていたとみるべきであろう。単なる言葉づかいの違いではなく，「自己決定権」を主軸とした控訴審判決の思考から，上告審判決は距離を置こうとしたとみるのが妥当である。

4　医療における患者の「自己決定権」

　ところで，「自己決定権」コンセプトを採用する論者は，患者と医師との間の「インフォームド・コンセント」を患者の「自己決定権」の内容ないし前提と解する傾向がある。そして，このエホバの証人輸血拒否事件で問題になったような，生命の危機を伴う危険な医療を医師に対して要求する権利や，さらに尊厳死・安楽死といった措置を請求する権利を，「死に方」ではなく「生き方」の問題として，「自己決定権」コンセプトから説明しようとする[37]。

---

(36)　矢島基美『現代人権論の起点』（有斐閣，2015 年）82 頁。
(37)　芦部・前掲注(2) 395 頁，佐藤・前掲注(2) 189 頁，竹中・前掲注(14) 14 頁，土井・前掲注(17) 99 頁。

130

第1章　現代における「自己決定権」の存在意義

　しかし，患者は医師と十分にコミュニケーションを取り，納得したうえで，その時々の最善の医療を受けられるべきだということを説くために，果たして「自己の生き方は自己が決定する」というコンセプトが，どの程度貫徹可能なのか若干の疑問がある。医療は，患者が一方的に「決定」して得られるものではない。患者は，医師等の医療従事者の手を借りない限り，自己の生命・健康に関して，「決定」どころか，その維持・保全もままならない場合すらありうる。医療とは，患者と医師との間での丁寧な「共同作業」を経て実現するものではないか。また，後に触れるように，尊厳死等の「死に方」に関する問題領域は，単に「生き方」に関するそれとは捉えきれない要素を含んでいるというべきである。

　エホバの証人輸血拒否事件最判は，医療を，患者が自らの生を自ら「決定」する問題ではなく，医師とのコミュニケーションを通じて，患者が「人格」を有する一人前の人間とし扱われる場として理解したもののように思われる。そこには，「自己」が「決定」するというコンセプトの通用力それ自体に対するいささかの懐疑を見出すこともまた不可能ではない。確かに，控訴審判決のいう「自己決定権」と上告審判決のいう「人格権の一内容」をなす「意思決定をする権利」とは同一内容だと理解できなくもない。しかし，患者が，自己の「生」のあり方を決定するということと，輸血を伴いうる個別の手術を拒否するという「意思」決定をするということとの間には距離がある。

　自らの「生」のあり方全般を自ら「決定」する権利を有する患者は，自らの望む無輸血手術を，常にどの医師に対しても要求する権利があるということになりかねない。他方，特定の医師による個別の輸血を伴いうる手術を拒否する「意思」を有する患者に対して，医師には，転院の勧奨のほか，無輸血手術以外の選択肢を提供する余地が残される。患者の「自己決定権」に従う義務を負う医師という，やや硬直的な構図ではなく，患者の「人格」を尊重しながらなお裁量の余地を有する医師という，より柔軟なイメージがエホバの証人輸血拒否事件最判の背景にあるのではないか。

Ⅲ　「自己決定権」と憲法学説

　最高裁判例が明示的に「自己決定権」コンセプトを拒否していると断定するには，なお一層の判例の蓄積を待つほかない。しかし，エホバの証人輸血拒否

第2部　基本権解釈とその方法

事件最判が「自己決定権」というコンセプトを明示的には採用しなかったという点もまた事実であり，改めてこのコンセプトの妥当性について考察する必要があるのは確かであろう。

先に触れたように，「自己決定権」の憲法的承認については，学説上一応の一致をみているわけであるが，その一方で，これに疑義を呈する学説も根強く主張されてきた。このような「自己決定権」コンセプトに対する批判を集約すると，(1)権利としての独自の性格が希薄であること，(2)権利主体の「自己」と権利客体の「他者」を二項対立的に理解すること，(3)「自己」の「決定」を「他者」との「関係」「関与」と切断して理解する傾向にあること，の3点に向けられているように思われる。

1　権利としての固有性

棟居快行は，「自己決定権」について「雑多な諸自由の総称以上のものではない」[38]と指摘している。また，小泉良幸によれば，「自己決定権」論は，「自由の制約がいかなる場合に正当化されるか」という消極的自由論に解消しうることになる[39]。もっとも，これらの論者は，「私事」制約を正当化する際に持ち出される「社会的利益」の重要度を問い直す「啓蒙的意義」が「自己決定権」にはあるとしたり[40]，「自己決定権」を固有の「積極的自由」に再構成すべきだと説いたり[41]している。

2　「自己」「決定」と「他者」「干渉」

棟居は，自分のことは自分で決めることを「権利」とみなすこと自体にも警告を発していた[42]。純然たる「私事」については，そもそも規制自体不要なのであるから，これを「決定する権利」なるものを観念する必要もないというわけである。裏返すと，「自己決定権」コンセプトが「自分のこと」「私事」といっても，それは常に「他者」と関わり合いを持ちうるものだと認めていると

---

(38)　棟居快行『憲法講義案 I〔理論演習 I〕』（信山社，1992 年）11 頁。同「自己決定権概念の再検討」『受験新報』539 号も参照。

(39)　小泉良幸『個人として尊重 ——「われら国民」のゆくえ』（勁草書房，2016 年）6 頁。

(40)　棟居・前掲注(38)〔憲法講義案 I〕12 頁。

(41)　小泉・前掲注(39) 38 頁。

(42)　棟居・前掲注(38)〔憲法講義案 I〕11 頁。

第1章　現代における「自己決定権」の存在意義

いうことになる。「自己決定権」とは，常に「他者」との「関係」を織り込んだ権利だということである。

矢島基美も同様の指摘を行っている[43]。矢島は，「私」の自律性・自己完結性に対して，「絶えざる疑問」を呈する。「私」は，「私」を「取り巻き」「支え」ている存在を意識してはじめて，「自己」という存在を確認できるというわけである。いずれも「自己決定権」コンセプトの出発点に関する根源的な問題提起であるように思われる。

3　制度的行為の「自己決定権」

個人の「自律」を擁護しつつ，「自己決定権」の最構成を企図する小泉もまた，「自己決定を権利として認めることは，その人の人生に対する仲間の市民の無関心を意味するものではない」と述べる[44]。小泉によれば，個人は，その「環境」と常に相互作用・循環する関係にあるので，個人の「自律」と整合する「自己決定権」とは，「自己決定」の「環境」の偶然性に起因する不公正の是正を要求する積極的自由，政府介入請求権と理解するほかなくなる[45]。

同様の指摘は山本龍彦によってもなされている。山本は，M・C・ドルフによる，政府から独立した「始原的行為」と政府が設営する制度フォーラムにおける「制度的行為」との区分論に依拠しながら，現代においては，「始原的行為」の選択機会が減少し，「制度的行為」のそれが増加していることを指摘する。そのうえで，現在主張されている「自己決定権」もまた，その多くが制度依存的な「制度的行為」の要保護性を主張するものとされる。例えば，髪型に関する「自己決定権」は，その多くが学校教育法等の教育制度を前提とした自由であるし，医療に関する「自己決定権」は，医師の資格制度を基軸とした医療制度に依存している。「自己決定権」とは，「自律的生」を実現するための適切な制度改変請求権と解すべきであるとされる[46]。

このように，「自己決定権」は，「他者」の「決定」に対する防御権というよ

---

[43]　矢島・前掲注[36] 66 頁。

[44]　小泉・前掲注[39] 55 頁。

[45]　小泉・前掲注[39] 39 頁。しかし，同時に，このような権利を憲法上の法的権利と論証をするのは困難であるともされる（同頁）。

[46]　山本龍彦「生殖補助医療と憲法 13 条 ――『自己決定権』の構造と適用」辻村みよ子・長谷部恭男編『憲法理論の再創造』（日本評論社，2011 年）326-330 頁。

133

第 2 部　基本権解釈とその方法

りむしろ，「他者」（「環境」「制度」）からの関係・干渉・介入を要求し，さらにその最適化を請求する権利へと翻訳される。これは，憲法上の権利を制度原理と解する鵜澤剛の思考と通底するものがある[47]。また，生殖補助医療上の憲法問題を，平等原則の適用により処理すべきことを示唆する宍戸常寿の指摘[48]もまた，合理的な医療上の措置を求める権利という意味での，生殖補助医療制度の最適化請求権を説いたものと理解できる。

IV　「自己決定権」の今後

以上の検討を踏まえると，憲法 13 条後段により補充的に保障される「自己決定権」コンセプトを維持するうえでの課題として，少なくとも以下の 3 点を指摘できるように思われる。

1　「自己決定権」の説明能力

「自己決定権」論者によれば，長期的自律を問題にする余地のない尊厳死の選択・決定については「自己決定権」の保護範囲であるが，人格的自律そのものを根底的に否定する積極的安楽死や自殺の選択・決定はパターナリスティックな制約に服するとされることがある[49]。しかし，矢島が指摘しているように，長期的な自律を問題にする余地がないのは積極的安楽死もまた同じ場合がありうる[50]。「自己決定権」コンセプトのみによって，尊厳死は許容されるが，積極的安楽死は禁止してもよいと割り切れるのであろうか。

また，先に検討したところからすれば，「自己決定」の「環境」という問題は，実は文字通りの「環境」にとどまらず，「自己決定」の本質的な構成要素だというべきである。だとすると，「自己決定権」の根拠としての憲法 13 条後段の解釈論において，正面から「環境」を位置づける必要が生じよう。その際，憲法 25 条等の社会権規定が具体的な「環境」設定・改変請求権を競合的に根拠づけるということになるのであろうか。確かに，例えば，佐藤説によれば，

---

(47)　鵜澤剛「制度複合体としての憲法」『立教法学』80 号。

(48)　井上典之・窪田充見・長谷部恭男・大沢秀介・川岸令和・宍戸常寿「日本国憲法研究　生殖補助医療・座談会」ジュリスト 1379 号 90 頁（宍戸発言）。

(49)　芦部・前掲注(2) 400 頁，佐藤・前掲注(2) 189 頁，竹中・前掲注(14) 148 頁，土井・前掲注(17) 96 頁。

(50)　矢島・前掲注(36) 56 頁。

第1章　現代における「自己決定権」の存在意義

13条後段の保障する「基幹的な人格的自律権」から「社会権」も派生するとされる[51]ので、「自己決定権」はその「環境」整備請求権も含意するといえることになるのかもしれない。

　しかし、その場合、「自己」が自らの生を「決定」するというコンセプトから逸脱した、「環境」による「自己決定」の規定ないし「自己」の制度への依存という問題が生じうることもまた確かである。「自己決定」と「環境」の循環は、「自己決定」の「環境」への埋没を招きかねない。「環境」を肯定した途端、「自己決定権」コンセプトは、自らのアイデンティティの危機を招くというディレンマを抱えることになる。このディレンマを「自己決定権」コンセプトは、どのように解決・解消しうるのであろうか。

2　素(す)の「自己決定権」の困難

　先に指摘した「自己決定権」論者による積極的安楽死・尊厳死の区分けは、「自己決定権」コンセプトからは直ちに導出できない別の要素が作用したコンセプションといえるかもしれない。「自己決定権」コンセプトは、暗黙のうちに何らかの客観法原則を読み込むことで維持されている可能性がある。死を選ぼうとする者に、「『共に生きていく』ことを求め」たり[52]、「なおも生きるとの自己決定」を見出したり[53]するのは、「自己決定権」とは位相の異なる「生命尊重原理」[54]を前提にしている可能性がある。「自己」の生の「決定」は、生の終了すなわち死の「決定」もまた含意しうるコンセプトだ。したがって、尊厳死等の規制を、「自己決定」に対する「制約」だからといって、「生」への「自己決定」という文脈だけで正当化し尽くせるか疑わしいといわざるをえない。

　素の「自己決定」を今日想定することは、先に触れたように、純然たる私事以外ありえない。そして、「自己」「私」は、純然たる私事に閉じこもることは通常なく、網の目のように張り巡らされた制度や複雑に入り組んだ人間関係の

---

(51)　佐藤・前掲注(2)178頁。
(52)　土井・前掲注(17)97頁。
(53)　竹中・前掲注(14)149頁。
(54)　矢島・前掲注(36)56頁。なお、矢島は「生命尊重原理」の根拠については慎重に判断を留保している（同書62頁注〔68〕）。

第2部　基本権解釈とその方法

中で育まれ，その生を全うしようとする。

　先に触れたエホバの証人輸血拒否事件もまた，患者の「自己決定」に医師が介入したというより，患者に医師による適切な関与がなかったことが問題となった事案である[55]。医療制度が適切に作動しなかったことを違法としたものだといえる。「自己決定権」の典型問題とされる安楽死・尊厳死，妊娠中絶，生殖医療，いずれも真空の中で「自己」が単独で決定できるものではない。「生命尊重原理」をはじめとする社会的承認・倫理的制約を受けた法制度の中で，「自己決定」が可能となるに過ぎない。「自己決定権」は，社会的承認・倫理的制約を体現する制度に依拠し，常に調整を受ける「権利」であることを率直に肯定すべきである。

3　「自己決定権」再構成の可能性

　むろん，常々指摘されているように，日本における強い同調圧力，管理社会の進展において「自己決定権」を「憧れの中心」におき続ける意義は否定できない。しかし，実定憲法解釈として，「自己決定権」コンセプトをそのまま維持することは様々の留保・暗黙の前提を付してはじめて可能になるように思われる。「自己決定権」を「自己」の完結性，「自己決定」の排他性を起点とした「権利」ではなく，「環境」・制度適正設営請求権として再構成したうえで，意思を有した「個人」が「環境」・制度において，その文脈に応じた「適切な取り扱いを受ける権利」と解することが妥当である。その実定法上の根拠は，平等原則や人格権に求められよう。

　同性間も含めた婚姻の自由を，尊厳・自律に不可欠な基本権として承認した合衆国最高裁判所判決[56]を例に取ってみよう。同判決は，婚姻の自由の基本権としての性格を承認すると同時に，同性間の婚姻を認めない婚姻制度は平等原則に違反するとも判示した。私見によれば，婚姻制度は，そもそも素の「自己決定」，すなわち，重婚複婚的関係をも含みうる人間間の一般的な「結合」の自由ではなく，特定の人間関係の社会的承認をその内実としている。したがって，同性婚が憲法上保障されるか否かは，婚姻制度を異性間のみならず同性間

---

(55)　山本・前掲注(46) 329 頁。

(56)　Obergefell v.Hodges.135 S. Ct. 2584（2015）.

第 1 章　現代における「自己決定権」の存在意義

にも拡張して設定する義務が立法者にあるか否か，そのような義務が仮にある
として，そのような義務を現時点で履行しないことに合理性があるか否かとい
う問題設定において判断すれば十分であって，尊厳・自律・「自己決定」と
いった「個人」の主観的権利論とは切り離して結論を導くことも不可能ではな
かった。

　もっとも，「自己決定権」コンセプトを完全に制度構築の合理性論に解消す
ることは，いわばイデアとしての「自己決定権」の「『権利』のディスクール」
の側面を否定し，「『統治』のディスクール」に議論の土俵を移す可能性ないし
危険性があることは山本が指摘する[57]とおりであろう。平等原則に加えて，依
然として判例の好む人格権による問題処理が求められる所以である。小泉は，
J・ルーベンフェルドの「反＝全体主義原理」（国家による人生全体の管理に
よって，個人を社会規範に適った「標準化された生」にプログラムすることを
拒否する原理）を「自己決定権」の正当化原理として肯定している[58]。「環
境」・制度適正設営請求権としての人格権は，平等原則とは異なり，個別の
「環境」・制度を「全体主義原理」に基づいて運用することを排除する権利とし
ても解しうるように思われる。

4　切り札としての「自己決定権」？

　エホバの証人輸血拒否事件最判について，「個人の根源的な平等性を否定す
るような根拠」に基づく規制を覆す「切り札としての自己決定権」を尊重する
方向性を示したものとする理解がある[59]。しかし，同判決は，「公共の福祉」
に反する個人の自律的決定を認めたものとはいえない。あくまで医療制度で通
常期待されるような対応（輸血の可能性の説明，転院の勧奨等）を医師が怠っ
た点を批判しているにすぎない。制度の通常作動という文脈を超越した，個人
の「自律」「自己決定権」を認める最高裁判例は今後現れるのであろうか。本
章は，この点についてやや悲観的な見方を示したものである。

---

(57)　山本・前掲注(46) 338 頁。
(58)　小泉・前掲注(39) 72 頁。もっともここでも，小泉は，「憲法解釈論上の具体的提言を
　　意図していない」（同書 73 頁）と述べる。
(59)　長谷部恭男『憲法〔第 7 版〕』（新世社，2014 年）162 頁。

第2章　非嫡出子相続分違憲決定について

I　平成25年最大決

　平成25年（2013年）9月4日，最高裁判所大法廷は，非嫡出子相続分区別制を定める旧民法900条4号但書前段（以下，本件規定）について，憲法14条1項に違反し無効であるとの判断を示した（以下，本決定）[1]。司法消極主義を基本的なスタンスとしてきたといわれる最高裁が，裁判官の全員一致により先例（以下，平成7年大法廷決定）[2]を実質的に覆し[3]，議会制定法を違憲としたことは過去に例がない。本章は，画期的ともいえる本決定に憲法学の観点から若干の検討を加えようとするものである。

1　下級審の概要

　本件は，平成13年7月25日に死亡した被相続人とその妻（故人）との間の嫡出子らを申立人，被相続人と訴外女性との間の非嫡出子らを相手方とした遺産分割申立事件である。第1審[4]は，本件規定を違憲とする相手方の主張について平成7年大法廷決定を根拠に斥け，法定相続分を前提に被相続人の遺産を分割すべきものとした。抗告審[5]も，平成7年大法廷決定以降の「社会情勢，

---

(1)　最大決平成25・9・4（民集67巻6号1320頁）。本決定は「嫡出でない子」という語を終始用いている。

(2)　最大決平成7・7・5（民集49巻7号1789頁）。平成7年大法廷決定は，「嫡出でない子（以下「非嫡出子」という。）」と記載した後は，「非嫡出子」という用語で一貫している。本章では，「嫡出でない子」の選択に字数増加以外，取り立てて意義があるとは思えないので，「非嫡出子」の語を原則用いることにする。

(3)　本決定は平成13年7月より前に本件規定を合憲とした平成7年大法廷決定等の先例を変更するものではないと述べている（後記2（2）⑤）が，同月以降においては当該先例の法理は否定されるべきと解している以上，平成7年大法廷決定等の先例を実質的に変更したものというべきであろう。

(4)　東京家審平成24・3・26（民集67巻6号1345頁）。

(5)　東京高決平成24・6・22（民集67巻6号1352頁）。

第 2 部　基本権解釈とその方法

家族生活や親子関係の実態，本邦を取り巻く国際的環境等の変化等を総合考慮しても」，本件相続開始時に本件規定が違憲であったとは認められないと第 1 審の判断を補足したうえで，相手方の抗告を棄却した。

2　本決定の概要

　最高裁は，大要以下のような理由をもって抗告審決定を破棄し，本件を東京高裁に差し戻す決定を下した[6][7]。

① 　憲法 14 条 1 項が，「事柄の性質に応じた合理的な根拠に基づくものでない限り，法的な差別的取扱いを禁止する趣旨のものであると解すべきことは，当裁判所の判例とするところである（最高裁昭和 37 年（オ）第 1472 号同 39 年 5 月 27 日大法廷判決・民集 18 巻 4 号 676 頁，最高裁昭和 45 年（あ）第 1310 号同 48 年 4 月 4 日大法廷判決・刑集 27 巻 3 号 265 頁等)」。

② 　「相続制度は，被相続人の財産を誰に，どのように承継させるかを定めるものであるが，相続制度を定めるに当たっては，それぞれの国の伝統，社会事情，国民感情なども考慮されなければならない。さらに，現在の相続制度は，家族というものをどのように考えるかということと密接に関係しているのであって，その国における婚姻ないし親子関係に対する規律，国民の意識等を離れてこれを定めることはできない。これらを総合的に考慮した上で，相続制度をどのように定めるかは，立法府の合理的な裁量判断に委ねられているものというべきである。この事件で問われているのは，このようにして定められた相続制度全体のうち，本件規定により嫡出子と嫡出でない子との間で生ずる法定相続分に関する区別が，合理的理由のない差別的取扱いに当たるか否かということであり，立法府に与えられた上記のような裁量権を考慮しても，そのような区別をすることに合理的な根拠が認められない場合には，当該区別は，憲法 14 条 1 項に違反するものと解するのが相当である」。

③ 　憲法 24 条 1 項・2 項を受けて，民法 739 条 1 項は，「いわゆる事実婚主義を排して法律婚主義を採用している」。昭和 22 年の民法改正により，

⑹　本決定には，法務省民事局長経験者の寺田逸郎裁判官が関与していない。
⑺　以下本決定の理由に付した番号は本書著者の手によるものである。

第 2 章　非嫡出子相続分違憲決定について

「『家』制度を支えてきた家督相続が廃止され，配偶者及び子が相続人となることを基本とする現在の相続制度が導入されたが，家族の死亡によって開始する遺産相続に関し嫡出でない子の法定相続分を嫡出子のそれの 2 分の 1 とする規定……は，本件規定として現行民法にも引き継がれた」。

　平成 7 年大法廷決定は，本件規定について，憲法 14 条 1 項に反するものとはいえないと判断した。「しかし，法律婚主義の下においても，嫡出子と嫡出でない子の法定相続分をどのように定めるかということについては，……〔前記②で〕説示した事柄を総合的に考慮して決せられるべきものであり，また，これらの事柄は時代と共に変遷するものでもあるから，その定めの合理性については，個人の尊厳と法の下の平等を定める憲法に照らして不断に検討され，吟味されなければならない」。

　総合的な考慮（前記②）に入れられるべき重要な事柄は以下の通りである（昭和 22 年民法改正以降の諸事情の変遷等）。

(ⅰ)　昭和 22 年民法改正の背景には，法律婚以外の男女関係，あるいはその中で生まれた子に対する差別的な国民の意識や，嫡出子と非嫡出子の相続分に差異を設けていた当時の諸外国の立法例があること。

(ⅱ)　しかし，昭和 22 年民法改正以降，核家族化の進行により子孫よりむしろ生存配偶者の生活保障の観点から相続財産を理解する傾向が強まり，婚姻，家族の形態の著しい多様化，婚姻，家族の在り方に対する国民の意識の多様化が大きく進んだこと。

(ⅲ)　現在，嫡出子と非嫡出子の相続分に差異を設けている国は，欧米諸国にはなく，世界的にも限られた状況にあること。

(ⅳ)　日本が批准した「市民的及び政治的権利に関する国際規約」や「児童の権利に関する条約」は，児童が出生によっていかなる差別も受けない旨定めているが，日本の非嫡出子に関する上記各条約の履行状況等については，自由権規約委員会や最近では児童の権利委員会が，本件規定の存在を含めて懸念する旨の見解を示していること。

(ⅴ)　日本の非嫡出子に関する法制も変化していること（住民基本台帳事務処理要領・戸籍法施行規則等の改正による嫡出子・非嫡出子の「子」「長男（女）」への記載統一，国籍法違憲最高裁大法廷判決を契機とした国籍法改正による届出をした非嫡出子の日本国籍の取得承認）。

141

第2部　基本権解釈とその方法

(vi)　昭和54年以来，法制審議会（平成8年）（小委員会〔平成6年〕）が嫡出
子・非嫡出子の相続分を平等にする民法改正要綱試案（要綱案）を公表
し，平成22年には政府も同旨の民法改正案の国会提出は見送ったもの
の，その準備はしたこと。

(vii)　国民が全体として非嫡出子の出現を避けようとする傾向にあり，依然
として法律婚を尊重する意識が浸透しているとはいえるが，本件規定の
合理性は，「種々の要素を総合考慮し，個人の尊厳と法の下の平等を定
める憲法に照らし，嫡出でない子の権利が不当に侵害されているか否か
という観点から判断されるべき法的問題であり，法律婚を尊重する意識
が幅広く浸透しているということや，嫡出でない子の出生数の多寡，諸
外国と比較した出生割合の大小は，上記法的問題の結論に直ちに結び付
くものとはいえない」こと。

(viii)　平成7年大法廷決定以来，最高裁は結論としては本件規定を合憲とす
る判断を示してきたが，平成7年大法廷決定において既に，違憲とする
反対意見が付されたほか，本件規定の合理性が失われつつあるとする補
足意見が述べられ，その後の小法廷判決・決定においても，同旨の個別
意見が繰り返し述べられてきたこと。

(ix)　前記個別意見の中には，本件規定の変更は，関連規定との整合性や親
族・相続制度全般に目配りする必要があることから立法措置に期待する
ものがあるが，関連規定との整合性等を検討することの必要性は，本件
規定を当然に維持する理由とはならないこと。

(x)　平成7年大法廷決定は，本件規定が補充的に機能する規定であること
をも考慮事情としているが，本件規定の補充性からすれば，嫡出子と非
嫡出子の法定相続分を平等とすることも何ら不合理ではないといえるう
え，遺留分について本件規定は明確な法律上の差別というべきであるし，
本件規定の存在自体がその出生時から非嫡出子に対する差別意識を生じ
させかねないことからすれば，本件規定の補充性は，その合理性判断に
おいて重要性を有しないというべきであること。

④　「本件規定の合理性に関連する以上のような種々の事柄の変遷等は，そ
の中のいずれか一つを捉えて，本件規定による法定相続分の区別を不合理
とすべき決定的な理由とし得るものではない」。しかし，前記(i)〜(x)の事

第2章　非嫡出子相続分違憲決定について

情等を「総合的に考察すれば，家族という共同体の中における個人の尊重がより明確に認識されてきたことは明らかであるといえる。そして，法律婚という制度自体は我が国に定着しているとしても，上記のような認識の変化に伴い，上記制度の下で父母が婚姻関係になかったという，子にとっては自ら選択ないし修正する余地のない事柄を理由としてその子に不利益を及ぼすことは許されず，子を個人として尊重し，その権利を保障すべきであるという考えが確立されてきているものということができる」。「遅くとも……〔本件〕相続が開始した平成13年7月当時においては，立法府の裁量権を考慮しても，嫡出子と嫡出でない子の法定相続分を区別する合理的な根拠は失われていた」ので，「本件規定は，遅くとも平成13年7月当時において，憲法14条1項に違反していたものというべきである」。

⑤　「本決定は，本件規定が遅くとも平成13年7月当時において憲法14条1項に違反していたと判断するものであり，」平成7年大法廷決定等，同月より「前に相続が開始した事件についてその相続開始時点での本件規定の合憲性を肯定した判断を変更するものではない」。

　　「本決定の違憲判断が，先例としての事実上の拘束性という形で既に行われた遺産の分割等の効力にも影響し，いわば解決済みの事案にも効果が及ぶとすることは，著しく法的安定性を害することになる。法的安定性は法に内在する普遍的な要請であり，当裁判所の違憲判断も，その先例としての事実上の拘束性を限定し，法的安定性の確保との調和を図ることが求められているといわなければなら」ない。

　　「相続の開始により直ちに本件規定の定める相続分割合による分割がされたものとして法律関係が確定的なものとなったとみることは相当ではなく，その後の関係者間での裁判の終局，明示又は黙示の合意の成立等により上記規定を改めて適用する必要がない状態となったといえる場合に初めて，法律関係が確定的なものとなったとみるのが相当である」。

　　本決定の違憲判断は，「〔本件〕相続開始時から本決定までの間に開始された他の相続につき，本件規定を前提としてされた遺産の分割の審判その他の裁判，遺産の分割の協議その他の合意等により確定的なものとなった法律関係に影響を及ぼすものではないと解するのが相当である」。

⑥　本件相続に関しては，「本件規定は，憲法14条1項に違反し無効であり

143

第2部　基本権解釈とその方法

　　これを適用することはできないというべきである」。原決定を破棄し，本
　　件を原審に差し戻すこととする。
　本決定が説く遡及効の制限論について，金築裁判官ならびに千葉裁判官の各
補足意見，本決定が説く憲法判断と法律婚尊重の法意識との関係について，岡
部裁判官の補足意見がそれぞれ付されている。

Ⅱ　憲法14条1項の内容理解〔前記Ⅰ2①〕

　以下，平成7年大法廷決定との異同に留意しつつ，本決定の理由付けを検討
することとしよう。
　本決定は，憲法14条1項について「事柄の性質に応じた合理的な根拠」に
基づかない「法的な差別的取り扱い」を禁止するものと判示した。平成7年大
法廷決定は，同項について「種々の事実関係上」「合理的理由のない」差別を
禁止するものという言い方をしていた。しかし，本決定は，その後に「合理的
理由のない差別的取扱い」は同項違反になる旨を判示し〔前記Ⅰ2②〕，一方
平成7年大法廷決定は，本件規定の立法理由を評価する箇所でこれに「合理的
な根拠」があるとも述べており，この点において両決定に実質的な違いがある
とはいえない。
　もっとも，両決定が憲法14条1項の内容を判示した箇所には微妙な相違点
がある。本決定は上記「合理的な根拠」に基づかない差別を禁止する規定であ
るとして，同項の「禁止」規範としての性格にのみ言及する一方で，平成7年
大法廷決定は，同項を「合理的な理由のない差別」を禁止する規範だと判示す
ると共に，「合理的な理由」があれば「種々の事実関係上の差異」を許容する
規範であることにも言及している。この点は，両決定の憲法適合性判断の相違
に対応するものかもしれない。
　両決定が上記判示をする際にそれぞれ引用した先例にも違いがある。
　確かに，両決定とも同じく昭和39年5月27日大法廷判決を引用している。
55歳以上の町職員に町長が下した過員整理目的の待命処分が憲法14条1項に
違反しないか争われた事例である。同判決で最高裁は，同項後段列挙事由を例
示列挙と解したうえで，「事柄の性質に即応して合理的と認められる差別的取
扱」は何ら同項に反するものではないと判示した。本決定は，平成7年大法廷
決定の結論・理由付けに変更を加えたものの，昭和39年5月27日大法廷判決

144

第2章　非嫡出子相続分違憲決定について

を，同項適合性審査における権威的先例とする点は維持したものと理解できる。

　しかし，本決定は，昭和39年5月27日大法廷判決に加えて昭和48年4月4日大法廷判決（以下，尊属殺規定違憲判決）を引用した。平成7年大法廷決定が昭和39年5月27日大法廷判決のほかに引いた先例は，合衆国軍構成員を介して密輸を試みた外国人の刑事事件に関する昭和39年11月18日大法廷判決であった。憲法14条1項の内容について昭和39年5月27日大法廷判決の判示と同趣旨を述べたうえで[8]，外国人にも憲法14条1項が類推適用されると判示した判決である。両決定の引用先例の相違は，どのように説明されるべきであろうか。

　そもそも平成7年大法廷決定は，なぜ尊属殺規定違憲判決を引用しなかったのか。石川健治によれば，同判決が採用した憲法14条1項適合性審査に関する「目的・手段」図式については，これを合衆国のrationalityの基準によって説明しようとする傾向に学説があった。だが，平成7年大法廷決定は，尊属殺規定違憲判決を引用しないことによって，そのような学説やこれに影響された同決定反対意見（5裁判官共同反対意見・尾崎裁判官追加反対意見，以下同じ）に対して「違和感を表明」しようとしたものと解しうる[9]。このような理解が正しいとすると，本決定は，尊属殺規定違憲判決をあえて引用することによって，平成7年大法廷決定が表明した「違和感」を捨て去ったことを示唆しようとしたということになりそうである。

　しかし，そう解すると，「ドイツ流のいい回し」[10]で「事柄の性質に即応して合理的と認められる差別的取扱」は何ら同項に反するものではないと判示した，昭和39年5月27日大法廷判決が本決定に引用されていることの説明が必ずしもつかなくなる。また，後述するように，本決定は，尊属殺規定違憲判決や平成7年大法廷決定反対意見とは異なり，「目的・手段」図式を採用しているとはいい難い。結局，本決定は，昭和39年5月27日大法廷判決の延長線上に尊属殺規定違憲判決を捉えたうえで，当該議会制定法の規定を，「事柄の性

---

(8)　もっとも，刑事事件であるためか，前記昭和39年5月27日大法廷判決を引用していない。

(9)　石川健治「最高裁判所民事判例研究」法協114巻12号98-100頁。なお本稿では，平成7年大法廷決定に関する膨大な数の評釈類を網羅的に列挙することを紙数の制限から断念する。関係者のご寛恕を乞う。

(10)　石川・前掲注(9)100頁。

第2部　基本権解釈とその方法

質に即応して合理的」とはいえない「差別的取扱」をするものと判断し，その
ように判断しなかった旧判例と相異なる結論に至った先例として，尊属殺規定
違憲判決を引用したものと解される。

Ⅲ　憲法適合性判断基準〔前記Ⅰ2②〕

1　平成7年最大決との異同

　憲法14条1項の規範内容に引き続き，本決定は，本件規定の同項適合性判
断にあたっての要考慮要素を示す[11]。この判示部分においても，平成7年大法
廷決定との異同が認められる。本決定は，平成7年大法廷決定を引き継いで，
本件規定を含む相続制度は「それぞれの国の伝統，社会事情，国民感情など」
を考慮して定立されなければならず，現在の相続制度が「家族というものをど
のように考えるかということと密接に関連している」ことを指摘したうえで，
相続制度の構築を「立法府の合理的な裁量判断」に委ねると判示する。

　しかし，平成7年大法廷決定にあった相続制度の「形態には歴史的，社会的
にみて種々のもの」がある旨を述べる箇所が本決定では消失している。その一
方で，平成7年大法廷決定が相続制度の構築と密接に連関する要素として挙げ
た「その国における婚姻ないし親子関係に対する規律等」に，さらに本決定は
「国民の意識」を追加している。前者は，広範な立法裁量の根拠として相続制
度の歴史的・社会的多様性を持ち出した平成7年大法廷決定を修正して，相続
制度に関する立法府の「合理性」判断余地を縮小しようと本決定が意図してい
ることの表れであろう。後者も，本決定が至るところで「国民の意識」の変化
と本件規定との乖離を指摘し，本件規定の違憲性を根拠づける要素として強調
していることに対応した修正と理解できる。

　上記のように，要考慮要素については相違点があるものの，両決定は一致し
て，相続制度構築に関する「立法府の合理的な裁量」を前提に本件規定の憲法

---

[11]　なお，平成7年大法廷決定は，憲法14条1項の規範内容を述べた後，かなりの分量
　を用いて日本の相続制度を概観する判示を行っていたが，本決定からはそのような概
　観は消失している。平成7年大法廷決定は本件規定の補充性を強調するため相続制
　度の概観を示したのに対して，本決定は逆に本件規定の補充性の合理性を否定し，同
　規定の違憲判断を導く根拠とした関係上，そのような相続制度の概観を示す必要を感
　じなかったのであろう。

第2章　非嫡出子相続分違憲決定について

適合性審査を行うと判示する。しかし，両決定がそれぞれ示した憲法適合性判断基準（審査基準）には，一見したところ違いがある。平成7年大法廷決定は，本件規定の「立法理由」に「合理的な根拠」があり，本件規定上の「区別」が「立法理由」との関連で「著しく不合理」なものでない限り，本件規定は憲法14条1項には違反しないと判示した。これに対して，本決定は，本件規定上の「区別」に「合理的な根拠」がなければ同項違反となると判示した。

2　目的（理由）・手段図式

この点も含めて，本決定に犀利な分析を加えているのが蟻川恒正である[12]。蟻川によれば，本決定の憲法適合性判断基準は，いわば国籍法違憲判決[13]（当該「立法目的」の合理性と当該目的と当該「区別」との関連性について一定の厳格な審査を行った事例）と尊属殺違憲判決・平成7年大法廷決定（当該「立法目的（理由）」の「合理性」を前提にしたうえで，当該「立法目的（理由）」との関連で当該「区別」が「著しく不合理」でないかのみを審査した事例）の「両者の中間に位置する」[14]。当該「区別」に「合理的な理由（根拠）」があるかを問う昭和39年5月27日大法廷判決の法理は，「目的（理由）・手段（区別）」図式を用いて高い審査密度により適用される場合と，低い審査密度により適用される場合とがあるが，本決定はそのどちらでもない事案だというわけである[15]。

本決定の審査基準と平成7年大法廷決定のそれとが異なる理由は，（イ）本決定が本件規定の補充性を同規定の違憲判断の根拠としたこと[16]，（ロ）本件規定を「相続制度全体」の「部分」とする「制度準拠的思考」を本決定が強めた結果「目的（理由）・手段（区別）」図式を使用する必要がなくなったこと[17]，（ハ）平成7年大法廷決定の憲法適合性判断基準と異なる基準で本件規定を違

---

(12)　蟻川恒正「婚外子法定相続分最高裁違憲決定を読む」法学教室397号102頁以下。

(13)　最大判平成20・6・4（民集62巻6号1367頁）。

(14)　蟻川・前掲注(12)109頁によれば，この「中間」的基準は，東京都管理職受験拒否事件判決（最大判平成17・1・26〔民集59巻1号128頁〕）においても用いられたとされる。

(15)　蟻川・前掲注(12)113頁は，本決定の審査密度が国籍法違憲判決のそれに及ばない理由として，嫡出子と同等の法定相続分を得る地位が国籍ほど「重要な法的地位」ではないと判断された可能性を挙げる。

(16)　蟻川・前掲注(12)105頁。

(17)　蟻川・前掲注(12)111頁。

第2部　基本権解釈とその方法

憲とすれば，同決定に「傷をつける可能性を最小限」にできること[18]等に求められる。

　確かに，本決定の採用した憲法適合性判断基準の根拠として，前記（イ）は肯定できる。平成7年大法廷決定か本件規定に緩やかな審査を行った根拠に，同規定の補充性があることは確かである以上，本件規定をより厳格な審査に付そうとすれば，同規定の補充性を，平成7年大法廷決定といわば逆向きに評価するのが便宜ということになる。

　しかし，前記（ロ）（ハ）については若干の疑問がある。

　前記（ロ）に関していえば，「制度準拠的思考」は本決定よりむしろ平成7年大法廷決定の方により顕著に表れているというべきではないか。本決定は，平成7年大法廷決定（とりわけ大西・園部各裁判官補足意見，千種・河合各裁判官補足意見）のように，本件規定と他の民法諸規定との整合性を決して重視していない。むしろ，関連規定の改正から独立先行させて，本件規定を改正すべきだと説いている〔前記Ⅰ2（ix）〕。本件規定の違憲判断にあたって「制度準拠的思考」を強調することは得策ではない，と本決定が考えた可能性は否定できない。

　前記（ハ）についてはどうか。後にも触れるように，本決定は，実質的に平成7年大法廷決定反対意見の論拠を大方採用している〔Ⅰ2③〕。確かに，憲法適合性判断基準に限って，平成7年大法廷決定との衝突を避けたという可能性は否定できない。しかし，実質的に平成7年大法廷決定と真逆の判断をした本判決が，憲法適合性判断基準についてだけ，平成7年大法廷決定に配慮を示したとするのは，必ずしも決定的な解釈ともいえないように思われる。

　では，本決定における「目的（理由）・手段（区別）」図式の不採用をどのように理解すべきであろうか。

　この点については，まず平成7年大法廷決定が「立法理由」（以下，傍点著者）という語を用いたのに対して，同決定反対意見は「立法目的」という語を用いていたことに注目すべきである。従来の学説は，この「立法理由」「立法目的」の使い分けに必ずしも大きな意味を見出さず，両者を同義のものとして理解する傾向にあった。しかし，同決定が「立法目的」ではなく，「立法理由」という語を用いたことにはそれなりの理由があるのではないか。

───────────

(18)　蟻川・前掲注(12) 111頁。

148

第2章　非嫡出子相続分違憲決定について

平成7年大法廷決定の可部裁判官補足意見によれば，本件規定について論ずべきは，本件規定が「果たして法律婚を促進することになるのかという，いうなれば安易な目的・効果論の検証ではなく，およそ法律婚主義を採る以上，婚内子と婚外子との間に少なくとも相続分について差異を生ずることがあるのは，いわば法律婚主義の論理的帰結ともいうべき側面をもつということ」であるとされる。同決定反対意見は，本件規定の「立法目的」を法律婚の尊重・保護と理解した。しかし，同決定可部補足意見によれば，本件規定はそもそも非嫡出子の出現を防止する等の「立法目的」を掲げた規定ではなく，憲法・民法が法律婚主義を採用した「帰結」に過ぎないということになる。

このような平成7年大法廷決定可部補足意見は，同決定（法廷意見）が本件規定の「立法目的」について沈黙した理由を強く示唆しているように思われる。同決定は，本件規定の憲法適合性判断にあたって，「目的・手段」図式を採用したのではない。本件規定は，何らかの達成すべき「立法目的」のための規定ではなく，法律婚主義と非嫡出子の保護の調整を立法者が「理由」として制定された規定だということである。立法「理由」（原因）のいわば帰結としての本件規定，という理解をしたものと換言できるであろう。同決定反対意見が「目的・手段」図式を採ったのだとすれば，同決定は，「原因（立法理由）・結果（当該区別）」図式を採ったということになる。実際，同決定は，同決定反対意見が用いていた「（立法目的達成）手段」という語を用いていない。一般に説かれるように，同決定と同決定反対意見とは同じ「目的（理由）・手段」図式を採用しながら，その図式を用いる審査の厳緩の差によって結論を分けたのではない。もともと全く別の図式で本件規定の憲法14条1項適合性を審査したことが結論のみならず，理由づけの違い（すれ違い）を生じさせたということができる。

無論，蟻川が指摘するように[19]，最高裁は，憲法14条1項適合性が争われた事件において，明確に「目的・手段」図式を採用することがある。これは，審査対象の当該法令の立法「目的」が明確に認定でき，かつ，その達成「手段」として当該法令が「区別」を定めていた場合であろう。立法者が設定する「立法目的」や，これに対応する「立法目的達成手段」は複数ありうる。最高裁は，「事柄に即応して合理的」か否かを勘案して，当該「目的」の「合理性」

---

[19]　蟻川・前掲注[12] 108頁。

第2部　基本権解釈とその方法

と，当該「目的」と当該「手段」との間の「合理的関連性」との双方の審査の
厳緩を区別する。国籍法違憲判決は，「目的・手段」図式の厳しい適用例，尊
属殺規定違憲判決は，同図式の緩やかな適用例とそれぞれ解しうる。

　これに対して，平成7年大法廷決定を「目的・手段」図式を採用した先例と
みるべきではない。同決定は，本件規定が補充的規定であり，かつ財産相続に
関わる定めでもあるという「事柄に即応して」，本件規定を「原因・結果」と
いう観点から緩やかに審査したものである。尊属殺違憲判決とは判断手法を異
にする先例と解すべきである。

　では，本決定の憲法適合性判断基準はどのように理解されるべきであろうか。
確かに，本決定は，本件規定を「著しく不合理」かという観点から審査してい
ない以上，平成7年大法廷決定に比して厳しい審査を行ったものということは
できる。さらに，本決定は，本件規定の「立法目的（理由）」「立法目的（理由）
達成手段」という語を用いず，「立法理由」とその本件規定との関連性とを分
けて審査していない。この点に着目した蟻川は，本決定を，平成7年大法廷決
定とは異なる憲法適合性判断基準を用いたものと理解するわけである[20]。

　しかし，平成7年大法廷決定と全く異なる憲法判断適合性基準を採用したも
のと本決定をみるべきではない。審査密度を高めはしたものの，平成7年大法
廷決定の「原因・結果」図式を，実質的には維持したものと解すべきである。
本件規定を「原因」（立法理由）と「結果」（当該区別）とに分けて審査する必要
はないと考えたのではなく，両者をまとめて審査できると考えたのではないか。

　「目的」やこれに適合的な「手段」の選択は，選択者の規範的な志向によっ
て異なる。しかし，「原因」（立法理由）の認定やその結果（当該区別）との関連
性は，客観的・因果的に認定できる。そして，客観的に当該「原因」（立法理
由）を認定し，当該「原因」（立法理由）と当該「結果」（当該区別）との因果関係
を認定できれば，当該「結果」（当該区別）の「合理性」を，その「原因」（立法
理由）の「合理性」とまとめて判断すればよい。「結果」の「合理性」は，その
「原因」の「合理性」と同値だと換言できる。

　こうして，本決定は，本件規定の「立法理由」（原因）およびその本件規定上
の区別（結果）との合理的関連性の審査を一括して，本件規定上の区別に「合

───────────
(20)　蟻川・前掲注(12) 110頁。

150

第 2 章　非嫡出子相続分違憲決定について

理的な根拠」があるか否かという基準で判断したものということになる。東京
都管理職受験拒否事件最高裁判決[21]もまた，これと同種の判断基準を採用した
ものと理解すべきである。同判決は，「目的・手段」図式や「理由（原因）・区
別（結果）」図式のいずれも明示的には採用していないが，「管理職の任用制度
の適正な運用」の「必要」（原因）により，「職員が管理職に昇任するための資
格要件として当該職員が日本の国籍を有する職員であること」を定めたこと
（結果）は，「合理的な理由」に基づく「区別」だと判示した。「結果」（当該区
別）の合理性と「原因」（当該区別を設定した理由）の合理性とが一括して，「合理
的な理由」に吸収された事例と解される。

　以上を要約すると，次のようになる。最高裁は，尊属殺規定違憲判決以降，
昭和 39 年 5 月 27 日大法廷判決が示した憲法 14 条 1 項適合性に関する法理の
適用にあたり，「目的・手段」図式が該当する事案と「原因・結果」図式が該
当する事案とを区別したうえで，「事柄の性質」に「即応」した密度により審
査を行ってきた。しかし，平成 7 年大法廷決定の後，「原因・結果」図式は
「合理的な根拠（理由）」の有無を問う基準に吸収された[22]。

IV　憲法 14 条 1 項適合性

　次いで本決定は，本件規定に「合理的な根拠」があるかについて具体的な検
討を始める。

1　個人の尊厳

　その際最初に強調されるのは，「個人の尊厳と法の下の平等を定める憲法に
照らし」た本件規定の「不断」の「検討」「吟味」である。この点は，憲法 24

---

(21)　最大判平成 17・1・26（民集 59 巻 1 号 128 頁）。

(22)　伊藤正晴「最高裁大法廷時の判例」（本決定調査官解説）ジュリ 1460 号 88 頁以下は，
本決定が平成 7 年大法廷決定と異なる憲法適合性判断基準を用いたものではないとし
つつ，結局，問題は法律婚主義の下で本件規定により本件区別を設けることの合理性
の有無」であるから，立法理由ないし立法目的を明示する意義は乏しかったという（92
頁）。この点については，後掲注(30)も参照。
　なお，大石和彦「婚外子法定相続分規定違憲決定」公法研究 77 号 107 頁以下は，本
文で扱った諸判例の「目的・手続」「理由（原因）・区別（結果）」の各図式について，
本章とは全く逆の理解を示しており，興味深い。詳しい検討は他日を期したい。

151

第2部　基本権解釈とその方法

条2項を引用する箇所でのみ，「個人の尊厳」に触れた平成7年大法廷決定と
対照的である。同決定反対意見の思考に接近するとはいえ，従来の最高裁判例
の全般的傾向からすると明らかに異例の説示である[23]。

　本決定のいう「個人の尊厳」の規範的位置付けがさらに問題となる。「個人
の尊厳と法の下の平等を定める憲法に照らし」という言い回しをみると，「憲
法」の定める「個人の尊厳」を指していると解することも可能である一方，
「憲法」に係っているのは，あくまで「法の下の平等」だけであると解するこ
ともあながち不可能ではない。実際本決定は，本件規定が憲法14条1項に違
反すると判示しながら，憲法13条・24条2項適合性については沈黙している。
本決定のその他の判文をみても，憲法について言及した箇所でなく，むしろ，
民法改正，家族に関する国民意識の変化等を指摘する箇所で「個人の尊重」の
語が登場している〔前記Ⅰ2④)〕。ここに注目すれば，あたかも本決定におけ
る「個人の尊厳（尊重）」は「全方位的にその規範的コントロールを及ぼす」
「一般規範」として定位されているようにもみえる[24]。

　続けて本決定は，「重要と思われる事実」の「変遷等」について判示してい
る。これを以下検討しよう。

2　「重要と思われる事実」の「変遷」

■前記Ⅰ2③(i)〜(iv)について

　この箇所で挙げられた事柄が本件規定の「合理性」にどのように関係するの
か判然としない。無論，この箇所は，本決定が指摘した「国民感情等」と相続
制度との結びつき（前記2(2)②）を受けてのことであろう。しかし，国民の
意識の変化が実際にあったのならば，これを反映・代弁すべきは一義的には裁
判所ではなく，国民代表である立法府であるという反論が可能であろう。また，
他国の立法例や国際機関の見解がいかなる過程を経て本件規定の「合理性」に
影響を及ぼすのかも不明である。条約等の遵守を義務付ける憲法98条2項を
意識しているのかもしれないが，明示的言及はない。確かに「市民的及び政治
的権利に関する国際規約」24条・26条や「児童の権利に関する条約」2条・

---

(23)　蟻川・前掲注(12)112頁。
(24)　蟻川・前掲注(12)113頁。判例によるこの点のより詳しい分析として，同『尊厳と身
　　分――憲法的思惟と「日本」という問題』（岩波書店，2016年）153頁以下がある。

7条は，出生による差別を禁止しているが，非嫡出子の相続分区別が「差別」
に該当する旨の明文規定を置いているわけではないし，一切の「合理的区別」
を否定する規定でもない。

■前記Ⅰ2③(v)について

戸籍・住民票における嫡出子と非嫡出子の記載の統一が，いかなる意味で本
件規定の「合理性」に影響を与えるか，必ずしも明らかではない。前者はプラ
イバシー保護の問題であって，後者の財産相続の問題とは区別して論じる余地
がある。また，国籍法違憲判決は，嫡出子と非嫡出子との間の「区別」の「合
理性」について直接判示したのではなく，あくまで非嫡出子の間（準正子・非準
正子，胎児認知・生後認知）を「区別」する「合理的な根拠」がないとした事案で
あるという理解も可能である[25]。

■前記Ⅰ2③(vi)について

本件規定の改正が何度も唱えられてきたという点を重視するか，本件規定の
改正が叫ばれながら，その改正案の国会提出にすら至っていない点を重視する
かで評価は大きく異なりうる。後者のような理解を採れば，本件規定が「合理
的な根拠」を欠くという「国民の意識」は，依然として顕在化していないと評
価することも可能であろう。また，ここで本決定が引き合いに出す平成8年の
法制審議会の民法改正要綱は，当時下された本件規定を違憲とする東京高裁決
定[26]を受けて，同会民法部会身分法小委員会が他の関連諸規定との調整を断念
してやむを得ず非嫡出子の相続分平等を盛り込んだ結果であるとする指摘があ
る[27]。だとするならば，本件規定の修正を立法ではなく違憲判決によって迫る
べしとした本判決の行論を正当化する「事実」としては援用できないことにな
ろう。

■前記Ⅰ2③(vii)について

論理的混乱がみられる。本件規定を含む相続制度構築のあり方は「国民の意
識等」と切断できないとして，種々の「事実」を指摘しておきながら〔前記Ⅰ
2②〕，国民が非嫡出子の出現を回避し，法律婚を尊重する意識を有していた

---

[25]　野坂泰司『憲法基本判例を読み直す』（有斐閣，2011年）477-478頁。

[26]　東京高決平成6・11・30（判時1512号3頁）。

[27]　水野紀子「婚外子相続分差別違憲決定」法律時報85巻12号3頁。水野紀子「非嫡
出子の相続分格差をめぐる憲法論の対立」法学セミナー662号4頁以下も参照。

第 2 部　基本権解釈とその方法

としても，本件規定が非嫡出子の権利を侵害しているという「法的問題の結論とは直ちに結びつくものとはいえない」と述べるのは必ずしも整合的ではない。また，国民が依然として非嫡出子出現の回避・法律婚の尊重という意識を維持しているという認定と，婚姻や家族に対する国民の意識が近年大きく変化したという認定〔前記 I 2 ③(ii)〕とが一体どのような関係にあるのかも判然としない。

■前記 I 2 ③(viii)について

　上述の本件規定の改正論が唱えられ続けたという指摘に対するのと同種の評価ができる。平成 7 年大法廷決定に反対意見が付き，同決定以降も最高裁の小法廷レヴェルで本件規定の改正を促す補足意見や違憲と断ずる反対意見が表明されたことは本決定の指摘する通りである。しかし，これらの「事実」と本件規定の「合理性」との間にどのような関係があるかは，本決定とは正反対の評価が可能であろう。平成 7 年大法廷決定がそもそも言い渡しの当初から不安定であったと本決定は指摘したいのだろうが，むしろ，本件まで[28]最高裁小法廷で本件規定の違憲説が多数を占めることができなかったという「事実」，すなわち平成 7 年大法廷決定の安定ぶりという「事実」を示すものと解することもまた可能である。

■前記 I 2 ③(ix)について

　確かに，平成 7 年大法廷決定大西・園部各裁判官補足意見，千種・河合各裁判官補足意見以来，本件規定の憲法適合性を判示する最高裁小法廷決定において，本件規定と他の関連諸規定との調整を促す等立法措置に問題解決を期待する個別意見は繰り返されてきた。これを本決定は，「関連規定の整合性を検討することの必要性は，本件規定を当然に維持する理由とはならない」と批判するわけである。しかし，そもそも前記個別意見は，「関連規定の整合性を検討することの必要性」を「本件規定を当諮に維持する理由」と解していたのであろうか。前記個別意見は，本件規定を合憲と解しながらも，本件規定を改正す

---

[28]　正確には，「平成 21 年 10 月 7 日まで」というべきかもしれない。同日，最高裁第 3 小法廷は，本件規定の憲法適合性を争点とする事件を大法廷に回付する決定を下した。しかしその後，最 3 小決平成 23・3・9（裁判所時報 1527 号 3 頁）は，和解成立を理由に当該特別抗告を却下したので，憲法判断は示されずに終結した。川嶋四郎「裁判外の和解と特別抗告手続の帰趨」法学セミナー 691 号 156 頁以下参照。

第2章　非嫡出子相続分違憲決定について

る可能性を肯定していたに止まるのではないか。前記個別意見は，平成7年大法廷決定と同じく，本件規定を「著しく不合理」だとはいえないと解しているだけで，本件規定を改正の余地のないベストの規定だとしているわけではない。そのうえで，仮に将来本件規定の改正を行う場合は，他の関連規定との整合性に配慮すべきで，これについては原則立法裁量に委ねるほかないといいたいのであろう。本決定に対しては，逆に，「関連規定の整合性を検討することの必要性」がないからといって，「本件規定を当然に維持」してはならないと解「する理由とはならない」と反論できる。

■前記Ⅰ2(x)について

　平成7年大法廷決定が緩やかな審査基準の採用を正当化するために強調した本件規定の補充性について，本決定は，一転して，本件規定の「合理性判断において重要性を有しない」と判示している。この判示に対しては，審査基準の厳緩を左右する要素を，審査対象の法規の憲法適合性を左右する要素に「帰属替えするという範疇錯誤」を犯すものであるという批判がありうる[29]。仮に後者への「帰属替え」を肯定した場合でも，「補充性」は本件規定の「合理性」を肯定するうえで重要ではないと解しうる一方，当該「合理性」を否定するうえでもまた重要ではないといえる[30]。

3　適合性審査の内実

　本決定は，前記Ⅰ2(i)～(x)の判示に引き続いて，「その中のいずれか一つを捉えて，本件規定による法定相続分の区別を不合理とすべき決定的な理由とし得るものではない」と述べる。しかし，上記諸点の判示を「総合的に考察すれば」，「家族という共同体の中における個人の尊重」が「明確に認識され」，「自ら選択ないし修正する余地のない事柄を理由としてその子に不利益を及ぼすことは許されず，子を個人として尊重し，その権利を保障すべきであるという考

---

(29)　蟻川・前掲注(12) 106頁。野坂泰司「民法900条4号但書前段と憲法14条1項」ジュリスト1466号16頁もまた，平成7年大法廷決定と本決定の「補充性」理解の齟齬を批判する。

(30)　平成7年大法廷決定が緩やかな審査基準を正当化する根拠とした本件規定の補充性を本決定は「重要」でないとした以上，本件規定に対する本決定の審査密度には変化が生じたとみるべきであって，伊藤・前掲注(22) 90頁が両決定の審査手法には何の違いもないと説いているのだとすれば，いささか強弁が過ぎよう。

第 2 部　基本権解釈とその方法

えが確立されてきている」以上，遅くとも本件相続が開始された平成 13 年 7 月当時において，本件規定の「合理的な根拠は失われ」，憲法 14 条 1 項に違反していたと判示した。

　極めて興味深い判示である。まず，10 点にもわたって本件規定に関わり「重要と思われる事実」を縷々検討してきたにもかかわらず，これらがいずれも本件規定の「合理的な根拠」を否定する決定打にならないことを本決定は自ら認めている。そのうえで，本件規定の「合理性」を決定的には否定しえないとされる諸論拠を「総合」し，「個人の尊重」「子が自ら選択の余地のない事柄を理由に差別されない権利の保障」という「認識」「考え」の「確立」を導き，これを本件規定の「合理的な根拠」を否定する決め手としている。「遅くとも……当時において違憲」という論法は近年の最高裁判決にも表れているので，珍しいものではない[31]。しかし，必ずしも決め手とはならないと自認する「事実」を積み上げた挙句に，違憲判断の最終的な論拠を「個人の尊重（尊厳）」「子が……差別されない権利」そのものではなく，これらが国民の間で「認識」され「確立」されたことに求めるという論法を採った最高裁判決（決定）は初めてであろう。

　もっとも，このような本決定の判示によると，前記「認識」「考え」は，日本国憲法施行当初から「遅くとも平成 13 年 7 月当時」までは，「明確に認識」されも「確立」もしていなかったということになる。そして，ここでいわれる「明確」な「認識」「確立」が，「国民の意識等」「事実」の変化により生じたものであるという理解だとすると，本決定は，「家族という共同体」を規律する「個人の尊重（尊厳）」「子が……差別されない権利」について，一種の「憲法変遷」を認めたものということになるのであろうか。

　しかし，このような本決定の行論は，「事実問題（quaestio facti）」と「法的問題（quaestio juris）」つまり「権利根拠の問題（quaestio juris）」とを一応区別しているようで，実は肝心要の，非嫡出子の「権利が不当に侵害されているか否か」に関する「法的推論」の展開を怠っているものだという批判がありうる[32]。

---

(31)　最大判平成 17・9・14（民集 59 巻 7 号 2087 頁），最大判平成 20・6・4（民集 62 巻 6 号 1367 頁）等。一連の議員定数不均衡に関する最高裁判例がいう「合理的期間（相当期間）」論も同種の思考によるのであろう。

(32)　蟻川・前掲注(12) 112 頁。

第 2 章　非嫡出子相続分違憲決定について

また，多種多様な人々の間で矛盾対立する権利自由を調整する法規範である民法に，形式的平等の観念を持ち込むことの限界を本決定はどの程度自覚しているのかという疑問も提起しうる[33]。そして，「法定相続制度そのものが，相当程度まで，どのような家庭に生まれるかという本人の意思によっては動かしがたい属性によって，大きな結果としての不平等をもたら」す制度であって，「個人の尊重という理念との関連が不明確」な制度であるのに，本件規定だけを取り出して厳格な審査の対象とすべきなのか[34]という根源的な指摘に対しても，本決定は（多くの違憲説の論者と同様に）特に問題意識を有していないようである。

V　遡及効の制限〔前記 I 2 ⑤〕

平成 7 年大法廷決定反対意見は，本件規定を違憲とした場合，これに遡及効を認めると法的安定性を著しく害する可能性がある。したがって，違憲判断に遡及効を与えない旨を理由中に明示することにより，違憲判断の効力を当該裁判のされた時以降に限定できるとして，本件規定の有効性を前提とした従来の裁判や合意の効力を維持すべきだと判示していた。本決定もまた，この平成 7 年大法廷決定反対意見と同種の判示をしたものと解すべきであろうか。

従来，平成 7 年大法廷決定反対意見の上記判示をどう理解すべきか問題視されてきた。違憲判決の効力論における個別的効力説によれば，違憲判決の効力は確かに当該事案に限れば遡及するが，すでに確定した同種の他の事案については及ばないということになるから，同決定反対意見の判示は当然のことであえていうまでもなかったという指摘[35]や，にもかかわらず，同決定反対意見があえてこうした判示を行ったのは，純粋な個別的効力説を採っていない証拠だという指摘[36]もあった。

---

(33)　水野・前掲注(27)法時 85 巻 12 号 1 頁。水野は，本件規定は「所詮は J・S ミルのいわゆる不労所得である相続権という財産権の問題に過ぎない」という。そのうえで，例えば，氏名権という人格権と婚姻の自由が衝突している民法 750 条の方がより深刻な憲法問題を含んでいると指摘する（同頁）。

(34)　長谷部恭男『比較不能な価値の迷路〔増補新装版〕』（東京大学出版会，2018 年）110 頁註 23。

(35)　内野正幸「婚外子相続差別と法の下の平等」樋口陽一＝野中俊彦編『憲法の基本判例（第 2 版）』（有斐閣，1996 年）53 頁。

157

第2部　基本権解釈とその方法

　本決定は，おそらくそのような指摘を踏まえて，本件以外の事案に対する
「本決定の先例としての事実上の拘束性」を「法的安定性」維持のために制限
するという言い方をして，暗に，本件以外の事案に本決定の違憲判断は「法
的」な拘束力はない，つまり「個別的効力説」に立っているということを明確
にしようとしたのかもしれない。

　しかし，本決定金築裁判官補足意見は，本決定法廷意見のいう「先例として
の事実上の拘束性」の根拠を「法の公平・平等な適用の要求」，ひいては憲法
14条1項に求めているようである。そのうえで，本決定法廷意見がいう「法
的安定性」を理由とした「先例としての事実上の拘束力」の制限を，同項の下
でも許される「合理的理由に基づく例外」として説明している。しかし，この
ような理解だと，「先例」の「拘束性」とは憲法14条1項の効果である以上，
「事実上」のものではなく「法的」なものということになりはしないか。

　本決定千葉裁判官補足意見も，「法令を違憲無効とすることは通常それを前
提に築き上げられてきた多くの法律関係を覆滅させる危険を生じさせる」と述
べたうえで，立法による改正法の附則が改正法の施行時期や経過措置の定めを
置くことに，本決定法廷意見がいう遡及効の制限論は「酷似」するが，これは
「最高裁判所の違憲審査権の行使に性質上内在する」作用であると述べる。こ
れもまた，「先例」の「拘束性」を実は「法的」のものと解しているゆえに，
その制限されるべき理由を立法「作用」に倣って説いているもののようにみえ
る。

　本決定がいうように「法的安定性」が「法に内在する普遍的な要請」だとす
れば，これを侵す「先例としての事実上の拘束性」は本決定のような判示がな
くても当然に「制限」されるべきものということになる。本決定のいう「事実
上の拘束性」の根拠・意義が必ずしも明確ではないことや上記補足意見の存在
も踏まえると，違憲判断の効力論について本決定が個別的効力説を採っている
のか，依然として若干の疑義を残すものになっているといえるかもしれない[37]。

---

(36)　工藤達朗『憲法学研究』（尚学社，2009年）192頁。

(37)　伊藤・前掲注(22)95頁は，本決定金築・千葉裁判官各補足意見について本決定の「理
　　論的根拠を示唆しつつ明示するもの」と好意的に紹介する。他方，判例時報2197号の
　　本決定匿名コメントは，本決定が「個別的効力説を前提に」していると明言する（11
　　頁）。

第2章　非嫡出子相続分違憲決定について

　もっとも，個別的効力説によった場合でも，違憲判断が「法的安定性」を揺
るがすケースはありうる。中村心によれば，本件規定が違憲とされた場合，個
別的効力説を前提とする限り，本件規定を基礎とする確定判決や審決について
は，本件規定はあくまで別件で違憲とされただけということになるので，民事
訴訟法338条1項8号の再審事由にあたらないし，その類推適用も困難である
とされる。しかし，遺産分割調停ないし協議において本件規定が調停等の成立
に重要な意味を持った場合，本件規定の有効性に関する錯誤無効を主張する余
地がある。また，嫡出子の相続財産中の可分債権について，消滅時効が成立し
ない限り，本件規定の違憲判断を根拠に非嫡出子の不当利得返還請求が認容さ
れる可能性がある(38)。本決定は，これらのケースを想定して「法的安定性」の
保護を語ったのかもしれないが，「法的安定性」を優先すべき「法律関係が確
定」したケースと判断する要件として「黙示の合意の成立等」をも挙げている
以上，本決定の「先例としての事実上の拘束性」が及ぶケースと及ばないケー
スとの区分のあり方には，不確定要素が多いといわざるをえない。この点に関
して，本決定金築裁判官補足意見は，本決定の判示が「網羅的」でないことを
認めたうえで，今後各裁判所が「事案の妥当な解決のために適切な判断を行っ
ていく必要がある」と説く(39)。

Ⅵ　「総合考慮」の行方

　本決定の本件規定を違憲と判断する論拠やその論理展開は，本書著者がみる
限り，近時の最高裁判例の中でも最悪の脆弱性を示しているように思われる。
本決定がこれほどまでに「違憲の論理に渇望＝欠乏」(40)しながらも，なぜあえ

---

(38)　中村心「もしも最高裁が民法900条4号ただし書の違憲判決を出したら」東京大学
　　法科大学院ローレビュー7巻195-196頁。水野・前掲注(27)法時85巻12号3頁も，本
　　決定以前に確定した遺産分割審判以外の事案について，錯誤無効をはじめ異議・不服
　　の申立てがあり得るとする。

(39)　伊藤・前掲注(22)95-98頁は，「飽くまで個人的意見として本決定の意図を忖度」した
　　結果として，比較的詳細に本決定の違憲判断の「拘束性」が及び得る諸事例を検討し
　　ている。この点の立ち入った検証は他日を期したい。

(40)　蟻川・前掲注(12)106頁。なお，二宮周平「婚外子相続分差別を違憲とした最高裁大
　　法廷決定を学ぶ」戸籍時報703号2頁以下は，本決定の結論・理由付けを大変好意的
　　に評価している。しかし，本件規定の合憲説について，非嫡出子相続分の「平等化に
　　よって家族が崩壊する，不倫を助長する」（同11頁）と主に説くものと（戯画化して）

第 2 部　基本権解釈とその方法

て判例の実質的変更＝違憲判断に踏み切ったのかは，法解釈学の範疇を超えて
もはや法社会学・政治学の分析対象というべきかもしれない。本決定において
も顕著に表れているところの，近時進行しつつある最高裁判例の「総合考慮」
志向が今後どのような判例を生んでいくのか，一層注視していく必要があろう。

　　　総括しているのだとすれば疑問である。先にみた学説は，そのような荒い主張をして
　　いるのではなく，「個人の尊重（尊厳）」「形式的平等」と生まれによる区別のもとに成
　　立する相続制度との関係を根本的に問い直している。これに違憲説はどう応えてきた
　　のであろうか。

第3章　裁判員制度と憲法 18 条後段

I　判例理論における憲法 18 条後段

　平成 23 年（2011 年）11 月 16 日，最高裁判所大法廷は，いわゆる裁判員制度を全面的に合憲とする判断を示した（平成 23 年最大判）[1]。この平成 23 年最大判について，学説はすでに賛否双方の立場から検討を行っており[2]，これを受けて近時最高裁調査官が詳細な解説を公表している[3]。もっとも，同制度を全体としては合憲と解してきた論者ですら「より説得的な理由づけが求められた」[4]と評しているように，平成 23 年最大判には種々問題点が含まれている。本稿はとりわけ，同制度の憲法 18 条後段適合性に関する判示に注目したい。調査官解説によれば，同条後段の意義について平成 23 年最大判は初の判断を

---

(1)　最大判平 23・11・16（刑集 65 巻 8 号 1285 頁）。平成 23 年最大判を引用して裁判員制度を合憲と判示する最高裁小法廷の判決として，最 2 小判平 24・1・13（刑集 66 巻 1 号 1 頁），最 2 小判平 24・3・2（集刑 307 号 695 頁），最 3 小判平 24・3・6（集刑 307 号 709 頁），最 3 小判平成 24・3・6（集刑 307 号 699 頁），最 3 小判平 24・3・27（集刑 307 号 767 頁）等がある。大半が同最大判を引用するのみであるが，前掲最 2 小判平成 24・1・13 は，平成 23 年最大判が直接言及しなかった論点，すなわち，裁判員裁判を被告人が拒否できない点の合憲性について，平成 23 年最大判の「趣旨に徴して」肯定している。

(2)　本書著者が知りえた平成 23 年最大判の評釈類として，青野篤・大分大学経済論集 64 巻 1 号 63 頁，榎透・法セ 685 号 116 頁，君塚正臣・新判例解説 watch10 号 21 頁，笹田栄司・ジュリスト増刊 1453 号（平成 24 年度重判）10 頁，佐藤寛稔・秋田 53 巻 97 頁，新屋達之・法時 84 巻 10 号 126 頁，土井真一・別冊ジュリスト 218 号（長谷部ほか編・憲法判例百選 I〔第 6 版〕）386 頁，南部晋太郎・研修 765 号 21 頁，西野喜一・新潟 44 巻 2＝3 号 81 頁，平良木登規男・刑事法ジャーナル 32 号 134 頁，前田雅英・警論 65 巻 2 号 131 頁，毛利透・法教別冊付録 389 号（判例セレクト 2012-1）3 頁等がある。

(3)　西野吾一＝矢野直邦・曹時 66 巻 4 号 153 頁。

(4)　笹田・前掲注(2) 11 頁。笹田による裁判員制度の研究として，同『司法の変容と憲法』（有斐閣，2008 年）81 頁，同「憲法から見た裁判員制度」世界 779 号 106 頁，同「裁判員制度と憲法的思考」ジュリスト 1363 号 79 頁がある。

第 2 部　基本権解釈とその方法

示したものであり[5]，後に検討するように学説も従来必ずしも十分な検討を
行ってきたとはいえない領域だからである。本章では，平成 23 年最大判等を
はじめとする諸判例および学説との対話を通じて，同条後段の現代的意義につ
いて若干の考察を試みる。

1　平成 23 年最大判以前

　前述の通り調査官解説は，平成 23 年最大判を憲法 18 条後段の意義について
初の判断を示した最高裁判例と解している。もっとも，同条後段に触れた最高
裁判例がないわけではない。

　(1)　政令 201 号事件判決[6]は，最高裁が初めて同条後段に明示的に触れた判
例である。公務員の職場離脱を禁じた政令 201 号 2 条 1 項は，公務員の「人格
を無視してその意思にかかわらず束縛する状態におかれるのではなく所定の手
続を経れば何時でも自由意思によってその雇傭関係を脱することもできる」と
して，憲法 18 条前段・後段に違反するものではないとしたが，同条後段の具
体的意義に踏み込むものではない。

　(2)　裁判所が刑事被告人に罰金 3 万円不完納の場合に労役場留置を命じても，
憲法 18 条に違反しないとした最高裁判決[7]があるが，先例[8]の「趣旨に照ら
し明らかである」としか述べていない。当該先例は，罰金不完納の場合の留置
をいい渡しても「基本的人権と法の下における国民の平等を保障した憲法の所
論条規に反するものではない」と判示したものである。

　(3)　当時の所得税法が規定する源泉徴収制度について最高裁は，同制度につ
いて納税義務・租税法律主義を定める憲法の諸条規に由来する義務を定めるも
のであって合理性が認められるとしたうえで，憲法 18 条違反の主張を「明ら
かに誇張であって，あたらないこと論をまたない」とのみ判示して斥けた[9]。

　(4)　憲法 18 条後段によれば，争議行為として労務を提供しない公務員に刑
罰を科すことは禁じられるので，争議行為をあおる等の行為をした者に刑罰を

---

(5)　西野＝矢野・前掲注(3) 222 頁。
(6)　最大判昭 28・4・8（刑集 7 巻 4 号 775 頁）。
(7)　最 3 小判昭 33・5・6（刑集 12 巻 7 号 7351 頁）。
(8)　最大判昭 24・10・5（刑集 3 巻 10 号 1646 頁）。
(9)　最大判昭 37・2・28（刑集 16 巻 2 号 212 頁）。

第 3 章　裁判員制度と憲法 18 条後段

科す国家公務員法 110 条 1 項 17 号もまた，憲法 18 条後段違反となるとの上告趣意に対して，全農林警職法事件判決[10]は，公務員の争議行為禁止は憲法に適合し，争議行為の原動力となるあおり等の行為を行った者は，単なる争議参加者に比べて社会的責任が重いので，これを処罰する同号は憲法 18 条に違反しないと判示している。ここでも合憲とする理由づけを実質的に示さず，また依拠すべき先例も引用していない。これに先立つ全逓東京中郵事件判決[11]，地方公務員法関連の都教組事件判決[12]，国家公務員法関連の全司法仙台事件判決[13]も，いずれもも憲法 18 条適合性について具体的な説明せずにこれを肯定している。また，全農林警職法事件判決を受けて，地方公務員法に関する都教組事件判決を変更した岩教組事件判決[14]，旧公労法に関する全逓東京中郵事件判決を変更した名古屋中郵事件判決[15]は，いずれも全農林警職法事件判決に依拠するとだけ述べて憲法 18 条違反の主張を斥けている。

(5)　憲法 18 条等の憲法諸条規に基づき，第 2 次大戦後のシベリア抑留者への補償がなされるべきであるとする上告趣意に対して，最高裁は「国民のひとしく受忍しなければならなかった」「戦争損害に対する補償は憲法の右各条項の予定しないところというべき」だとして，上告を斥けた[16]。ここでも憲法 18 条を含む「憲法の右各条項」の解釈論を具体的に展開するまでに至っていない。

2　裁判員制度の憲法 18 条後段適合性に関する裁判例

(1)　問題の所在

いわゆる裁判員法は，裁判員候補者・裁判員・補充裁判員に出頭義務を課し（29 条 1 項・52 条・63 条 1 項），「正当な理由」なく出頭に応じない場合は 10 万円以上の過料を科す（112 条 1 〜 5 号）と規定する。裁判員（補充裁判員）に選任された者は，「法令に従い公平誠実にその職務を行う義務」を負い（9 条 1 項・10

---

(10)　最大判昭 48・4・25（刑集 27 巻 4 号 547 頁）。
(11)　最大判昭 41・10・26（刑集 20 巻 8 号 901 頁）。
(12)　最大判昭 44・4・2（刑集 23 巻 5 号 305 頁）。
(13)　最大判昭 44・4・2（刑集 23 巻 5 号 685 頁）。
(14)　最大判昭 51・5・21（刑集 30 巻 5 号 1178 頁）。
(15)　最大判昭 52・5・4（刑集 31 巻 3 号 182 頁）。
(16)　最 1 小判平 9・3・13（民集 51 巻 3 号 1233 頁）。

第 2 部　基本権解釈とその方法

条 4 項），「評議に出席し，意見を述べなければならない」（66 条 2 項）。無作為抽出された国民が負う上記の出頭・就任義務は，憲法 18 条後段が禁止する「意に反する苦役」に該当しないか問題になるわけである[17]。

(2)　東京高裁の各判断

平成 23 年最大判より前に，裁判員制度の憲法適合性を判断した高裁レヴェルの判決は，本書著者の知る限り 14 件に及ぶ[18]が，憲法 18 条後段適合性について明示的に判断したのは東京高判平 22・4・22〔第 2 刑事部〕（平成 22 年東京高判），東京高判平 23・2・14〔第 9 刑事部〕（平成 23 年 2 月東京高判）並びに東京高判平 23・5・19〔第 12 刑事部〕（平成 23 年 5 月東京高判）の 3 件である[19]。

平成 22 年東京高判によれば，「司法に対する国民の理解の増進とその信頼の向上」を目的とする（裁判員法 1 条）裁判員制度は「重要な意義」を有する制度であるので，国民の司法参加を求めるとともに，国民の負担の公平を図る必要がある。出頭・就任義務の履行の担保は，刑事罰や直接的な強制措置ではなく秩序罰としての過料に止まる一方，一定のやむを得ない場合の辞退を認めている（裁判員法 16 条）。また公判前整理手続を経て争点・証拠の計画的審理の実現を図り（同法 49 条），出頭した裁判員に対して旅費・日当を支給する等，国民の負担軽減を図っている。これらの諸点を考慮すると，裁判員の出頭・就任義務は「裁判員制度を円滑に実施するための必要最小限のものと評価することが

---

(17)　平成 23 年最大判以前から，裁判員制度の憲法 18 条後段適合性を強く疑問視する論考として，安念潤司「自由主義者の遺言—司法制度改革という名の反自由主義—」樋口古稀『憲法論集』（創文社，2004 年）382-386 頁，西野喜一『裁判員制度の正体』（講談社，2007 年）89-90 頁等があった。

(18)　すべて東京高裁の判決である。平 22・4・22（高刑 63 巻 1 号 1 頁），平 22・6・21（刑集 65 巻 8 号 1365 頁）（平成 23 年最大判の原審），平 22・6・29（判タ 1347 号 102 頁），平 22・8・30（高刑速〔平 22〕号 92 頁），平 22・12・8（高刑速〔平 22〕号 108 頁），平成 23・2・14（高刑速〔平 23〕65 頁），平 23・2・28（高刑速〔平 23〕69 頁），平 23・3・18（高刑速〔平 23〕71 頁），平 23・3・18（判例集未登載），平 23・5・19（高刑速〔平 23〕98 頁），平 23・5・23（判例集未登載），平 23・7・14（高刑速〔平 23〕118 頁），平 23・9・28（高刑速〔平 23〕159 頁），平 23・10・4（判例集未登載）。なお，本書著者は未見であるが，地裁レヴェルで裁判員制度に関する憲法判断を示したものとして，新潟地判平 22・7・23（判例集未登載）があるという（青野・前掲注(2)70 頁参照）。

(19)　平成 23 年最大判の原審である東京高判平 22・6・21（刑集 65 巻 8 号 1365 頁）は，憲法 18 条後段適合性については判断していない。

164

第 3 章　裁判員制度と憲法 18 条後段

でき」「憲法 13 条，18 条，19 条等に抵触するとはいえない」とされる。

　異なる理由を付けているのが平成 23 年 2 月・5 月の各東京高判である。同年 2 月東京高判は，平成 22 年東京高判と同じく裁判員法 1 条を引用するものの，同条の趣旨を「国民が統治の客体ではなく，統治の主体として裁判権の行使に関与することにより，民主政における裁判制度の正統性を保障するもの」とし，このような「合理的な理由に基づく」裁判員への義務づけは，憲法 18 条を含む基本権諸規定に違反しないと判示した。同年 5 月東京高判は，上記同年 2 月東京高判に「賛同」するとしたうえで，以下のように「付言」して憲法 18 条後段適合性を肯定する。「裁判員法上の義務……は，国民が主体的に裁判権の行使に関与することを通じて，上記のような目的を達成するために必要かつ相当な範囲のものにとどまり，統治の主体としての国民に求められる合理的な理由に基づく公共的な責務と理解されるべきものであるから，違憲とはいえない」[20]。

(3)　平成 23 年最大判

　覚せい剤取締法・関税法の各違反の罪により，懲役 9 年・罰金 400 万円との第 1 審・第 2 審判決を受けた被告人が裁判員裁判の違憲性を主張して上告した事件において，最高裁は，裁判員制度の憲法 18 条後段適合性について大要次のように判示した。「裁判員の職務等」により，「国民に一定の負担が生ずることは否定できない」。しかし，「司法に対する国民の理解とその信頼の向上」（裁判員法 1 条）を目的とする裁判員制度は，「国民主権の理念に沿って司法の国民的基盤の強化を図るものである」。「裁判員の職務等」は，「司法権の行使に対する国民の参加という点で参政権と同様の権限を国民に付与するものであり，これを『苦役』ということは必ずしも適切ではない」。また，裁判員法やこれに基づく政令は，「国民の負担を過重にしないという観点から」，裁判員就任の辞退を柔軟に認め就任後も旅費・日当等の支給も定めている。「これらの事情を考慮すれば，裁判員の職務等は，憲法 18 条後段が禁ずる『苦役』に当たらないことは明らかであ」る。

---

[20]　なお，平成 23 年 5 月東京高判は，裁判員裁判において刑事被告人が裁判員の基本権侵害を主張する適格性があるか疑問を呈している点で，その適格性を問題視しない他の高裁判決や平成 23 年最大判と対照的である。

第 2 部　基本権解釈とその方法

II　判例理論の分析

1　平成 22 年東京高判

　平成 22 年東京高判は，裁判員法 1 条から国民の司法参加・公平な負担の要請を導き，これを「十分合理性のある要請」としている。しかし，裁判員の出頭・就任義務を正当化する際，憲法 18 条後段論の解釈論上の立場を明らかにしてから，当該義務が「意に反する苦役」に該当しない旨を論証する必要があるが，これを同高判は怠っている[21]。同高判は，裁判員の負担が必要最小限であることも合憲の理由としているようであるが，義務違反に対する制裁の軽さや報酬・旅費の支給が裁判員としての出頭・就任義務自体を直接正当化する根拠となるか疑わしい[22]。当該義務に関する制裁・報酬等が「意に反する苦役」該当性を左右するというのであれば，憲法 18 条後段の保護範囲や同条後段適合性を判断する枠組みとの関連性を明確に示すことが先決であろう。さらに，そもそも裁判員法 1 条のいう「司法に対する国民の理解とその信頼の向上」を，国民への義務づけによって獲得しようとすることが，憲法上正当化できるのかが問われるべきである[23]。

2　平成 23 年 2 月・5 月各東京高判

　平成 23 年 2 月・5 月の各東京高判は，上記のような平成 22 年東京高判の理由づけ，とりわけ裁判員法 1 条を根拠にした裁判員の出頭・就任義務の正当化に不満を持ったのであろう。確かに，平成 23 年 2 月・5 月の各東京高判は，平成 22 年東京高判と同じく憲法 18 条後段の解釈論は一切示していない。しかし，平成 22 年東京高判と異なり，裁判員法 1 条の解釈ないし「読み替え」を行っている点が目を引く。同法 1 条は，国民に対して「統治の主体」として「裁判制度の正統性を保障する」「公共的な責務」を負うことを要請していると

---

[21]　宍戸常寿「裁判員制度の合憲性」刑事法ジャーナル 28 号 94 頁。

[22]　憲法 13 条・19 条違反を否定する論拠になるかも疑問である。同旨，宍戸・前掲注 [21] 94 頁。

[23]　青野篤「裁判員制度の憲法学的一考察 —— 裁判員制度合憲判決（東京高等裁判所 2010 年 4 月 22 日）を踏まえて」大分大学経済論集 62 巻 5・6 号 218・221 頁。

第3章　裁判員制度と憲法 18 条後段

読むわけである。加えて，同年 5 月東京高判は，裁判員制度を「本来的に憲法
に適合する制度というべき」とも判示する。憲法が要請する義務（責務）とし
て裁判員の出頭・就任義務を解することによって，憲法 18 条後段の制約から
逃れようとする思考といえる。裁判員制度を通じて，国民の「統治客体意識」
を「統治主体意識」に転換すべきと述べた「司法制度改革審議会意見書」
(2001 年) やこれを理論的に支持する一部学説(24)からの影響が伺える。

3　平成 23 年最大判の上記各東京高判との関係

　平成 23 年最大判が憲法 18 条後段の構造について判示しなかったことについ
て学説は，「裁判員の職務等」はそもそも「意に反する苦役」に該当しない，
つまり同条後段の保護範囲に含まれないとしたことに起因すると解しているよ
うである(25)。この点について調査官解説は，従来の同条後段解釈論の「いずれ
の見解に立っても，裁判員の職務等に伴う負担が合理的な範囲内にあるか否か
が問題となるが，負担を課す必要性・正当性及び負担の程度という観点から検
討するということになろう」(26)と指摘している。裁判員法が定める「裁判員の
職務等」が憲法 18 条後段に違反するか否かについては，従来の同条後段の解
釈論のどれを採っても結論に大差はないということであろう。そして，同条後
段に違反する「不合理」な「負担」か否かは，「裁判員の職務等」に伴う「負
担」の「必要性・正当性」とその「程度」の総合「考慮」により決すべきもの
としたと理解している。

　上記「負担」の「必要性・正当性」に関連して平成 23 年最大判は，裁判員
法 1 条の解釈ないし「読み替え」を行っている。この点は，上記平成 23 年
2・5 月の各東京高判とやや重なるかにみえる部分である。「国民主権の理念」
から「司法の国民的基盤の強化」の許容という命題を導き，これを裁判員法 1
条に読み込んでいる。そして，これが，調査官解説によれば，平成 23 年最大
判における「裁判員の職務等」の「必要性・正当性」の根拠である。「統治の

---

(24)　土井真一「日本国憲法と国民の司法参加」同長谷部恭男ほか編『岩波講座憲法 4
　　変容する統治システム』（岩波書店，2007 年）273 頁。なお，後掲注(39)を参照。
(25)　青野・前掲注(2) 78 頁，君塚・前掲注(2) 23 頁，笹田・前掲注(2) 11 頁。
(26)　西野＝矢野・前掲注(3) 222 頁。同旨の平成 23 年最大判の理解を示す学説として，土
　　井・前掲注(2) 388 頁。

167

第2部　基本権解釈とその方法

主体」としての国民が裁判に参加することは，「民主政における裁判制度の正統性を保障するもの」とする，上記平成23年2・5月東京高判と同旨のもののようにみえなくもない。

　もっとも，「司法の国民的基盤の強化」ないし「民主政における裁判制度の正統性の保障」ということから，裁判員の義務・負担を正当化する仕方が問題となる。平成23年最大判が「国民主権の理念」に由来する「参政権」（選挙権）をもっぱら「権利」と解し，その行使は権利主体の任意に委ねられるという「権利一元説」[27]を採用しているのだとすれば，「司法の国民的基盤の強化」「民主政における裁判制度の正統性の保障」は，裁判員制度に参加する国民の「権利」を根拠付けることはできても，国民の義務・負担を直ちには正当化しえない。

　この点を意識したのが，上述した，平成23年5月東京高判による同年2月東京高判への「付言」であろう。つまり，「統治の主体」としての国民が「裁判制度の正統性」を保障すべしという命題から直接正当化できるのは，国民への権利付与にとどまる可能性がある。そこで，平成23年5月東京高判は，国民を「統治主体」とする「民主政」は国民に「公共的な責務」を担うよう要請していると解した。「裁判員の職務等」は，憲法が国民に要請する国民の「公共的な責務」の一環として，「必要かつ相当な範囲のもの」にとどまるというわけである。「国民主権の理念」ないし「民主政」は，国民に「権利」を付与する一方で「責務」を課しているという構成を採るものといえる。

　では，この点を平成23年最大判はどのように解したのであろうか。同最大判の特徴として，上記平成23年5月東京高判が用いた「公共的な責務」ないしそれに類する語が用いられていない点を指摘できる。この種の語が避けられている点は，調査官解説も同様である[28]。その代わりに同最大判は，「裁判員等の職務等」も「参政権と同様の権限を国民に付与するもの」であるから，「苦役」に当たらないと判示した。「裁判員の職務等」が国政への参加ということ以外に，いかなる意味で「参政権と同様の権限」といえるのか問題となる[29]。

---

(27)　辻村みよ子『市民主権の可能性──21世紀の憲法・デモクラシー・ジェンダー』（有信堂，2002年）210頁以下。

(28)　西野＝矢野・前掲注(3)222-223頁参照。

(29)　青野・前掲注(2)79頁，笹田・前掲注(2)11頁，佐藤・前掲注(2)105-106頁，西野・

第 3 章　裁判員制度と憲法 18 条後段

「裁判員の職務等」を「参政権と同様の権限」と判示する下級審裁判例がない
うえに，調査官解説も同最大判の判示をほぼそのまま引き写すのみである。こ
の簡潔に過ぎる判決文・調査官解説から平成 23 年最大判の憲法 18 条後段適合
性の解釈論をどの程度敷衍できるであろうか。

　平成 23 年最大判の「裁判員の職務等」は，「参政権と同様の権限」だという
判示に注目し興味深い読みを示しているのが佐藤寛稔である。佐藤によれば，
くじ引きで選出された裁判員は主権者国民との「距離」は「近い」が，「国民
に由来する権威」とはいえないのだから，裁判員制度を「国民主権」で正当化
することはできない。したがって「裁判員の職務等」を「参政権と同様の権
限」として位置付けることは本来困難だとする。にもかかわらず，最高裁があ
えて「国民主権の理念」に言及した背景には，「公共的事柄に対する参加につ
いて」「義務を伴った共和主義的公民像」，すなわち主権者国民には憲法上課さ
れた「公務」があるとする考え方があるという。同最大判が「権限」という語
を用いたのは，「裁判員の職務等」に「参政権と同様の」「公務性」をはじめか
ら認めることにより，憲法 18 条後段違反の疑義を斥けようと意図したからで
ある[30]。

　この佐藤の論考は，平成 23 年最大判の判示を上記平成 23 年 2 月・5 月の各
東京高判と同旨の判示と理解していたうえで，無作為抽出される裁判員と主権
者国民との間の「距離」を指摘する等，極めて重要な問題提起を含んでいる。
しかし，平成 23 年最大判が「国民主権の理念」に国民の「公共的な責務」を
読み込んだとまでいえるかは疑問である。憲法が規定する「国民主権の理念」
が国民に「公共的な責務」を課しているのであれば，「裁判員の職務等」は憲
法上の要請ということになろう。だからこそ，上記平成 23 年 5 月東京高判は
裁判員制度を「本来的に憲法に適合する制度というべき」(傍点本書著者。以下同
じ) だと判示していたわけである。これに対して平成 23 年最大判によれば，
「憲法は，一般的には国民の司法参加を許容して」いると判示されるにとどま
る。「司法の国民的基盤の強化」という同最大判の判示もまた，すでに憲法適
合的に成立している「司法の国民的基盤」も立法政策上さらに「強化」しうる，

────────────

　　前掲注(2) 10 頁。

　(30)　佐藤・前掲注(2) 106 頁。

第2部　基本権解釈とその方法

つまり,「国民主権の理念」のもとでのありうる選択として裁判員制度は「許容」されるという趣旨ではないか。だとすると,同最大判が「裁判員の職務等」を憲法が「共和主義的公民」たるべき国民に課した「公共的な責務」に当たるとまで考えているとはいい難いことになる。

さらに,平成23年最大判が「参政権と同様の」「公務性」を,「裁判員の職務等」に認めたといえるのかも疑わしい。参政権とりわけ選挙権（選挙）について最高裁は,「国民の最も重要な基本的権利の一である」と判示する一方で,「選挙の公正を確保する」ために選挙犯罪者の選挙権・被選挙権の停止を規定した公職選挙法252条の憲法適合性を肯定したことがある[31]。また,労働組合員の立候補権に関わる三井美唄炭鉱事件で最高裁は,「立候補の自由は選挙権行使と表裏の関係にあり,自由かつ公正な選挙を維持するうえで,きわめて重要である」[32]と述べている。このように,判例が選挙権の「権利性」を指摘する一方で選挙の「公正」確保を強調することや,選挙権（選挙）の「公務性」についてその有無を明らかにしていないことからすると,判例の立場は,権利一元説[33],権利・公務二元説[34]のいずれとも解されうることになる。しかし,仮に判例が選挙権（選挙）に「公務性」を認めていると解した場合であっても,そこでいう「公務性」は,選挙権（行使）の制限を正当化する機能を果たしていることに留意すべきである。これに対して,「裁判員の職務等」が憲法18条後段との関係で問題になるのは,「裁判員の職務等」の制限ではなく「裁判員の職務等」の遂行を義務付け負担を課すことの当否である。平成23年最大判が,判例の選挙権（選挙）に関する「公務性」の議論をそのまま,「裁判員の職務等」に適用したと解するのは困難であろう。

4　平成23年最大判の趣旨

平成23年最大判は,「裁判員の職務等」を憲法18条後段に違反しないとする理由づけに,なぜ「国民主権の理念」を挙げたのであろうか。上述したように,同最大判は「国民主権の理念」に「国民の公共的な責務」「義務を伴った

---

(31)　最大判昭30・2・9（刑集9巻2号217頁）。
(32)　最大判昭43・12・4（刑集22巻13号1425頁）。
(33)　辻村みよ子『憲法〔第5版〕』（日本評論社,2016年）311頁。
(34)　野中俊彦ほか『憲法Ⅰ〔第5版〕』（有斐閣,2012年）540頁〔高見勝利執筆〕。

第3章　裁判員制度と憲法18条後段

共和主義的公民像」を読み込み、「裁判員の職務等」を憲法上の要請として構成することにより、同条後段の制約から逃れようとしたものではない。「裁判員の職務等」を含む裁判員制度は、「司法の国民的基盤の強化」をもたらすものとして「国民主権の理念に沿って」はいるが、必要不可欠な制度ではないと同最大判は考えた。調査官解説も同条後段の適合性について言及する中で、「憲法は一般的には国民の司法参加を容認している以上、その実現のために国民に一定の負担が課されるのも当然に予定していると解され」る[35]と述べる。「裁判員の職務等」に伴う「負担」は「合理的」である限り、「国民の司法参加を容認」する憲法上許容されるということであろう。

　平成23年最大判によれば、「裁判員の職務等」はあくまで立法政策の産物である。平成23年5月東京高判とは、この点の理解が決定的に異なる。平成23年最大判における「国民主権の理念」は、平成23年5月東京高判のいう「統治の主体」としての国民の「公共的な責務」を内包していない。平成23年度最大判がいう「国民主権の理念」は、「裁判員の職務等」を定める裁判員制度を立法府が創設する際の政策的重み付けとして機能したが、「裁判員の職務等」に伴う負担を直接正当化するものではない。同最大判にとって「裁判員の職務等」は、憲法の「本来的」要請ではなく、立法府の「合理的」裁量判断の産物である。

　では、平成23年最大判は「裁判員の職務等」を「『苦役』ということは必ずしも適切ではない」とする理由として、なぜ「参政権と同様の権限を国民に付与する」ことを挙げたのであろうか。裁判員制度のもとでの国民の司法参加について、憲法が保障する国民の「参政権的権利」の「顕在化」だと説く学説[36]と同旨ではない。「裁判員の職務等」を憲法上の権利の「顕在化」だとすれば、裁判員制度が創設されるより前の司法制度は、国民の「参政権的権利」の「顕在化」を怠っていた点において違憲と解するほかなくなる。しかし、先に指摘したように、同最大判はそのような論理を採っていない。

　調査官解説は、「裁判員の職務等を強制的に土木工事に従事させることなどとは同列に論じられないと思われる」[37]と述べる。あえてその趣旨を推測する

---

(35)　西野＝矢野・前掲注(3) 222頁

(36)　佐藤幸治『日本国憲法論』（成文堂、2011年）194-195頁。

(37)　西野＝矢野・前掲注(3) 222頁。

第2部　基本権解釈とその方法

と，平成23年最大判は「裁判員の職務等」を「土木工事」への強制従事のように国民の権益の制限をもたらすものではなく，「参政権と同様の」権益を法令が付与したものとみなしているのかもしれない。「権利」ではなく「権限」という語が用いられたのは，裁判員法等の法令が「裁判員の職務等」を，私人の主観的権利の行使ではなく，司法権（裁判体）の活動の一環として構成していることに対応したものでないか。そして，権益の付与として理解した結果，「裁判員の職務等」は，「苦」痛を伴う労「役」にそもそも該当しない可能性が高いと判示したものと解される。「『苦役』ということは必ずしも適切ではない」という判示は，「苦役」に該当しないことが推定されるという趣旨であろう。

　平成23年最大判は，「裁判員の職務等」がそもそも「苦役」に該当しない可能性が高いとみたが，「裁判員の職務等」の結果もたらされる「負担」の程度も考慮することで，最終的に「苦役」該当性を決定しようとした。裁判員法等の法令は，「身体上，精神上又は経済上の重大な不利益」を理由に裁判員就任の辞退を認め，裁判員又は裁判員候補者に旅費，日当等の支給により経済的負担の軽減を図っている。この程度の「負担」は，「裁判員の職務等」の「苦役」非該当性の推定を覆すものではないと判示したものと解される。

5　平成23年最大判の問題点

　上記のように理解した場合であっても，しかしながら，平成23年最大判の憲法18条後段に関する判示にはなお問題点が残る。

(1)　憲法18条後段適合性判断の論証過程の不透明さ

　第1に，「裁判員の職務等」を課することが憲法18条後段に違反しないという結論を導く論証過程に依然として不透明さが否めない点である。上述のように，平成23年最大判の同条後段適合性審査について調査官解説は，当該「負担」の「必要性・正当性」および「程度」を「考慮」したものとする。しかし，当該「負担」の同条後段適合性の判断方法は，少なくとも次の2通りがありうる。当該「負担」がそもそも同条にいう「意に反する苦役」に該当するかという判断(i)と，当該「負担」は「意に反する苦役」に該当するが例外的に許容されるかという判断(ii)である。仮に同じ合憲という結論を導くにせよ，当該「負担」に対する審査密度は，判断(i)より判断(ii)の方が濃くなるはずである。判断

172

第3章　裁判員制度と憲法18条後段

(i)は，「意に反する苦役」の要件を定型化したうえで，それに当該「負担」が該当するか否かを判断することになる。これに対して判断(ii)は，判断(i)に相当する判断を行い，当該「負担」が「意に反する苦役」に該当すれば，次に憲法が例外的に許容する「意に反する苦役」に該当するか否かを厳格に審査することになる。調査官解説のいう，当該「負担」の「必要性・正当性」および「程度」を，厳格に審査するという過程を経ることになろう。調査官解説は，判断(i)と判断(ii)の各過程の差異を軽視している点で妥当ではない。

　もっとも，平成23年最大判の簡潔な判示は，むしろ調査官解説の理解とは異なり，判断(i)に対応する審査を行ったことを意味している可能性がある。上述したように，同最大判は「裁判員の職務等」を「権限の付与」であると解する一方，その負担は「過重」ではないと指摘した。労「役」とはいえないし「苦」痛も伴わないから，「意に反する苦役」自体に当たらないとしただけと読めなくもない。そうだとすると，同条後段適合性に関する同最大判の先例的価値は，上記(i)についての判断を示した点のみにあるということになる。上記(ii)の判断可能性については，今後の判例の展開に委ねられたと解すべきであろうか。

(2)　「意に反する」か否かの検討の欠如

　第2に，「裁判員等の職務」の法令による義務づけについて憲法18条後段が禁止する「意に反する」ものにあたらないか全く触れていない点である。平成23年最大判は，一貫して「裁判員の職務等」が「苦役」に該当するかという問題設定をしている。「裁判員の職務等」は「権限」であり，その「負担」も「過重ではない」と判示しているが，裁判員法は，裁判員に種々の義務づけ（「裁判員は……しなければならない」）を行っている。無作為抽出の結果「裁判員」として義務を負わせることが「意に反する」ものといえないのかについて，同最大判は直接言及していない。「裁判員の職務等」は「苦役」に該当しない以上，それが「意に反する」ものといえるか検討する必要はないと考えたのかもしれない。しかし，「労」役は「意に反する」ものである場合だからこそ「苦」痛を伴いうる。「意に反する」か否かの判断と独立して，「苦役」か否かを判断できるか疑問である。これは，同最大判が同条後段の保護範囲を明らかにしていないことと関係している。

　「憲法は一般的には国民の司法参加を容認している以上，その実現のために

173

第 2 部　基本権解釈とその方法

国民に一定の負担が課されるのも当然に予定していると解され」る[38]と調査官
解説は述べている。しかし，憲法が国民の司法参加を容認しているということ
から直ちに許容されるのは，自発的に「司法参加」した国民の「負担」のみで
はないか。これを超えて，非自発的な国民に「司法参加」を義務づけ，「負担」
を課すことの是非に踏み込むことを嫌ったので，平成 23 年最大判は，「意に反
する」の該当性判断を終始回避し続けたとみるのは穿ち過ぎであろうか。

(3)　「参政権」との類比の限界

第 3 に，「裁判員の職務等」を「参政権」と同列にみることの限界を意識し
ていない可能性がある点である。確かに，双方とも国民の国政への参加という
点では共通する。しかし，上述したように平成 23 年最大判は，「裁判員の職務
等」について憲法が主権者国民に課した「公共的な責務」の「顕在化」ではな
く，立法政策上の産物だと解している。だとすれば，憲法上の「参政権」と法
令上の「裁判員の職務等」とは法階層のランクをはっきり異にするということ
になる。上位法が規定する「参政権」の行使を，国民に義務付ける法令は現在
ない。にもかかわらず，下位法上の「裁判員の職務等」の遂行には明確な義務
づけがなされている。上位法上の「権限」行使については何らの義務づけも行
わない一方，下位法上の「権限」行使については罰則をもって義務づけるとい
うことの均衡を，「国民主権の理念」からどのように説明できるのかが問われ
よう[39]。

---

(38)　西野＝矢野・前掲注(3) 222 頁。
(39)　同旨，青野・前掲注(2) 79 頁，西野・前掲注(2) 93-94 頁。なお，土井・前掲注(24)は，
　　「国民の司法参加が，国民主権の実現という側面を持っているにしても，それは憲法上
　　必須の制度として要求されているわけではなく，あくまで憲法政策上の判断により，
　　導入が認められる制度に留まる」としつつ，「司法という『公共性の空間』が十分機能
　　するように憲法が定める範囲内においてこれに参加することは，国政のあり方につい
　　て最終的な責任を負う主権者たる国民の公共的な責務と理解」すべきだと述べている
　　(273 頁)。しかし，「裁判員の職務等」が「主権者たる国民の公共的な責務」であるな
　　らば，裁判員制度自体についても「国民主権」原理は少なくとも抽象的には要請して
　　いるということになるのではないか。前掲平成 23 年 5 月東京高判は，「統治の主体」
　　としての国民は「公共的な責務」を担うとしつつ，裁判員制度を「本来的に憲法に適
　　合する制度というべき」だと指摘している。国民の「公共的な責務」を国民主権原理
　　に読み込むことの是非はともかく，国民主権原理の要請として「裁判員の職務等」を
　　解する同東京高判の論理がより一貫しているように思われる。土井のいう「国民の司
　　法参加」がいかなる意味で「国民主権の実現という側面」を有しているのか，土井の

第 3 章　裁判員制度と憲法 18 条後段

(4)　「国民主権の理念」との乖離可能性

　第 4 に，憲法 18 条後段違反を否定するために裁判員の「負担」の軽さを強調することは，自ら判示した裁判員制度の目的と齟齬を来たしかねない点である。「裁判員の職務等」について平成 23 年最大判は，法令が「辞退に関し柔軟な制度を設けている」ので「負担」は「過重」でない旨指摘する。確かに，裁判員の就任等に辞退を柔軟に認めることは国民の「負担」軽減に資する。しかし，辞退を幅広く認めることは，国民が刑事裁判に参加する機会がその分失われるということを意味し，同最大判が肯定的に評価する「司法の国民的基盤の強化」に相反する事態が現出しかねない。そのような事態は，同最大判のいう「国民主権の理念」に照らしてどのように評価されるのであろうか。あくまで立法政策上の失敗に過ぎないとされるのであろうか。同最大判の憲法 18 条後段に関する判示は，自ら判示した「国民主権の理念」のあるべき方向性と齟齬を来たす可能性を内包する。

　このように種々問題を含む平成 23 年最大判を受けて，次に節を改めて憲法 18 条後段に関する学説の検討を行う。同最大判以降のあるべき同条後段論について若干の考察をしてみたい。

III　憲法学説の分析

1　憲法 18 条後段の意義

　憲法 18 条後段は，「意に反する苦役」を「犯罪に因る処罰の場合を除いて」禁止する。その意義に関する学説は，大きく次の 3 種に整理できる。最広義説は，同条前段が禁止する「奴隷的拘束」とまではいえない強制労働またはそれに準じる隷属状態を禁止する趣旨だと解する[40]。広義説は，同条後段について本人の意に反した強制労働一般を禁止した規定と解する[41]狭義説は，「苦役」の「苦」に着目し，同条後段は，強制労働一般ではなく，通常の労役を上回る苦痛を伴う強制労働に限って禁止していると解する[42]。

　　いう「国民主権」とはいかなる規範内容を有しているのかが問題になる。
(40)　芦部信喜編『憲法 III 人権(2)』（有斐閣，1981 年）268 頁〔杉原泰雄執筆〕。
(41)　芦部信喜〔高橋和之補訂〕『憲法〔第 6 版〕』（岩波書店，2015 年）243 頁，辻村・前掲注(33) 256 頁，長谷部恭男『憲法〔第 7 版〕』（新世社，2018 年）259 頁。

175

第2部　基本権解釈とその方法

　最広義説に対しては，隷属状態を「苦役」に含めるのは語義と乖離する[43]という批判が強く，現在では支持する学説は少ない[44]。したがって，現在はもっぱら広義説と狭義説とが対立している状況にある。従来から狭義説に対しては，「苦」痛の感じ方には個人差がある[45]うえに「通常人の感覚を基準として労役を強制できることになり，多数者意思による少数者の人権侵害を招く恐れがある」[46]という批判が向けられてきた。また，政府が広義説の採用を明言したこともあり（1981年）[47]，広義説が通説とされてきた。しかし，広義説に問題点はないのであろうか。

2　広義説の問題点

(1)　現行法の憲法適合性

　災害時の救援活動等を命令する権限（河川法22条，消防法29条，水防法17条，災害救助法7条・31条，道路法68条など）や防衛関係の役務提供を命令ないし要請する権限（自衛隊法103条，武力攻撃事態法8条）を定める現行法の憲法18条後段適合性を，広義説はどのように評価するのか。上記現行法上の命令に背いても罰則がない場合は，「強制労働」にあたらないと説明されることがある[48]。また，上記命令は，応急的一時的な措置に過ぎないので，「意に反する苦役」に該当しないともいわれる[49]。

　しかし，仮に罰則を伴わない場合でも，法律を根拠にした命令の「事実上の強制」力に照らすと，罰則の有無によって「強制労働」該当性を判断すべきではない[50]。また，応急的一時的であれば，なぜ「強制労働」を課しうるのか，

---

[42]　赤坂正浩『憲法講義〔人権〕』（信山社，2011年）181頁，小嶋和司『憲法概説』（良書普及会，1987年）180頁。高橋和之『立憲主義と日本国憲法〔第4版〕』（有斐閣，2017年）284頁。

[43]　初宿正典『憲法2〔基本権〕〔第3版〕』（成文堂，2010年）379頁。

[44]　芦部編・前掲注[40]〔杉原執筆〕のほか，本書著者は，樋口ほか『注解法律学全集憲法Ⅰ』（青林書院，1994年）368頁〔浦部法穂執筆〕しか発見できなかった。

[45]　渋谷秀樹『憲法〔第3版〕』（有斐閣，2017年）231頁。

[46]　芹沢ほか編『新基本法コンメンタール憲法』（日本評論社，2011年）142頁〔宮地基執筆〕。

[47]　浅野一郎＝杉原泰雄監修『憲法答弁集1947〜1999』（信山社，2003年）227頁。

[48]　辻村・前掲注[33]256頁。

[49]　松井茂記『日本国憲法〔第3版〕』（有斐閣，2007年）421頁。

第 3 章　裁判員制度と憲法 18 条後段

より立ち入った説明を要しよう。災害時，応急的一時的に「強制労働」を命じても，それはそもそも「意に反する苦役」に該当しないと解するのか，それとも，「意に反する苦役」に該当はするが，例えば「公共の福祉」により例外的に許容される「意に反する苦役」として説明するのか。後者の説明の仕方は，許容される「意に反する苦役」として憲法 18 条後段が明示した「犯罪に因る処罰の場合」は，あくまで例示であって，それ以外にも同条後段が許容する「意に反する苦役」はありうるという思考である[51]。災害救助法の上記命令について政府解釈は，「公共の福祉に照らし当然に負担すべきものとして社会的に認められる範囲内」だとして合憲とする（1981 年）[52]。広義説によりつつ憲法上例外的に許容される「意に反する苦役」にあたると解したものであろう。

これに対して，憲法上「ある実体的な自由の特定の方法による制限のみを許し（例・憲法 33 条），あるいは特定の侵害方法を禁止する（例・「検閲の禁止」）規定は，……なんらの例外も許さないものと考える」[53]と，広義説を採る限り，上記現行法上の命令について罰則の有無を問わず，憲法 18 条後段に原則違反すると解するほかなくなる[54]。

もっとも，広義説に立ちつつ上記現行法上の命令を原則違憲とする論者も，災害時の救助等がその「職務に伴う当然の義務と考えられる」医療従事者等に罰則付きで労役を課す災害救助法 7 条・31 条については合憲と解する[55]。しかし，「当然の義務と考えられる」かは結局「通常人」の「感覚」ないし「多数者意思」によるのではないか。狭義説が強制労働の「苦」痛度を問うことに対して「通常人の感覚」による「少数者の人権侵害を招く」と批判しながら，国民全体の中では「少数者」である医療従事者等が罰則付きの救助義務を負う

---

(50)　野中ほか・前掲注(38) 407 頁〔高橋和之執筆〕。

(51)　笹田栄司ほか「日本国憲法研究　第 1 回　裁判員制度〔座談会〕」ジュリ 1363 号 94 頁〔長谷部恭男発言〕。長谷部・前掲注(41) 254 頁。

(52)　浅野 = 杉原監修・前掲注(47) 227 頁。

(53)　尾吹善人『憲法の基礎理論と解釈』（信山社，2007 年）296 頁。憲法 18 条後段は，「犯罪に因る処罰の場合」以外の「意に反する苦役」を絶対的に禁止していると解する学説として，芦部編・前掲注(40) 264-265 頁〔杉原執筆〕，野中ほか・前掲注(34) 407 頁〔高橋執筆〕，芹沢ほか編・前掲注(46) 143 頁〔宮地執筆〕。

(54)　芹沢ほか編・前掲注(46) 144 頁〔宮地執筆〕。

(55)　芹沢ほか編・前掲注(46) 144 頁〔宮地執筆〕。なお，本文に掲げたのは現行法の条文である。

第2部　基本権解釈とその方法

のは「当然の義務」だからだと説くのは，やや論理的一貫性を欠くように思われる。

(2)　「徴兵制」の憲法適合性

　兵役義務を課す「徴兵制」と憲法18条後段との関係をどのように説明するかも問題になる。「徴兵制」を同条後段に違反すると解する広義説の論者は少なくないし[56]，同説を採る政府解釈も同条違反とする（1980年）[57]。しかし，「意に反する苦役」を強制労働一般と解しこれに兵役義務を含めるのは，強制労働を禁じながら兵役義務を憲法・法令上課す他の立憲主義諸国との比較上，徴兵制を停止した国家が出現しているのは事実だとしても，やや異質である。日本国も批准した市民的及び政治的権利に関する国際規約（国際人権B規約）8条3項も「強制労働」を禁じながらも，「軍事的性質の役務」を「強制労働」にあたらないと明記している。

　この点について，「兵役が一般に強制労働に含まれるからこそ兵役義務を課すためにはそのような例外規定が必要となる」と説明し，「例外規定」をおかない日本国憲法上「徴兵制」は直ちに憲法18条後段違反となると解すること[58]も確かに可能である。しかし，むしろ禁止すべき強制労働に兵役は含まれないと理解する国家が現に少なからず存在し，それを国際法レヴェルにおいて確認したのが上記国際人権B規約8条3項だとみるのが素直なように思われる。だとするならば，「意に反する苦役」を強制労働一般と同一視しながら，「徴兵制」を憲法18条後段違反と解するためには，国際法・比較憲法的見地から更なる説明が必要となろう。

　「徴兵制」の憲法適合性は，憲法9条との関係でも問題になりうる。上述したように政府解釈は，「徴兵制」を憲法18条・13条に違反するとしながらも，9条には違反しないとする。政府は憲法9条のもとでも，警察力を超える「自衛のための必要最小限度の実力」（自衛力）の保持は許容されると解してきた（1958年）[59]。この自衛力を設営するために，国民を強制的に徴用することは

---

(56)　芦部〔高橋補訂〕・前掲注(41) 235頁，辻村・前掲注(33) 256-257頁，長谷部・前掲注(41) 259頁。

(57)　浅野＝杉原監修・前掲注(47) 225頁。なお，政府解釈は「徴兵制」を憲法13条にも違反するという。

(58)　芹沢ほか編・前掲注(46) 143頁〔宮地執筆〕。

(59)　浅野＝杉原監修・前掲注(47) 47頁。

少なくとも憲法9条に違反するものではないということであろう。他方，政府
の自衛力合憲論に反対する学説は，警察力を超える自衛力を憲法9条違反とす
るから，違憲の自衛力のための国民徴用もまた憲法9条の要請に反すると解す
る[60]。

　しかし，政府解釈のように自衛力の保持を合憲としつつ従来の憲法18条後
段の解釈論を維持した場合，「公共の福祉に照らし当然に負担すべきものとし
て社会的に認められる範囲内」[61]であれば，自衛力の設営のために国民を強制
的に徴用しても憲法18条後段違反には当たらないと解しうる。他方で，自衛
力を違憲とする学説であっても，警察力を超えない実力や群民蜂起による個別
的自衛権の行使は許容する[62]。したがって，警察力を超えない実力組織ないし
組織化された群民蜂起のために国民を動員してはならないという要請を，憲法
9条単独から導くのは困難である。さらに，前記現行法の命令が同条後段に違
反しないのは，応急的一時的な措置だからだとする前掲学説を転用すれば，外
敵の侵入時，自衛力ないし警察力等の実力組織を編成強化するために，国民を
応急的一時的に徴用しても憲法18条後段に違反しないと解しうることになろ
う[63]。

3　狭義説の妥当性

　狭義説を採れば，上にみてきた広義説の難点を解消できる。憲法18条後段
の禁止する「意に反する苦役」を「強制労働」一般と解するのは，「苦役」の
語義からして広範に過ぎる。同条後段は「犯罪に因る処罰の場合」を憲法が許
容する「意に反する苦役」として特定していると解すべきである。そして，憲
法が禁止する「意に反する苦役」とは，「犯罪に因る処罰の場合」に準じた強
制労役を指すと限定すべきであろう。刑罰に準じた「苦」痛を伴う「意に反す
る」「労」役が絶対的に禁止される。「意に反する苦役」の「必要性・正当性」
ないし「コンペリング（compelling）」[64]な理由の存否に関する衡量は，すでに

---

(60)　辻村・前掲注(33) 257頁。

(61)　前掲注(52)参照。

(62)　芦部信喜『憲法学Ⅰ　憲法総論』（有斐閣，1992年）267頁。

(63)　芹沢ほか編・前掲注(46) 143頁〔宮地執筆〕。安念・前掲注(17) 386頁もまた，広義説が
　　「徴兵制」の憲法18条後段適合性を肯定する論理を内包していることを指摘していた。

(64)　笹田ほか・前掲注(51) 94頁〔長谷部恭男・大沢秀介・宍戸常寿各発言〕。

第 2 部　基本権解釈とその方法

同条後段は終えていると解すべきである。

　狭義説に対しては，「苦」痛の程度を問題にするのは個人差が激しいとか，「通常人」の感覚や「多数者意思」の「少数者」への押し付けに当たるという上述の批判がある。しかし，「犯罪に因る処罰」自体の設定は，憲法が許容する範囲内（憲法 13 条・31 条・36 条等）において，「通常人」の「多数者意思」が支配する国会が刑罰法規の制定という形で行っている。であるならば，「犯罪に因る処罰の場合」に伴う「苦」痛ないしそれに準じた「苦」痛か否かもまた，「通常人」の感覚を基準にして決するというほかなくなる。同条後段が許容（禁止）する「苦」痛の程度については，最終的に裁判官が違憲審査を通じて判定することになろう[65]が，刑罰に準じた「苦」痛かどうかということであれば，かなりの程度客観的に判定できるはずである[66]。刑罰には，肉体労働を課すという側面とともに受刑者を教化するという精神的側面もありうる。したがって，同条後段が禁止する「意に反する苦役」とは，刑罰に準じた肉体的・精神的な苦痛を伴う強制労役を指すと解すべきである[67]。

　このような 18 条後段解釈によることではじめて，国際人権 B 規約 8 条 3 項に典型的に示される「強制労働」理解との違いが明確になる。同項の「強制労働」禁止規定は，「徴兵制」を許容するが，憲法 18 条後段は「徴兵制」を禁止する。この相違は，各条規が禁止する対象にそもそも相違があるからである。憲法 18 条後段は，国際的な標準に比して，禁止すべき「強制労働」の「苦」痛の強度を問題にする。他者の殺害や自死まで強いる「徴兵制」は，刑罰を上回る肉体的・精神的苦痛さえ与えうる点で，憲法 18 条後段により絶対的に禁止される。この解釈は，自衛力を合憲と解するか否かを問わず，憲法 9 条に象徴される平和主義とも自然に整合する。防衛役務等の提供命令を定める自衛隊法 103 条は，罰則を欠くものの少なくとも適用上憲法 18 条後段に違反する恐れがある。武力攻撃事態法 8 条が定める国民への協力要請は，一般私人を義務付けない限りにおいて憲法 18 条後段違反の疑義を免れる[68]。

---

(65)　赤坂・前掲注(42) 181 頁。

(66)　狭義説を「主観説」と呼ぶ（渋谷・前掲注(45) 231 頁）のは妥当でない。

(67)　かつて本書著者は，憲法 18 条後段を社会通念上耐え難い苦痛を伴う強制労働を禁止するものと説明したことがある（畑安次編『日本国憲法 —— 主権・人権・平和』〔ミネルヴァ書房，2010 年〕75 頁〔山崎友也執筆〕）が，これを本文のように改める。

(68)　赤坂・前掲注(42) 183 頁。

180

第3章　裁判員制度と憲法18条後段

　上記現行法が課す防衛役務以外の労役提供義務は，「裁判員の職務等」を含めて，刑罰に準じた肉体的・精神的苦痛を伴っているとはいえないうえに辞退が「柔軟に」許容される場合がある以上，憲法18条後段に違反するものとはいい難い。憲法が例外的に許容する「意に反する苦役」に該当するかという厳格審査や，国民が負う「公共的な責務」の「顕在化」として要請・許容されるべきか，などという大掛かりな議論は不要である。平成23年最大判が「裁判員の職務等」の同条後段違反を否定したことについては，理由づけの余りの簡潔さや「参政権」との安易な類比に不満を覚えるけれども，「裁判員の職務等」の「意に反する苦役」への該当性自体を否定したと解しうる限りにおいて支持できる。

　なお，「裁判員の職務等」との関連で，現行法が定める公務として議院証言法や各種訴訟法が定める証人の出頭・証言義務（議院証言法1条，民事訴訟法190条，・192条〜194条，刑事訴訟法143条・150条・151条等）や税法上の届出・申告義務（所得税法120条等）の憲法18条後段適合性が問題となりうる。しかし，これらの義務の同条後段適合性については基本的に疑う余地はない。国政調査権（憲法62条），裁判を受ける権利（同32条・37条1項），刑事被告人が公費で証人を召喚・審問する権利（同37条2項），国民の納税義務（同30条）を定める憲法自身が予定・想定するものと解されるからである。刑罰に準じた肉体的・精神的な苦痛を伴うものでない限り，憲法18条後段違反の問題は生じない。

Ⅳ　裁判員制度の将来

　「裁判員の職務等」は，確かに事件の種類によっては裁判員に大きな「負担」を与える場合がありうる[69]が，平成23年最大判は，「負担」を伴う「裁判員の職務等」が憲法18条後段に違反しない根拠の一つとして，裁判員就任の辞退が「柔軟」に認められていることを挙げた。しかし，先に指摘したように，それは国民の司法参加の機会を失わせることにほかならない。辞退の「柔軟」な認容の先には，「負担」の軽減のためと称して，裁判員（候補者・補充裁判員）が裁判員選任手続や公判を欠席しても，罰則も課されず黙認されるという状況が生じるかもしれない。「国民主権の理念」に沿って「司法の国民的基盤」を

---

[69]　西野・前掲注(2)94頁。

第2部　基本権解釈とその方法

「強化」するという裁判員制度の目的から，同制度の実態が乖離していく可能性を，同最大判は自ら認めたことになる。同最大判は，同制度の自壊可能性に同制度の憲法18条適合性の根拠を見出すという綱渡りの論理を採ったとさえいえる。

　将来この「乖離」「自壊」が一層甚だしくなったと仮定してみよう。それでも裁判員制度は維持されるのであろうか。一つの可能性は，「国民主権の理念」を掲げ，「裁判員の職務等」を「公共的な責務」として国民への義務づけを強化しようとする勢力の台頭である。すでに，それを正当化しうる理論は提示されている[70]。憲法18条後段を狭義説的に解した場合であっても，同制度の同条後段との衝突可能性は今後も課題であり続ける。ごくシンプルな個人主義に基づいているように本書著者にはみえる日本国憲法は，「市民の公民的特性の陶冶」「討議民主主義」「共和主義的憲法観」とどこまで整合する「憲法」なのか，稿を改めて検討する機会を持ちたいと考えている。

---

[70]　井上達夫「世論の専制から法の支配へ」中央公論1476号270頁，緑大輔「裁判員制度における出頭義務・就任義務と『苦役』」一橋法学2巻1号305頁，柳瀬昇『裁判員制度の立法学 —— 討議民主主義理論に基づく国民の司法参加の意義の再構成』（日本評論社，2009年）202頁。
　　なお，柳瀬昇は，平成23年最大判以降も私見への批判を含む論考を次々と発表している。同「裁判員制度の憲法適合性」日本法学82巻3号1045頁，同「裁判員の職務等と被告人の裁判選択権をめぐる憲法問題 —— 続・裁判員制度の憲法適合性」日本法学82巻4号1799頁，同「裁判員制度の意義と展開可能性 —— 続々・裁判員制度の憲法適合性」日本法学83巻1号1頁。しかし，これら柳瀬による裁判員制度や私見，何より平成23年最大判の理解・評価の仕方には様々な問題があるように思われる。山崎友也「裁判員制度の憲法的正当化について —— 国民主権（民主主義）原理との関係」金沢法学61巻1号111頁以下参照。

第4章　刑事手続と「国民」

I　問　題　意　識

　日本国憲法は，他の立憲主義憲法典の通例と異なり，刑事手続に関する定め
を多くおいている（18条，31条～40条）。これに対して，大日本帝国憲法は「通
例」にならい，刑事手続に関してほとんど規定を設けなかったが，その結果被
疑者・被告人の権利利益への配慮を欠く法令・実例の出現を許したと一般に評
価されている。日本国憲法は，そのような日本の苦い経験を基に，あえて憲法
典で刑事手続に厳格な規律を与えることとしたというわけである。

　刑事手続は，人身の自由という人間にとってもっとも基本的な自由を直接的
に制限する。この意味で，刑事手続に対する憲法的規律は，立憲主義の立場か
らは当然の帰結だということもできる。しかし，刑事手続は，被疑者・被告人
の基本権保護・尊重を掲げる一方で，基本権主体である被疑者・被告人の行動
を疑い非難し，試行錯誤を繰り返しながら，「事案の真相」を解明しようとす
る複雑な営みである。基本権の保護（尊重）・制限のバランスが取れた刑事手続
制度の構築は，憲法典上の原則・固定的規律に尽きるものではなく，通常法令
上の柔軟で専門・技術的規律に任されるべき領域が多いともいえる。

　このように，日本国憲法下の刑事手続は，旧憲法典が怠った被疑者・被告人
の基本権保護・尊重を実現しようとする一方で，被疑者・被告人の基本権を時
に制限しながら「事案の真相」を解明するという非常にアンビバレントな課題
を担ってきたということができる。この課題の円満な解決は容易ではない。例
えば，憲法33条によれば，令状逮捕以外の適法な逮捕は現行犯逮捕に限定さ
れるかのようである。しかし，刑事訴訟法210条は，懲役3年以上の罪にあた
る犯罪をなしたと疑うに足りる十分な理由がある場合で，逮捕状発付を待てな
い急速を要する事情があるとき，事後の逮捕状発付を条件に，令状なしの逮捕
を許容する（緊急逮捕）。判例（最大判昭和30年12月14日刑集9巻13号2760頁）・通
説は実務上の必要性を重く見て，結論として合憲とする傾向が強いが，これを

183

第2部 基本権解釈とその方法

正当化する決定打的な理屈が提示されているとは未だいい難い。

本章は、しかしながら、上記のような憲法解釈上の論点を個別具体的に検討しようとするものではない。よりトータルに、日本の刑事手続制度がこれまでどのように上記の「高度」な課題に対応しようとしてきたのか、近時の「国民」を動員する「改革」がどのような影響をもたらしたのか、そして「国民」の動員により日本の刑事手続がどのような将来をむかえようとしているのかを駆け足で検証することを目指す。日本国憲法は基本権の保護（尊重）とともに、「国民主権」ないしデモクラシーをその基本原理とする憲法典である。刑事手続はそれとどのように関連づけられるべきなのか。

II　刑事手続における「国民」と「専門家」

1　従来の刑事手続

日本の刑事手続が負った、前述したような「高度」な課題に対応して、従来その規律・運用は「高度」に専門的な集団に委ねられてきたということができる。刑事手続は 2009 年まで法曹 3 者（裁判官・検察官・弁護士）のみで運用されてきたし、刑事手続を規律する法案も、法曹 3 者の代表のほか、法律学の大学教授らが参加する法制審議会において徹底的な精査を受ける。そのうえで同会の承認をもってはじめて、国会への法案提出がなされる慣行が確立している。もちろん、国会において与野党妥協のために法案の修正がなされることはあるが、一般国民が公聴会以外で法案の審議・決定に直接関わることはない。

2　裁判員制度

ところが、2009 年、重罪を扱う刑事裁判（第一審のみ）に限り一般国民が参加する裁判員制度が施行された。裁判員法 1 条によれば、「司法に対する国民の理解の増進とその信頼の向上」のため、同制度は導入されたことになっている。そして、「国民」の参加によって刑事裁判自体の「改革」がなされることを期待する声も強かった。

しかし、裁判員制度の導入以後も、刑事裁判の極めて高度な有罪率は一貫して維持されている（99.73%、2013 年刑事司法年報）。従来どおり、有罪判決を得られる確度の高い事件を検察官が選別したうえで起訴を行い、裁判員を迎えた裁

第4章　刑事手続と「国民」

判所が，そうした検察官起訴を「信頼」し続けていることを示唆している。裁判員裁判の前に行われる「公判前整理手続」との関連も軽視できない。裁判官・検察官・弁護人の三者の「専門家」によって，裁判員裁判で提示される情報の「整理」が行われる。「専門家」により削ぎ落とされた情報のみが裁判員の判断の材料となっている点は，「専門家」が維持してきた高度の有罪率を消極的にせよ支える機能を持ちうる。

3　強制起訴制度（検察審査会）

　裁判員と同様に一般国民が参加する検察審査会による「強制起訴」制度も施行された。検察官による不起訴処分にもかかわらず，同審査会が連続して2回「起訴相当」の議決をなした被疑者は，指定弁護士により起訴されるという制度である。「国民」目線から検察官の広範な起訴裁量を制約しようとするものだといえる。有罪判決を得る確度の高い事案だけを選別・起訴してきた従来の検察実務を，条件付きであれ転換するものであることは確かであろう。

4　刑事手続への影響

　このように，近時の刑事手続への「国民」参加は，従来の「専門家」による刑事手続の支配構造に一定の変化をもたらしている。しかし，その過程で「国民」の判断は，「専門家」のそれと衝突しうることもはっきりしてくる。後述するように，裁判員裁判の判断を控訴・上告審が覆し，より軽い量刑を言い渡すケースが出てきた。裁判官の「専門家」としての「相場観」からすると厳しすぎる判断を是正してみせたというわけである。これに対して，刑事裁判を「国民」目線から「改革」しようとするものからすれば，裁判員裁判を「専門家」が安易に破棄するようでは，裁判員制度の存在意義に関わると問いたくなろう。

　また，有罪判決を裁判所から引き出す確信を検察官が持てない事案が「強制起訴」の対象となったものの，刑事裁判で無罪判決が確定するというケースも現れている（小沢一郎政治資金規正法違反事件等）。確かに，検察官という「専門家」からするとスジが悪くても，「国民」からすれば裁かれるべき事案は，裁判官という別の「専門家」の判断を仰ぐべきということもできる。その結果無罪判決が下っても，検察官起訴と同様に「強制起訴」自体に問題はないという

185

第2部　基本権解釈とその方法

ことになる。しかし，その一方で，起訴は被疑者を刑事被告人という負担の大きい立場におく公権力の行使だという点を強調すべきかもしれない。起訴を阻止するためではなく，起訴を行わせるために「国民」目線を利用することは被疑者・刑事被告人の基本権尊重の観点からは好ましくないともいえる。

　刑事被告人の基本権の関連で問題になる「国民」参加として，2008年から始まった刑事裁判での被害者参加制度もある。殺人・強姦など一定の重罪事件の裁判において，被害者やその遺族が被告人や証人に直接尋問したり，検察官の権限行使に対して意見表明をしたり，さらに検察官の論告の後に，訴因の範囲内で論告を行ったりすることができる（ただし参加被害者の論告は証拠にはならない）。被害者の刑事裁判への参加は，被告人への反発を感情的に表明するものだけに終わる恐れがつきまとう。とりわけ裁判員の心証への影響は小さいとは限らない。しかし，裁判官は，被害者の参加やその発言を裁量的に禁止・制約できる。ここでも，「専門家」が「国民」の刑事手続への影響力をコントロールしていることに変わりはない。

5　難　　問

　このように，「国民」目線の刑事手続への導入は，難問に直面することになる。「国民」と「専門家」の感覚が異なりうることを前提に，「専門家」が支配してきた刑事手続への「国民」参加が図られた。「専門家」は，ひとまず「国民」目線に対応することが求められる。しかし，「専門家」は，「国民」と異なる判断を下すことがある。刑事裁判の公正さ，刑事被告人の基本権を守る必要があるからだ。最終的に刑事手続は「専門家」の手によって完結する。では，「国民」が刑事手続に参加する意味は一体何なのか。

Ⅲ　「国民」はなぜ刑事手続に参加すべきなのか

1　司法制度改革審議会意見書

　この点について比較的詳しく説明しているのが，裁判員制度をはじめとする「司法制度改革」を提案した，政府の司法制度改革審議会意見書（以下，「意見書」）である。「意見書」によれば，「国民の統治客体意識から統治主体意識への転換」が必要とされ，刑事裁判において「国民」の「健全な社会常識」を反

第4章　刑事手続と「国民」

映させるために，「広く一般国民が，裁判官とともに責任を分担しつつ協働し，裁判内容の決定に主体的，実質的に関与することができる」裁判員制度の導入が求められる。そして，同制度は「個々の被告人のため」ではなく，「一般国民」「裁判制度」にとって「重要な意義を有する故に導入するものである」という。

　日本国憲法の刑事手続規定は，前述のように，主に被疑者・刑事被告人の権利を保護しようとするものであった。これに対して，「意見書」は，裁判員制度が刑事手続を大きく変えうる制度であるにもかかわらず，「被告人のため」の制度ではないと断言した点にその特徴がある。「意見書」によれば，同制度は「国民」の「意識」改革のために設けられた。裁判員法がいう「司法に対する国民の理解の増進とその信頼の向上」（1条）とは，単に素人が裁判について「お勉強」すべきだという意味ではない。裁判員制度を通じて，「国民」が「統治客体意識」「お上意識」（「意見書」）から脱却し，「統治主体意識」を持つことを真の目的としている。この目的を同制度が達成したとき，司法は自らの「国民的基盤の強化」（「意見書」）を果たしたということになるわけである。

2　「意見書」に対する異論

　とはいうものの，このような「意見書」の理屈立てには異論がありうる。「意見書」によれば，「国民」は「権利主体」であると同時に「統治主体」であるにもかかわらず，現在の「国民」は嘆かわしいことに「統治客体意識」を有したままだとされる。「個人の尊重（憲法第13条）と国民主権（憲法前文，第1条）が真の意味において実現されること」が同審議会の目的である。確かに，憲法上「国民」は主権者であると同時に基本権の主体である。しかし，「国民主権」とは，「国民」が「統治主体」であることを要請しているのであろうか。

　憲法学の通説的見解によれば，「国民主権」とは「国民」が国政の最高決定権を握ることを意味する。最高決定権とは，最高法規である憲法の制定・改正権および選挙権等の公務員の選定罷免権を指す（芦部信喜）。「国民主権」とは，「国民」自らが統治権を行使するというのではなく，「国民」が統治権の正統化根拠だというにとどまる。この通説に反対して，現行憲法の「国民主権」とは人民（Peuple）が統治権の所有者だという意味だと説く「人民主権」説（杉原泰雄）がある。しかし，直接民主制への移行を目指しているのが現行憲法である

第2部　基本権解釈とその方法

と説いたり，公務員に対する命令的委任やリコール制を要請したりする同説には憲法解釈上無理があり，その影響力の低下は否めなかった。「意見書」のいう「統治主体としての国民」とは，杉原説の「復活」なのか。

　「意見書」は，日本を直接民主制の国家にすべきだと明言しているわけではない。「国民」が「統治主体」であることが「国民主権の実現」だと説くのは，統治権をすべて「国民」が担うべきという強い主張ではない可能性がある。「統治主体意識」という語を「意見書」が用いるのは，実際に「国民」が「統治主体」として活動することに限界はあるが，その「意識」だけは持って欲しいということなのかもしれない。

　その一方で，前述の憲法学の通説が説いてきた「国民主権」とは大きく射程を異にする主張であることもまた確かである。「意見書」は，国会や内閣という政治部門と裁判所という司法部門がともに「公共性の空間」を構成するので，これに参加するのは「統治主体」である「国民」の「重い責任」だとする。通説的な見解によれば，政治部門も司法部門もともに「公共性の空間」であること自体は肯定されようが，前者は国政への国民意思の反映を求める民主主義が基本となるのに対して，後者は民主主義ではなく少数派国民の権利保護を求める自由主義が基本となるとされる。同じ「公共性の空間」だとしても，主導する価値理念が政治部門と司法部門とは異なるという理解である。だからこそ通説は，民主主義に連なる「国民主権」と司法部門との直接の関連を重視してこなかったのだが，「意見書」は逆に重視する。

3　裁判員の義務・負担の正当性

　こうして「意見書」によれば，「国民」は「重い責任」や「意識」改革を迫られているので，これに対応した義務・負担を裁判員としての「国民」は負うことになる。裁判員候補者は，20歳以上の日本国民から無作為抽選される。「正当な理由」なく，裁判所の裁判員選抜のための呼び出しや，裁判員への就任を拒否すると処罰される。就任後も，罰則付きで公判・評議への出席や意見の陳述が義務づけられる。裁判員退任後も，評議の内容に関する守秘義務を裁判員経験者は生涯負い続ける。

　最高裁は，このような裁判員の義務・負担について，「参政権と同様の権限」を与えるものである一方，就任等の辞退が柔軟に認められていること等の理由

第 4 章　刑事手続と「国民」

で，「意に反する苦役」を禁止する憲法 18 条には違反しないと判示している（最大判平成 23 年 11 月 16 日刑集 65 巻 8 号 1285 頁）。しかし，裁判員が負う義務・負担を正当化するために「参政権」を持ち出すのは問題である。憲法が保障する「参政権」とは，憲法改正国民投票権，地方特別法住民投票権，国政（衆議院・参議院各議員）・地方（首長・議会議員）の選挙権・被選挙権，公務就任権の総称であるが，これらのいずれも「権限」の行使を国民・住民の任意として，その行使を義務づけない制度となっている。また，裁判員就任等の辞退を柔軟に認めれば，「国民」の負担軽減には資する一方，「国民」が司法に参加する機会を失うことにもなるから，裁判員制度の目的達成を阻害するおそれがある。

　これに対して，「意見書」の論理はより明快である。「意見書」によれば，裁判員の義務・負担は，「統治主体」としての「国民」に課せられた「公共的な責務」の一環である。「国民主権」原理が「国民」に対して要請・許容する義務・負担として，憲法上正当化されるということになる。したがって，裁判員の義務・負担は，同じ憲法が禁止する「意に反する苦役」に該当しない，あるいは憲法が例外的に許容する「意に反する苦役」に該当するにとどまるという説明は容易となろう。しかし，先に指摘したように，「国民」は，政治部門に関わる「参政権」の行使を義務づけられていない。にもかかわらず，司法部門（刑事裁判）に参加する義務を「国民」は負う。「国民」は政治部門以上に司法部門にコミットすべき「公共的な責務」を負うということを，「国民主権」原理からどのように説明できるのか問題となる。

4　「国民」の刑事手続参加の限界

　以上の検討からすると，裁判員制度を典型とした「国民」の刑事手続への参加は，「国民」による刑事手続自体の変容を，そもそも意図したものではないということになる。上級審が裁判員裁判を覆したり，裁判所が検察審査会により「強制起訴」された事件において無罪判決を確定させたりするという事態は，「国民」が刑事手続を変えるアクターとして制度上想定されていなかったことを端的に示したものにすぎない。裁判員制度については，「意見書」の評価とは異なり，現在の刑事司法を「官僚司法」として批判的にみる法曹関係者からも賛同の声があがっていた。現実社会との接点を失い，被告人の権利利益への配慮に欠けるやや独善的な判断を下すことがあった従来の刑事司法を「国民」

第2部　基本権解釈とその方法

の参加によって，より公正なものにしようという主張である。

しかし，そのような主張は，裁判員裁判・検察審査会が従来の「相場」より厳しい量刑判断や起訴議決を下した途端にディレンマに陥る。最高裁は，傷害致死事件の被告人に対して検察官求刑の 1.5 倍の懲役 15 年を言い渡した裁判員裁判（これを維持した控訴審判決）を量刑が不当に重いとして破棄する（最判平成 26 年 7 月 24 日〔刑集 68 巻 6 号 925 頁〕）一方，強盗殺人・現住建築物放火等事件の被告人に対して死刑判決を下した裁判員裁判を破棄して無期懲役とした控訴審判決を維持した（最判平成 27 年 2 月 3 日〔裁時 1621 号 4 頁〕）。裁判員制度の導入にかかわった弁護士の四宮啓は，朝日新聞のインタビューに応じて次のように述べている。「1.5 倍判決の破棄は納得できない。裁判員と裁判官が議論して出した結論は公正というのが制度の理念。裁判員が量刑判断に加わる以上，結論は尊重されるべきだ」。〔ただ，死刑は特別で〕「制度の問題ではなく，人の命を奪うかどうかという問題で質が異なる。遺族の気持ちは痛いほどわかるが，慎重にも慎重であるべきで，最高裁の判断に賛成だ」（朝日新聞 2015 年 5 月 11 日）。

死刑がその他の刑罰と「質が異なる」か否かはともかくとして（本章Ⅳ参照），四宮の応答は矛盾しているといわざるを得ない。裁判員と裁判官が議論して出した結論が「公正」だというのであれば，その結論が死刑であっても「公正」であるから維持されるべきということになるはずである。裁判員裁判が「公正」か否かは上級審によって審査される。裏返していえば，「裁判員と裁判官が議論して出した結論」であっても「公正」とは限らないということになる。上級審は裁判員が参加する裁判だからその結論を尊重すべきなのではなく，裁判員裁判が「公正」である限りでその結論を尊重すべきである。「憲法は，刑事裁判の基本的な担い手として裁判官を想定している」（前掲・平成 23 年最大判）からだ。

5　「国民」は「統治主体」か？

今日の日本「国民」の刑事手続への参加は，刑事手続自体に決定的な影響を及ぼすものではないが，評議等を通じて「国民」が「意識転換」することを目指すものであった。その判断が「公正」か否かを「専門家」により審査される「国民」。「統治客体意識」を「統治主体意識」に転換するよう義務づけられる「国民」。憲法 13 条は「すべて国民は，個人として尊重される」と謳っている。

190

第 4 章　刑事手続と「国民」

この「尊重」されるべき「個人」を憲法学説はしばしば「自律した個人」と形容してきた。

　しかし，「自律した個人」とは，「専門家」に「公正」とは何かを説かれたり，「意識」改革を迫られたりすべき存在なのであろうか。刑事手続への参加を通して「国民」を「統治主体」へと昇華させようとするプロジェクトは，実は「国民」を「権利主体」とみることと両立するか疑わしい面がある。また，国家が，「自律した個人」に対して「統治主体意識」を有するよう誘導すること自体が「国民」を「統治客体」とみなしている可能性がある。「統治主体」とはそもそも何を意味するのか，「国民」は「統治主体」なのか，あるいは「統治主体」である（「統治主体」になる）べきなのかについては，前述したような国民主権ないし民主政の構造・課題に照らした慎重な議論が必要であることだけは間違いないように思われる。

Ⅳ　憲法 36 条と「国民」

1　死刑と「国民」

　刑事手続において「国民」が登場するのは「参加」の局面だけでない。「国民」は，刑罰を設定しようとする立法府の背後にも立ち現れる。その代表例が死刑制度である。憲法 36 条は，「公務員による拷問及び残虐な刑罰は，絶対にこれを禁ずる」と定めている。しかし，判例（最大判昭和 23 年 3 月 12 日〔刑集 2 巻 3 号 191 頁〕）・通説によれば，絞首刑による現行死刑制度は「残虐な刑罰」に当たらないとされる。憲法 13 条後段・31 条は，それぞれ「生命」の制限や「生命」を奪う刑罰を想定しているので，死刑制度自体が直ちに 36 条が禁止する残虐刑にあたるとはいえないからである。

　もっとも，日本が死刑制度を維持し続けている点については，国際的な批判が存する。日本は，1979 年に市民的及び政治的権利に関する国際規約（自由権規約）を批准しているが，同規約第 2 選択議定書（死刑廃止条約）には署名も批准もしていない。その後，国連人権委員会等の国際機関は，今日まで繰り返し日本政府に死刑制度の再考を促してきたが，日本政府はこれを一貫して拒否している。

　日本政府が死刑制度の廃止を拒否する根拠は，死刑制度を支持する「国民」

第2部　基本権解釈とその方法

世論に尽きる。内閣府は5年おきに「基本的法制度に関する世論調査」を実施し，その中で「死刑制度に関して，『死刑は廃止すべきである』，『死刑もやむを得ない』という意見があるが，どちらの意見に賛成か」と聞いてきた。2014年11月実施の同調査によれば。前者（廃止派）は9.7％，後者（存置派）は80.3％であった。確かにこれだけをみれば，日本の世論は圧倒的に死刑存置論に傾いており，国民主権ないし民主政下の日本政府として無視できないということになるかもしれない。

　しかし，以前からこの政府の「世論調査」については精査が必要だという声が絶えない（佐藤舞）。前掲2014年調査は存置派に対して，さらに「将来も死刑を廃止しない方がよいと思うか，それとも，状況が変われば，将来的には，死刑を廃止してもよいと思うか」と問うている。そのうち「将来も死刑を廃止しない」と答えた者は57.5％，「状況が変われば，将来的には，死刑を廃止してもよい」と答えた者は40.5％であった。回答者全体のうち3割以上が死刑存置を絶対視していないことになる。

　世論調査で存置論を選択する回答者は，死刑制度の実態について正確な情報を得ていない疑いもある。というのも，日本政府は同制度の運用実態について徹底した秘密主義を取ってきたからだ。法務省は，2007年以降，執行された死刑囚の氏名と犯罪事実を公表し，2010年に刑場をテレビ公開したが，執行対象となる死刑囚の選定過程や，死刑囚の待遇については一切公開していない。死刑囚のプライバシー保護や，被害者遺族の精神的負担への配慮がその理由と考えられる。しかし，執行まで日常的に監視され，最終的に生命を奪われる死刑囚の「プライバシー」をそもそも観念できるのか疑わしい。仮に観念できるとしても，その「プライバシー」の制限は，死刑制度の正当性根拠を「国民」世論から正確に調達するための必要やむを得ないコストだと考えられる。被害者遺族の精神的負担もまた，同様に現状の極端な非公開主義を正当化するものとはいえまい。

　ひるがえって，死刑制度の正当化を「国民」世論に依存するという論法自体妥当なのか再検討すべきかもしれない。前掲・昭和23年最大判は，死刑もその「執行方法等が時代と環境とにおいて人道上の見地から一般に残虐性を有する」場合に違憲となると判示している。死刑制度が違憲となる要件というだけではなく，同制度が合憲・存置から合憲・廃止，そして違憲・廃止へと立法府

第4章　刑事手続と「国民」

が死刑制度の評価を変えてゆく際に必要な考慮要素を，最高裁なりに示したものでもあろう。「国民」世論こそが「時代と環境」を顕著に表すと，日本政府は考えてきたのかもしれない。

しかし，刑事手続について「国民」の参加を要請しながら，「専門家」の支配を継続しているのが現状である。だとすれば，死刑という日本の刑事手続が課しうる極刑についても，「国民」世論以外に「専門家」としての正当化を必要とするのではないか。逆に，「専門家」による死刑制度の正当化が困難である場合，「国民」世論のみをかざして死刑制度の存置を国際機関に対して主張しても，対外的なナショナリズムを満足させることにはなるかもしれないが，「専門家」が支配する刑事司法との理念的整合性を否定することになる。「専門家」の論理の欠落を埋める「客体」として，「国民」世論が動員されるわけである。

日本政府が今後も死刑存置論を採り続けるというのであれば，「専門家」としての論理を鍛える必要があろう。死刑廃止論の核心的論拠は，生命と他の法益との根本的差異である。前者を剥奪する誤判は取り返しがつかないが，後者を剥奪する誤判は金銭等で取り返しがつくと廃止論はいう。また，生命は他の法益の根本をなす法益にもかかわらず，これを剥奪する死刑はもっとも重大な法益侵害であると主張される。

しかし，例えば，誤判の懲役刑により失った時間・自由は金銭等で取り返しがつくと本当にいえるのか，死刑が生命権を否定するので罪深いというのであれば，懲役刑も自由権を奪うので罪深いということになるのか，刑罰を特定の法益自体を否定するものと捉えると，刑罰一般が成り立たなくなるのではないか，などの反論が可能である（長谷部恭男）。

2　拷問と「国民」

憲法36条は，残虐刑のほか「拷問」もまた禁止している。これに対して，大日本帝国憲法は拷問禁止規定をおいていなかったが，明治12年の太政官布告そして翌年の旧刑法が公務員による拷問を禁止していた。しかし，警察官（特高）・検察官・憲兵による被疑者等に対する暴行は，しばしば行われる「積弊」であった。現行憲法は，この「積弊」を除去するために，拷問を「絶対」的に禁止したわけである。日本は，拷問等禁止条約（1987年発効）に1999年加

第 2 部　基本権解釈とその方法

入している。同条約によれば，「拷問」とは，公務員等が情報収集等のために
身体的，精神的な重い苦痛を故意に与える行為と定義される。日本の現行法は，
特別公務員暴行陵虐罪（刑法 195 条）を定めている。このように，日本の現行制
度上，公務員の職務上の暴行等は条約・法令上完全に禁止されているので，憲
法 36 条の拷問禁止規定違反が刑事手続において問題になることは皆無に等し
かった。

　しかし，死刑制度自体は残虐刑にあたらないというのと同じように，公務員
による「苦痛を与える行為」のすべてが「拷問」に該当するわけではないと解
することは不可能であろうか。幸いなことにというべきか，日本ではそのよう
な「危ない」議論は憲法学で盛んだとは到底いえない。「国民」世論もまた，
今のところ拷問をおよそありえないものとして議論の対象とすらしていないよ
うにみえる。

　ところが，ドイツでは実際に大きな論争を呼んだことがある（ダシュナー事
件）。2004 年にフランクフルト地方裁判所は，W・ダシュナー（当時フランクフ
ルト警察副署長）らの行為を強要罪について有罪とし，ドイツ基本法（憲法）1
条 1 項が保障する「人間の尊厳」を侵害したとする判決を下した（LG Frankfurt
a. M., Urt. v. 20.12.2004, NJW 2005, S. 692.）。身代金目的で 11 歳少年が誘拐・監禁さ
れた事件で，ダシュナーをはじめとする同警察署員は少年の監禁場所を聞きだ
すために容疑者に身体的苦痛を与えるという脅しをかけて取り調べたと同裁判
所は認定している。

　同判決に対しては，「人間の尊厳」を絶対視する通説は肯定的な評価を与え
たものの，他方で加害者の「人間の尊厳」を被害者の生命より優先させてよい
のかという批判が浴びせられた。日本でこれから同種の事件が起きた場合も，
拷問の「絶対」禁止は貫かれるであろうか。ドイツでは，「救出目的での拷問」
と「真の意味での拷問」とを区別し，被害者救出の唯一の手段である場合にの
み前者を許容しようという考え方がある。しかし，憲法 36 条は目的を問わず
拷問を禁止していると解することもできる。

　だとすると，軽度の苦痛を与える行為は拷問にあたらないなど，禁止すべき
拷問の射程を限定的に理解できれば，拷問の絶対的禁止を維持しつつ，公務員
が被疑者等に情報提供等を求めて一定の苦痛を与えることも許容されうるかも
しれない。ただし，傍点部の要件をどう満たすかは大きな問題である。死刑制

第4章　刑事手続と「国民」

度と同様，安易に「国民」世論に正当化を求めるべき論点ではない。世界的に
テロリズムの脅威が拡大し「安心」「安全」の確保が叫ばれている今日だから
こそ，拷問の「絶対」禁止規定の意義を改めて熟考することが求められる（玉
蟲由樹）。

〈参考文献〉
芦部信喜『憲法学Ⅰ〔憲法総論〕』（有斐閣，1992 年）。
亀井源太郎ほか「憲法と刑事法の交錯」宍戸常寿ほか『憲法学のゆくえ —— 諸法との対
　　話で切り拓く新たな地平』（日本評論社，2016 年）24 頁。
佐藤舞「日本の世論は死刑を支持しているのか」法律時報 87 巻 2 号 63 頁（2015 年）。
杉原泰雄『基本的基本権と刑事手続』（学陽書房，1980 年）。
同『憲法Ⅰ〔憲法総論〕』（有斐閣，1987 年）。
玉蟲由樹『人間の尊厳保障の法理 —— 人間の尊厳条項の規範的意義と動態』（尚学社，
　　2013 年）。
土井真一「日本国憲法と国民の司法参加」同編『岩波講座憲法 4　変容する統治システ
　　ム』（岩波書店，2007 年）235 頁。
長谷部恭男『憲法〔第 7 版〕』（新世社，2018 年）。
山崎友也「『意に反する苦役』禁止（憲法 18 条後段）の現代的意義 —— 裁判員制度を合
　　憲とした平成 23 年最大判を契機に」岡田信弘ほか編『高見勝利先生古稀記念・憲法
　　の基底と憲法論』（信山社，2015 年）861 頁（本書第 2 部第 3 章）。

第 5 章　刑事判例の変更と憲法 39 条前段

I　問題の所在

　憲法 39 条前段（「何人も，実行の時に適法であった行為……については，刑事上の責任を問はれない」）は，遡及処罰の禁止（事後法処罰の禁止）を規定していると一般にいわれる。本章は，前者の遡及処罰禁止原則が議会制定法のみならず，刑事「判例」とりわけ最高裁判所の刑事「判例」[1]に及びうるものなのかについて憲法学の視点から若干の検討を試みるものである。この点，刑事法学説においては議論の蓄積がみられていたところ[2]，最高裁は，平成 8 年に下した判決[3]において憲法 39 条の法意は刑事判例の変更に及ばない旨初めて判示するに至った。本書著者は，同判決について簡単な評釈を公表したことがある[4]が，本章は，私見をより詳細に展開することを目的にしている[5]。

1　岩教組事件第 2 次最判

　前述した最高裁の平成 8 年判決の事案と判旨を簡単に確認しておくことにしよう。本件は，賃上げ等の要求実現のため，同盟罷業を組合員に指令した岩手県教職員組合委員長（本件被告人）が地方公務員法の禁止している争議行為の「あおりの企て」「あおり」の罪に問われた刑事事件である。本件被告人が行為に及んだ昭和 49 年 3 月は，既に国家公務員法分野において「二重のしぼり論」

---

(1)　「判例」とは何かについては種々の理解がありうるが，本章では「裁判の基準となるべき最高裁判所の法解釈」と理解する。

(2)　中山研一『判例変更と遡及処罰』（成文堂，2003 年）は，その書名が示すとおり，本稿のテーマについて刑事法学説の立場から網羅的な検討を加えている。

(3)　最判平 8・11・18（刑集 50 巻 10 号 745 頁）。

(4)　山崎友也「公法判例研究」北大法学論集 53 巻 1 号 189 頁以下。

(5)　中山・前掲注(2) 179 頁以下は，拙稿（前掲注(4)）についても紹介・批判の労を取ってくださっている。本章のもとになっている旧稿は，中山の指摘に対して遅ればせながらの回答を試みたものである。行論の都合上，前掲注(4)と重複する部分があるが，ご容赦いただきたい。

第2部　基本権解釈とその方法

を明確に放棄し，争議行為の「あおり」行為等を一律に処罰できるとした全農林警職法事件判決[6]が確立していた。しかし，地公法分野において「二重のしぼり論」を確認した都教組事件判決[7]は，被告人の行為当時，明示的には変更されていなかった。そこで，本件被告人は，地公法分野において「二重のしぼり論」を明示的に放棄した岩教組学力テスト事件判決[8]が下されるまでは，昭和44年の都教組事件判決の「二重のしぼり論」が判例理論として妥当していたのだから，昭和49年当時の本件被告人の行為について，昭和51年の岩教組学テ事件判決の法理を遡って適用することは，憲法39条規定の遡及処罰禁止原則に反する，と主張し最高裁に上告したわけである[9]。

　最高裁は，上告を棄却した。法廷意見は，「行為当時の最高裁判所の示す法解釈に従えば無罪となるべき行為を処罰」しても憲法に違反しないことは，引用した先例3件[10]の「趣旨に徴して明らかであ」る，と簡潔に判示するに止めたが，河合裁判官（裁判長）による補足意見が付された。河合補足意見によれば，「最高裁判例が示した法解釈は，下級裁判所に対し強い事実上の拘束力を及ぼしている」以上，国民が最高裁判例に寄せる「信頼」を保護すべき場合がある。ことに「判例を信頼し，それゆえ自己の行為を適法であると信じたことに相当の理由のある者」については，故意を欠くと解し処罰すべきではない。もっとも，本件被告人が行為に及んだ昭和49年3月当時，確かに地公法分野では都教組事件判決が最高裁の判例ではあったものの，全農林警職法事件判決が「都教組事件判決の基本的な法理は明確に否定」していた以上，都教組事件判決の変更を予想できた本件被告人に故意阻却の余地はない。

----

(6)　最大判昭48・4・25（刑集27巻4号547頁）。

(7)　最大判昭44・4・2（刑集23巻5号305頁）。

(8)　最大判昭51・5・21（刑集30巻5号1178頁）。

(9)　上告趣意では別に，判例違反の主張もなされているが，判旨も含めて紹介は割愛する。

(10)　①最大判昭25・4・26（刑集4巻4号700頁）（上告理由を事後的に制限した刑訴特別応急措置法は憲法39条にいう「刑事上の責任」を遡及的に問うものではないので同条には反しないとした）。

　　②最大判昭33・5・28（刑集12巻8号1718頁）（共同被告人の供述には補強証拠を要するとした先例を変更して，被告人本人との関係で完全な証拠能力を有するとした）。

　　③最大判昭49・5・29（刑集28巻4号114頁）（居眠り運転と業務上過失致死傷とを一罪として断罪すべきとした先例を変更して，併合罪として断罪すべきとした）。

第5章　刑事判例の変更と憲法39条前段

2　判例理論・錯誤論による処理の限界

　法廷意見は先例3件を引用することによって，実質的な理由を示すことを避けたが，引用先例によって判旨を理解することができるのかが問題になる。確かに，引用先例はいずれも被告人にとって不利な判例変更を行っているという点では共通する。しかし，先例①は，刑罰法規（手続法）の変更に関わる事例であって，「最高裁判所の示す法解釈の変更」と憲法39条との関係が問われる本件の先例として引用するのは適切ではない。調査官解説の指摘するように[11]，本判決が「法律」と「判例」の効果を厳格に区別する思考に拠っているのだとすれば，「法律」の変更に関わる事案（判断）が，「判例」の変更に関わる事案（判断）を，当然に正当化することにはならないはずである。

　先例②③に至っては，判文上憲法39条に言及されることが皆無であった。この点，調査官解説によれば，本判決は引用した「最高裁判所の裁判に示された判断内容それ自体ではなく，そのような判断を通じて判例を変更したという点に黙示の憲法判断を読み込んだもの」[12]ということになる。しかし，この指摘も受け入れ難い。先例が「黙示」の憲法判断を含んでいたというのであれば，なおのこと，本判決は「読み込んだ」ところの憲法判断を「明示」してみせるべきである。調査官解説によらなければ意味不明の「最高裁判決」と何かという「根本的疑義」が呈される[13]。また，引用諸先例において被告人は，自らに下された最高裁判決をもってはじめて自らに不利益な判例変更がなされたことを知ったと考えられる。だとすれば，被告人に不利益な判例変更の合憲性を争う場合，別事件で変更された判例の適用を争う本件のような事案こそ，小法廷ではなく大法廷で処理すべき先例性を有するとみることもできる[14]。このように法廷意見は，不適切な先例を引用したうえに，本件特有の先例性を看過している点で問題が多いと評価せざるをえない。

　法廷意見に対して河合補足意見は，比較的詳細な議論を展開している。同補

---

(11)　『最高裁判所判例解説刑事編平成8年度』（今崎幸彦解説）159-161頁。

(12)　今崎・前掲注(11) 163頁。

(13)　中山・前掲注(2) 179頁。

(14)　高山加奈子「本件評釈」ジュリスト1132号161頁。同様に本件を大法廷に回付すべきであったと指摘する本件評釈として，大山弘＝松宮孝明・法学セミナー51号84頁，村井敏邦・ジュリスト1113号142頁，大城渡・法政68巻576頁。

第 2 部　基本権解釈とその方法

足意見は，要するに本件の論点を憲法レヴェルから法律レヴェル，あるいは個人の責任を問うレヴェルに移すべきことを説いている。被告人に不利益に変更された判例理論の適用を憲法違反と考えるかではなく，判例に対する国民の信頼を裏切るものなのかを問題にする。変更前の判例を信頼し自己の行為を適法と信じた者は，違法性の錯誤を来たしているゆえ犯罪成立を阻却すべきだというわけである。

　犯罪成立に違法性の意識を必要とするという前提理解は，刑事法学説の大勢に沿うものである。また，判例変更に伴う被告人の不利益については，錯誤論によって個別的に救済すべきだという主張もまた，刑事法学説・実務家に根強い。同補足意見が好意的に評価される所以である[15]

　しかし，被告人にとって不利益に変更された判例の適用いかんを行為者の錯誤論のレヴェルで処理することには疑問が残る。

　河合補足意見によれば，本件行為時すでに全農林警職法事件判決によって都教組事件判決の「基本的法理」は否定されていたのだから，本件被告人は都教組事件判決も以後明示的に変更されることを予測できたはずだとされる。しかし，判例に対する国民の信頼保護を謳いながら，明示されない判例変更を予測せよと国民に要求することには無理がある。ある事案について判例が明示されているにもかかわらず，この判例は黙示に変更されうるとすれば，何が現在最高裁の法解釈なのか，同種事例で基準となる法解釈が何かについて国民は理解しがたい状態におかれることになる。黙示に変更された判例を予測できなった者に責を帰するのは，かかる法的不安定性を国民の危険負担によって決するこ

---

(15)　河合補足意見を好意的に評価する本件評釈は，大山=松山・前掲注(14) 85 頁，河原俊也・警察公論 52 巻 9 号 123 頁，高井裕之・法学教室 202 号 117 頁，坪井宣幸・法律のひろば 50 巻 4 号 51 頁，橋本裕蔵・判例評論 472 号 54 頁，本吉邦夫・法の支配 109 号 120-121 頁。初宿正典『憲法 2（基本権）〔第 3 版〕』（成文堂，2010 年）417-418 頁，萩原滋『罪刑法定主義と刑法解釈』（成文堂，1998 年）226 頁も河合補足意見の趣旨に賛同している。なお，高山・前掲注(14) 163 頁は，河合補足意見の違法性の意識必要説には賛同しつつ，「自己の行為について違法判断が出るかもしれない」という「未必の違法性意識」は保護に値しないとして，責任論による救済を否定する。高山加奈子『故意と違法性の意識』（有斐閣，1999 年）297 頁も参照。これに対して安田拓人「判例の不利益変更と遡及処罰の禁止」大野古稀祝賀『刑事法学の潮流と展望』（世界思想社，2000 年）61 頁は，被告人の行為に先立つ有利な「判例が法状態を知るための唯一の手掛かりであった場合」にのみ責任阻却を認めようとする。

とにほかならない。

　錯誤論とは，行為者個人の主観的事情を，犯罪成立を判断する際の一要素とし酌しようとする議論であったはずである。しかし，河合補足意見にいう「判例に対する国民の信頼」は，主観的事情を問う錯誤論とそもそもレヴェルを異にする概念であろう。河合補足意見は，判例が国民に対して行為準則を提供していることを承認している。判例が受ける「信頼」とは，個々人の主観を超えた客観的な法規範レヴェルにおける「信頼」と理解すべきである。判例の動揺の帰結を行為者の責に帰すという本末転倒は，判例に対する「信頼」を国家機関による公正さへの一般的信頼の一環とみなすことで解消される[16]。

　河合補足意見は，本件被告人が全農林警職法事件を受けて，都教組事件判決の間もない変更を予測したうえで本件行為に及んでいる以上，故意を阻却する余地がないとして有罪の結論を支持する。しかし，既に述べてきたように，判例に対する国民の信頼と行為者個人の主観的事情とを区別する見地に立てば，別の結論を導きうる。判例に対する国民の信頼保護を客観レヴェル，行為者の責任を主観レヴェルに振り分けるならば，本件被告人の行為はあくまで客観レヴェルで評価すべきである。仮に本件被告人が都教組事件判決の変更を予測していたとしても（主観レヴェル），同判決の明示的な変更はなされていなかった。本件被告人の行為当時，国公法分野の先例となっていた全農林警職法事件判決は，全司法仙台事件判決[17]を4年で変更したものである。判例が動揺している状況下で行為者は，明示されている都教組事件判決を信頼すべきか，都教組事件判決を変更する未知の判決（岩教組学テ事件判決）を予測すべきか[18]。判例に対する国民の信頼を説くのであれば，動揺するなかでなお明示されている判例に従う行為者については，その主観的事情を問わず処罰すべきではないと解するべきということになる[19]。

---

(16)　松原久利「判例の不利益変更と判例への信頼保護」産大法学34巻3号297頁参照。

(17)　最大判昭44・4・2（刑集23巻5号685頁）（都教組事件判決と同日）。

(18)　岩教組学テ事件判決が，全農林警職法事件判決の引き写しではないことについて，中村睦男・ジュリスト642号28頁参照。

(19)　高山・前掲注(13)162頁によれば，動揺する判例に対する「信頼」とは，「行為の適法性」に対する信頼ではなく，「過去の判例を信頼した場合に責任が否定されることへの信頼」であって，このような信頼を保護することは違法な行為を違法かもしれないと思って行う自由を承認することになり妥当ではないとされる。なお，安田・前掲注(15)

第2部　基本権解釈とその方法

　裁判所による法解釈は，明文化された刑罰法規の枠内でなされるに過ぎないので，国民の予測可能性を侵害することはないとする見解がある[20]。確かに，刑罰法規の「文言の可能な意味の範囲においてしか，解釈は許されないものとされている」[21]。しかし，刑罰法規の「枠内」か否か，「文言の可能な意味の範囲」内か否かを，具体的事件において終局的に判断するのは，現行制度上最高裁判所である。刑罰法規の規定にのみ着目するのか，それとも，刑罰法規の規定を実際に解釈し，通用させる裁判所による法解釈をも視野に含めた形で国民の「予測可能性」を語るのか，という重要な対立点が浮かんでくる。

　また，判例の動揺が激しい場合は，判例理論の適用の諾否を問うのではなく，刑罰法規自体の不明確性を攻撃すべきだとする指摘もある[22]。この指摘の当否は，日本の判例理論が「明確性の原則」をどのように理解しているか，刑罰法規の「意味」の明確性が判例理論とどのような関係にあるのかを踏まえたうえで初めて判断される。これら刑事法学説からの問題提起は，厳格な法律主義を貫くことで，刑事判例の「法源性」を正面から否定すべきかという論点に直結するので，節を改めて検討することとしよう。

II　憲法問題としての「刑事判例の変更」

1　諸説の整理

　これまでみてきたように，刑事判例の変更によって不利益を受ける被告人について錯誤論による救済を図ることは適切ではない。錯誤論は行為者個人の主観的事情を問うのに対して（主観レヴェル），刑事判例の変更は，河合補足意見のいう「判例に対する国民の信頼保護」（客観レヴェル）を問う。問題は，「客観レヴェル」すなわち刑事判例の変更でいう「信頼」あるいは「予測可能性」の保護を実定法上のどのように根拠づけるかである。刑事判例の変更は，「より一般的な違法性の問題，判決倫理の問題であり，まさしく法規の変更に準ずべ

　64-65 頁も参照。このように，「法」と「判例」を厳格に区別することから導かれる思考は，後述するように適切ではない。

(20)　安田・前掲注(15) 57-60 頁。

(21)　安田・前掲注(15) 59 頁。

(22)　高山・前掲注(13) 163 頁。

第 5 章　刑事判例の変更と憲法 39 条前段

き問題」[23]だとすれば，単に刑罰法規の解釈としてのみならず，その「変更」
を規律する憲法問題として扱う必要が生じる。以下に，刑事判例の変更を憲法
上の問題と理解する学説を整理する。

(1)　憲法 39 条全面適用説①（法源性肯定説）

制定法の規範内容はそれ自身では完結しておらず，常に解釈・補充・補完を
要する。その解釈が裁判所により有権的に行われ，後の裁判所の判断を拘束す
ると，当該判例は一種の慣習法として普遍性・一般性を有する。このような慣
習法としての判例は，制定法という形式を補充・補完する法源とみなされる。
とりわけ最高裁判例によって解釈された制定法は，以後の裁判の基準となる以
上，私人の行為規範としても機能する[24]。判例は「成文法を補充すべき間接法
源」[25]として，憲法 39 条にいう「法」の内容をなすので，不利益に変更され
た新判例は直接に遡及が禁止されることになる。

(2)　憲法 39 条全面適用説②（法源性否定説）

刑事判例の変更について憲法 39 条の適用を認めるが，刑事判例の「法源性」
を否定する点で前記(i)説と対立する。判例の「法源性」承認は，判例の法創造
機能を正面から肯定することになる点で，刑罰の法律主義を要請する罪刑法定
主義と矛盾するものと解する。もっとも，最高裁判例の「法源性」は否定する
ものの，その「事実上の拘束力」を重視するべきだとされる。判例は一方で国
民に対して，その行動の指針を与え，他方で，裁判所による法解釈の統一を図
るという機能を有している。このような諸機能を有する最高裁判例を国民に

---

(23)　小暮得雄「刑事判例の規範的効力」北大法学論集 17 巻 4 号 667 頁。

(24)　小暮・前掲注(23) 650-654 頁，西原春夫「刑事裁判における判例の意義」中野判事還
暦祝賀『刑事裁判の課題』（有斐閣，1972 年）307-309 頁，寺崎嘉博「遡及処罰禁止原
則における判例変更の法的機能」Law School36 号 133 頁。佐藤幸治『現代国家と司法
権』（有斐閣，1985 年）377 頁，畑博行「憲法判例の変更について」公法 37 巻 57 頁は
上記諸文献の思考を支持する。松井茂記『日本国憲法（第 3 版）』（有斐閣，2007 年）
540 頁も同旨か。高橋一修「先例拘束性と憲法判例の変更」芦部信喜編『講座憲法訴訟
3 巻』（有斐閣，1987 年）は，判例の法源性を法上のものか，事実上のものとみるべき
かの対立を拘束力の強弱の対比に解消したうえで，「憲法は 39 条を判例変更の場合に
も適用することを禁じていない，と理解すべきであろう」（177 頁）としている。

(25)　小暮・前掲注(23) 658 頁。

第 2 部　基本権解釈とその方法

とって不意打ち的に変更することは避けるべきである。国民の予測可能性を担保することは罪刑法定主義の要請であり，被告人にとって不利益な判例変更については一律に，憲法 39 条の遡及処罰禁止原則が妥当する[26]。

(3)　憲法 39 条限定適用説（合理的依拠説）

　刑事判例の変更にあたり憲法 39 条の適用を限定的に承認しようとする学説である。古典的な学説によれば，裁判官は法を創らないとされる。法は裁判官の解釈以前で既に完結しており，変更後の新判例は，旧判例が誤って伝えていた法の意味を是正したものにすぎない。しかし，このように「判例による法形成」[27]を全否定するのは，司法過程に対するリアリスティックな認識とはいい難い。旧来，全否定されてきた判例の不遡及的変更のテクニックを，とりわけ罪刑法定主義の要請が及ぶ刑事判例において，限定的に使用する方途を模索するべきである。判例の不遡及的変更にあたっては，行為者が変更前の旧判例に対して合理的に依拠していたことが条件となる。行為者が「依拠した先例が，依拠するに値するものであること」が求められる以上，「判例法の大勢が変わって来て機会があれば変更されることが明白な先例に依拠」することは許されない。また，「先例に依拠して行為することが，法の立場からみて，まったく保護に値しない場合であってはならない」[28]。

---

(26)　村井・前掲注(14) 143 頁，村井敏邦「判例変更と罪刑法定主義」一橋論叢 71 巻 1 号 48 頁，中山・前掲注（2）120 頁も同旨。樋口陽一『現代法律学全集 2　憲法 I』（青林書院，1998 年）も，判例の法源性を「事実上のものにすぎない」（510 頁）と理解する一方，刑事判例の遡及的変更が「罪刑法定主義，遡及処罰の禁止という憲法上の要請」に触れうると指摘する（537 頁）。佐伯仁志「罪刑法定主義」法学教室 284 号 50 頁は，一般論においては村井らに賛同しつつも，平成 8 年判決については，被告人有罪の結論を支持する点で村井らと見解を異にする。

(27)　田中英夫「判例による法形成」法協 94 巻 6 号（同論文は後に『法形成過程』（東京大学出版会，1987 年）に所収）は，判例について，法律による変更を受けない限りで法形成機能を果たすという意味で「従位的立法（subordinate legislation）」と位置づける（775 頁）。

(28)　田中英夫「判例の不遡及的変更」法学協会雑誌 83 号 7・8 号とりわけ 1051-1061 頁参照（前掲『法形成過程』に所収）。同「全農林警職法事件における判例変更をめぐる諸問題」ジュリスト 536 号 56 頁は，全司法仙台事件判決の日から同判決を変更した全農林警職法事件判決の当日までになされた行為に全農林警職法事件判決の示した法理を遡及適用すべきかを検討し，これに消極的な評価を下している。小嶋和司「憲法判例の変更」『小嶋和司憲法論集 3　憲法解釈の諸問題』（木鐸社，1989 年）385 頁も田

第5章　刑事判例の変更と憲法39条前段

(4)　憲法 31 条限定適用説

刑事判例の法源性は，前記(ii)説と同様に罪刑法定主義に反するとして認められないとしたうえで，刑事判例の変更にあたって憲法 31 条の適用を模索する。高山加奈子によれば，判例に対する信頼は，法律に対する信頼とは根本的に異なるうえに，判例が動揺することを知る行為者は，判例変更の結果，旧判例によれば合法とされた行為が新判例によれば違法とされうるという「未必の違法性意識」を有しているため保護に値しないとされる。しかし，判例の頻繁な変更は，当該刑罰法規の内容が明確でないことを少なくとも間接的に示しているので，当該刑罰法規を端的に法令違憲とすべき余地がある[29]。他方，高井裕之によれば，刑事判例の変更については，憲法 31 条を根拠としたデュープロセス法理の適用により，「実質的公正性」を担保すべきだとされる[30]。

2　諸説の検討

1 では，刑事判例の不利益変更を受ける被告人に対して憲法上の保障を与えるべきことを主張する学説を四種に分類した。本書は，結論的に先にみた憲法 39 条全面適用説①（法源性肯定説）を妥当とするが，以下各説の問題点を検討することにしよう。

(1)　憲法 39 条全面適用説②（法源性否定説）について

この説は，刑事判例の法源性を否定しながらも，罪刑法定主義および遡及処罰禁止原則肯定説が国民の予測可能性を担保していることを理由に，刑事判例の不遡及的変更は憲法 39 条の要請するところと理解する。確かに，河合補足意見と同様に「判例に対する国民の信頼」を強調しながら，判例の遡及効の一律禁止を導くことができれば，河合補足意見の錯誤論による救済をはるかに勝る「国民の信頼保護」ということになる。

しかし，刑事判例の法源性を肯定することなく，不利益に変更された刑事判

中の一般論を支持する。なお，大城・前掲注(14)は，田中説を支持するようであるが，田中や小嶋と異なり，判例の法源性論と切り離して，憲法 39 条の適用を肯定する（576 頁）点に特色がある。

[29]　高山・前掲注(14) 163 頁。

[30]　高井・前掲注(15) 117 頁。戸波江二『憲法〔新版〕』（ぎょうせい，1998 年）464 頁も，憲法 31 条の適用可能性を示唆する。

第2部　基本権解釈とその方法

例の遡及効を一律否定できるのであろうか。確かに，国民は国家機関に対して，種々の利害や限定された情報の中から様々な「予測」「信頼」を寄せることだろう。ただし，国民の寄せるそのような「予測」「信頼」はすべて法的に保護されるべきだとは限らない。国家機関は実定法に準拠して初めて権限行使を正当なものとみなされるから，国民の寄せる「予測」「信頼」が法に準拠したものであるかが要保護性の基準になる。

　判例があくまで「事実上」の意味しかないということであれば，仮に判例が「制度上」の「強い拘束力」を有しているとしたところで法ではないことにはかわりない。実定法秩序において法的拘束力を否定すべき「非法」である。実定法秩序上「事実上」の意味しかない判例に対して寄せられる「予測」「信頼」を一律に保護すべきという理解は，「適法な行為」を一律保護の対象とする憲法 39 条の法意にそぐわない。判例の法源性を否定することは，判例を具体的事件の裁判に際し裁判官の準拠する基準とは解さないということである。したがって，「非法」である判例が予測可能であることは罪刑法定主義ひいては遡及処罰禁止原則の内容をなすものではないというほかあるまい[31]。

　この点，「裁判官は，法律に拘束されることは勿論であるが，裁判所自身が法律に加えた『解釈』を不利益に変更することも立法の変更と実質的に同様な効果をもたらすという事実を否定することができない限り，遡及処罰禁止の原則が及ぶと考えるべきではなかろうか」[32]という反論がある。

　確かに，とりわけ最高裁の法解釈は法律の「効果」を完成させるという意味で重要な意義がある。しかし，問題はそのような「効果」をもたらす「形式」である。憲法 39 条にいう「適法な行為」は「実定法秩序が保護すべき行為」と理解すべきであって，「事実上」の意味しかない法解釈は「実定法秩序」という「形式」の枠外というべきである。刑事判例が刑罰法規と同じ「効果」を有するというのであれば，刑事判例が刑罰法規と同じ「形式」すなわち同じ実定法であることを承認する必要があろう。

　他方，判例の法源性は，「形式」や「効果」の観点からのみ承認されるべきものではない。この点，「遡及処罰禁止の法理は，憲法上の権利の観点から捉

---

(31)　萩原・前掲注(15) 223 頁参照。
(32)　中山・前掲注(2) 185 頁。

えられるべきであり，その適用が判例の法源性に結びつけられるべきではない」[33]と指摘される。この指摘の背後には，判例の法源性の問題とは，そもそも「第一次的には裁判官にとっての規範性の有無の問題（憲法76条3項）」[34]だという理解がある。しかし，判例の法源性を論じることが国民の基本権保障には直結しないとの理解には賛同しがたい。憲法上の基本権規定は，確かに国民を主な享有主体としているが，同時に国民の基本権を侵害しない旨裁判所を含む国家機関に命じる法規範でもある。憲法規範を制限規範と授権規範とに区別して理解する[35]ことも可能であるが，一括して授権規範（消極・積極）と捉えることもできる[36]。憲法39条を含む基本権規定は，「第一次的には」国家機関に対する規範と解しうるということである。

　刑事判例の法源性を承認すべき根拠は，個別の基本権規定にも求められる。判例の法源性を正面から肯定する論者は，その根拠として平等ないし公正の観念をつとに挙げてきた[37]。「類似の事件には同じような解決を与えるべし」[38]という観念である。国民の予測可能性の確保を目的とする罪刑法定主義および遡及処罰禁止原則がかかる観念を淵源としていることは容易に理解される。刑事判例の不遡及的変更を正当化する論拠として，「刑罰権行使の公正さの確保の要請」が挙げられる[39]。しかし，このような「要請」は，刑事判例が刑罰法規を補充・補完する法源だからこそ，実定法秩序上妥当すると解するべきである。判例の法源性承認論は，「平等ないし公正」の「規範性」が一層強く裁判官に及ぶことを狙いとしている。

(2)　憲法39条限定適用説（合理的依拠説）について

　この説はすでにみたように，被告人にとって不利益な刑事判例の変更に対し

---

(33)　大城・前掲注(14) 572頁。

(34)　高井・前掲注(15) 116頁。

(35)　芦部信喜『憲法学Ⅰ　憲法総論』（有斐閣，1992年）50頁。

(36)　ケルゼン（尾吹善人訳）『法と国家の一般理論』（木鐸社，1991年）214-215頁。

(37)　田中英夫・前掲注(27) 759頁，佐藤幸治『憲法訴訟と司法権』（有斐閣，1984年）277頁，松井茂記「憲法判例の法源性・先例拘束性と憲法判例の変更」樋口陽一編『講座憲法学6』（日本評論社，1995年）215頁。

(38)　佐藤幸治「判例の法源性」小嶋和司編『憲法の争点〔新版〕』（有斐閣，1985年）271頁。

(39)　佐伯・前掲注(26) 49頁。

第 2 部　基本権解釈とその方法

て憲法 39 条の適用を限定的にのみ認める。同条の適用が認められるのは，行為者が旧判例に「合理的」な依拠をしていたと解される場合のみである。行為者の「合理的」な依拠を問題にするということは，行為者の主観的事情を少なからず斟酌することになる。これは先に論じた「錯誤論」に接近する。しかし，すでにみたように憲法 39 条の適用は，行為者の主観的事情とは別に行われるべきである。そこで行為者の主観的事情をある程度客観化するために，「合理的依拠」の「推定」が容認される。行為時に先例が存在すれば，判例に対する「合理的依拠」は「推定」してもよいというわけである[40]。

　「合理的依拠説」は，判例の遡及効を原則肯定する。先例の変更は，法の変更を示すものではなく，新判例こそが法の正しい意味を示すものであるという「古典的な考え方」を一応は受け入れているということである[41]。しかし，「合理的依拠説」は，「古典的な考え方」にも問題点があると指摘し，判例の法形成機能を承認するリアリズム法学の指摘にも理解を示している[42]。仮に「古典的な考え方」を原則とするのならば，判例の遡及効を否定する憲法 39 条の適用は，文字通り「慎重に，例外的にのみ，用いられるべきであろう」[43]ということになろうが，同時に憲法 39 条適用の条件である「合理的依拠」を安易に肯定することもできなくなるはずである。他方で，「古典的な考え方」が「判例の法形成」を否定するものであることを強調するならば，仮に「例外的」な場合であっても，刑事判例の変更に憲法 39 条を適用することはできなくなるはずであろう。「合理的依拠説」は，判例に実定法秩序上いかなる地位を与えているのか明確さを欠くというべきである。

　もっとも，「合理的依拠説」は，「合理的依拠」の「推定」を覆すべき場合を提示している。その一つは，判例法の大勢が変わり変更が明白になった先例に依拠した行為者は，先例に対して「合理的」に依拠したものとはみなされないというものである[44]。しかし，このような思考は，すでにみた平成 8 年判決における河合補足意見と同種のものといわざるをえない。「判例法の大勢」やそ

---

(40)　田中・前掲注(28) 1052 頁。
(41)　田中・前掲注(28) 1009 頁。
(42)　田中・前掲注(28) 1014 頁。
(43)　田中・前掲注(28) 1047 頁。
(44)　田中・前掲注(28) 1053 頁。

第5章　刑事判例の変更と憲法 39 条前段

の「変更が明白」かを行為者に予見させようとするのは，予測可能性・法的安定性一般の担保いかんを主観化する点で妥当ではない。最高裁が行為者にとって有利な判例理論（旧判例）を明示し，かつ，行為者がこれに適合する行動を取っていたことの証明（疎明）があれば，行為者に不利な判例理論（新判例）の適用は憲法 39 条の禁止するところと解するべきである。

　もっとも，「合理的依拠」の「推定」を覆すべき場合として，他に先例に依拠することが「法の立場からみて，まったく保護に値しない場合」も挙げられる[45]。旧判例が共謀共同正犯論を否定していたと仮定した場合，この旧判例に依拠し，共謀のうえ見張りだけを担当した者が，新判例によって「共謀共同正犯」に遡及的に問われることは否定できないという。

　しかし，この仮定事例がなにゆえ「法の立場からみて，まったく保護に値しない場合」にあたるのか理解できない。旧判例によれば従犯にすぎないとされる行為者を，新判例によって「共謀共同正犯」だと遡及的に認定することは，行為者にとって典型的な不利益変更にあたる。新判例の明示以前の行為者は従犯の限度内で処罰すべきだと解することが，「明白に反社会的」[46]だという実質的根拠は不明のままである[47]。

(3)　憲法 31 条限定適用説について

　この説がこれまでみてきた諸説と決定的に異なるのは，刑事判例の法源性を否定し，かつ，刑事判例の変更に憲法 39 条を適用することも拒否する点にある。刑事判例の変更にあたり憲法 31 条を適用するという場合，まず「憲法 31 条」の規範内容をどのようなものとして観念するかが問題となる。同条の規範内容に「手続の法定・適正」の要請が含まれると解する点では，学説上ほぼ異論はない[48]。問題は，「実体の法定」を同条の要請するところと解するか否かという点である。「実体の法定」を罪刑法定主義と解したうえで，これを同条の保障内容とする学説がある[49]一方で，罪刑法定主義を「手続の適正」の一環

---

(45)　田中・前掲注(28) 1054 頁。

(46)　田中・前掲注(28) 1054 頁。

(47)　中山・前掲注(2) 130 頁，186 頁，萩原・前掲注(15) 225 頁も同旨。

(48)　ただし，憲法 31 条は手続の法定のみを要請していると解する田中英夫「憲法 31 条（いわゆる適法手続条項）について」宮沢還暦記念『日本国憲法体系 8』（有斐閣，1965 年）参照。

第 2 部　基本権解釈とその方法

として同条の保障下に含める学説もある[(50)]。「実体の法定」は憲法上の要請ではないとする学説も，罪刑法定主義を憲法 41 条の要請と解する[(51)]。

　刑事判例の変更にあたり憲法 31 条を適用しようとする思考は，刑事判例の変更に対して罪刑法定主義の要請を及ぼそうとする思考なのであろうか。この点，同条のいう「法律」は議会制定法を指し，罪刑法定主義は犯罪と刑罰とをあらかじめ議会制定法で定めるべきことを意味する以上，刑事判例の変更に同条の保障は及ばないと指摘される[(52)]。確かに，刑事裁判において厳格な法律主義を採る限り，刑事判例の変更に直接，罪刑法定主義の保障を及ぼすことは不可能であろう。また，仮に罪刑法定主義の保障が及ぶと解した場合，その派生原理である遡及処罰禁止原則を定める憲法 39 条の適用を拒否する理由はなくなるということもできる。

　そこでなお，厳格な法律主義によりながら，刑事判例の変更にあたり罪刑法定主義の保障を及ぼそうとする学説がある。刑事判例の変更，変更後の判例の遡及適用を憲法上肯定しながら，あまりに頻繁な判例の変更が生じる刑罰法規は，罪刑法定主義の派生原理である明確性の原則に反するものと理解するというわけである[(53)]。

　この見解はそれとしては一貫しているが，ここで「明確性の原則」の射程を振り返る必要がある。憲法上「明確性の原則」が保障されるべきことに異論はないが，具体的な事例における「明確性の原則」の適用のあり方については判例と学説に顕著な対立がみられる。最高裁は，「明確性の原則」違反が争われた徳島市公安条例事件判決[(54)]，税関検査事件判決[(55)]，福岡県青少年保護育成条例事件[(56)]，岐阜県青少年保護育成条例事件[(57)]等，未だかつて一度も同原則違反

---

(49)　佐藤幸治『日本国憲法論』（成文堂，2011 年）331 頁・334 頁。
(50)　野中俊彦ほか『憲法 I 〔第 5 版〕』（2012 年）412 頁（高橋和之執筆）。
(51)　松井・前掲注(24) 519-520 頁。なお，田中・前掲注(48) 190 頁によれば，憲法 39 条および 73 条 6 号がある以上，憲法は「論理上当然」罪刑法定主義を要請しているとされる。
(52)　今崎・前掲注(11) 157 頁。こうして今崎調査官によれば，平成 8 年判決は憲法 31 条違反の主張も実質的に退けたものとされる。
(53)　高山・前掲注(14) 163 頁。
(54)　最大判昭 50・9・10（刑集 29 巻 8 号 489 頁）。
(55)　最大判昭 59・12・12（民集 38 巻 12 号 1308 頁）。
(56)　最大判昭 60・10・23（刑集 39 巻 6 号 413 頁）。
(57)　最 2 判平元・9・19（刑集 43 巻 8 号 785 頁）。

第5章　刑事判例の変更と憲法39条前段

を認定したことはない。不明確だと攻撃される法規について合憲限定解釈を施す判例理論に対しては，学説上は解釈の限界を超えるとの批判が強い[58]。

「明確性の原則」に関する詳しい検討は他日を期すとして，本書では福岡県青少年保護条例事件最高裁判決に触れてみよう[59]。同事案では，福岡県青少年保護育成条例10条が禁止する青少年に対する「淫行」が明確性を欠く文言か否かが争われた。最高裁は，同規定を次のように限定解釈した。「淫行」とは，「性行為一般」ではなく，要するに，青少年を性的欲望のはけ口としてのみ扱い，青少年の未熟さに乗じた不当な手段により行う性交又は性交類似行為を指すとしたわけである。同判決によれば，このような限定解釈は，真摯な交際をする青少年との性行為を処罰対象から除外する一方で，「淫行」を単に反倫理的な性行為を処罰すると解することの不明確性を除去する点で，「通常の能力を有する一般人の理解」[60]にかなうとされる。

注目すべきは，同判決が，「淫行」を上記のように「解釈するときは，同規定につき処罰の範囲が不当に広過ぎるとも不明確であるともいえない」と指摘する点である。無論，同判決は，この限定解釈について「規定の文理から合理的に導き出され得る解釈」とも述べているが，明確性の原則に反しない根拠として刑罰法規自体の明確性より，むしろ刑罰法規の「解釈」の明確性を強調しているようにみえる[61]。

刑罰法規の「解釈」の明確性を問う思考は，先に紹介した刑罰法規の「解釈」の転変を，刑罰法規自体の不明確性に帰す思考とは好対照をなす。厳格な法律主義に立てば，裁判所は，法律の可能な語義の範囲内であれば，必ずしも「明確」な解釈を行う必要はないということができる。厳格な法律主義の解する罪刑法定主義は，刑罰法規自体が「明確」であることを要求するが，刑罰法規に施す裁判所の法解釈が「明確」であるべきことまで要請しないはずだからである。

---

[58]　藤井俊夫「過度の広汎性の理論および明確性の理論」芦部信喜編『講座憲法訴訟2巻』（有斐閣，1987年）参照。

[59]　同判決の犀利な分析として，駒村圭吾・憲法判例百選Ⅱ〔第6版〕（有斐閣，2013年）247頁参照。

[60]　この表現はすでに徳島市公安条例事件判決にあらわれていた。

[61]　田宮裕・憲法判例百選Ⅱ〔第3版〕（有斐閣，1994年）236頁，同「刑法解釈の方法と限界」『平野古稀祝賀論集（上）』（有斐閣，1990年）33頁参照。

第2部　基本権解釈とその方法

これに対して福岡県青少年育成条例事件判決は，最高裁による刑罰法規の「解釈」が犯罪の構成要件として通用するという理解を前提にしているようにみえる。無論，刑罰法規自体の明確性を軽視するものであるという批判は可能であろう。しかし，このような思考を一概に否定することは困難である。刑罰法規は，それ自体としては包含する規範内容を即時的には示しきれていない。法適用機関が，刑罰法規と具体的事案との照応関係の中から当該法規の意味を確定してゆく。

判例の転変は刑罰法規自体の不明確性に由来するという思考は，刑罰法規の意味が法適用機関による事案解決の中で確定していくという動態を軽視している可能性がある。判例の転変自体は，具体的事案との関係でいくらでも想定できる。重要なのは，具体的事案を解決する判例の蓄積から，刑罰法規が実際いかなる意味として通用するか明らかにされることである。刑罰法規自体の明確性を追求することと同時に，犯罪構成要件を判例が定型・形成していくことこそ，予測可能性を高めるという意味で，「罪刑法定主義の要請するところだとさえいうべきである」[62][63]。

次に刑事判例の変更について，憲法31条を根拠としながら罪刑法定主義あるいは「明確性の原則」ではなく，「デュープロセス」理論を適用すべきことを示唆する見解[64]について検討しよう。憲法31条の解釈論でいう「手続」ないし「実体」の「適正」確保の要請に照らして，刑事判例の不遡及的変更の当否を「柔軟」に決定してゆこうとする思考と理解できる。刑事判例の変更について，その「実質的な公正性」を個別に検証してゆこうとするアプローチは確かに魅力的である。

しかし，判例変更の「実質的な公正性」の吟味は，裁判官による文字通りの主観的価値判断を正当化するおそれがある[65]し，「デュープロセス」理論は，そもそも立法・行政に対する司法審査の原理であるから，司法判断の産物である判例の変更に直ちに適用すべきものか検討の余地がある[66]。

---

(62)　団藤重光『刑法綱要総論〔第3版〕』（創文社，1990年）50頁。
(63)　平成8年判決は，福岡県青少年育成条例事件判決の含意を完全に捉え損なっていたというほかない。
(64)　高井・前掲注(15) 117頁。
(65)　松井茂記「実体的デュー・プロセス理論の再検討」阪大法学 141・142号 319頁。
(66)　田宮裕「刑法における裁判の役割」中山古稀第5巻『刑法の役割』（成文堂，1997

第5章　刑事判例の変更と憲法39条前段

　また，処罰についての「事前の公正な警告（fair warning）」[67]があれば，処罰範囲を拡大すべく変更した判例法理を，変更前の行為者に適用することは許されるという思考は，憲法39条前段の基盤を「実質的」に掘り崩す危険がある。処罰範囲を拡大する刑罰法規の改正が行われた場合，施行前にその周知徹底が行われていれば，施行前の行為者であっても改正法規によって重く処罰しても許されるということにならないか。すでに改正が明らかになっている法律にあえて依拠した行為者を，事後法で重く処罰しても「実質的な公正性」を欠くものではない，という判断は十分導き出されよう。

　しかし，憲法39条前段は，そのような「柔軟」な，あるいは「実質的な公正性」による個別的判断をあえて封じたうえで，一律に事後法による処罰を禁止したものと理解すべきであろう。同じ理が，刑罰法規を具体化し補充する刑事判例の変更に直接及ぶと解してはならない根拠は必ずしも明らかではない。

Ⅲ　法秩序における制定法と判例法

　すでに述べたように，本書は結論として憲法39条全面適用説①（法源性肯定説）を正当とする。刑事判例の法源性を承認することで予測可能性は高まるが，他方で，法的安定性をあまりに強調することは刑事判例の変更を不可能とする。憲法39条は，予測可能性と法的安定性の調和を狙った規定である。刑罰法規と同様に刑事判例もまた，時代状況・事案の特殊性に応じて変更を免れないが，同条は議会制定法と同様に刑事判例の遡及適用を禁止することで予測可能性の担保に奉仕する。本章を結ぶにあたって最後に，刑事判例の法源性を肯定する見解は，罪刑法定主義の要請する法律主義と衝突するという批判を検討することにしよう。

　確かに，罪刑法定主義は，予測可能性の要請と並んで民主政の要請に根拠するものと考えられてきた。法律主義は，「法違反に対しては必ず刑罰という一定の害悪を伴うことをすべての市民が法規を通して認識できなければならない」[68]ということである。刑罰法規ではない刑事判例を法源だと認めることは，立法権の簒奪にあたり，権力分立原理に反する。

　　年）28頁。

(67)　高井・前掲注(15) 117頁。

(68)　萩原・前掲注(15) 187頁。

第2部　基本権解釈とその方法

　しかし，刑事判例の法源性を認めることは立法権の侵害にはあたらないし，したがって権力分立原理にも反しない。刑事判例とは，いうまでもなく刑罰法規に加えられた最高裁の解釈である。刑罰法規の解釈であるのだから，仮に立法府が判例の示した法解釈に不服があれば，刑罰法規の改正をもって対抗すればよい。判例を，田中英夫が「従位的立法」と，小暮得雄が「間接法源」と各々呼んだのはそのためである。厳格な法律主義者は，このシンプルな事実を不当に無視している。

　そもそも，「民主政の要請」を厳格な法律主義に翻訳することも一考の余地がある。民主政の要請は刑罰法規のみならず，国民主権原理の下，憲法にも及んでいることは看過されてはならない。憲法76条1項は各裁判所に具体的事件を中心とする争訟の解決を命じ，憲法81条は最高裁判所に法令審査の決定権を付与している。両規定は，裁判所が法律を適切に解釈したうえで具体的事案に適用し，個別的法規範を定立することを要求している。「判例はあくまで個別の事件に関わるもの」[69]という理解がある。しかし，とりわけ最高裁が刑罰法規を解釈したうえで形成した判例法理が当該事件限りのものと解することは，国民主権原理を掲げる憲法が最高裁に与えている地位に照らして決して妥当ではない。刑罰法規の最終的適用が最高裁に委ねられている以上，刑事判例を刑罰法規と全く異質の存在と解することは，かえって法律主義以外の根拠を必要としよう。

　憲法は，「制定法主義」か「判例法主義」かの二者択一を望んでいない。「制定法」と「判例法」の両者があいまって実定法秩序を構成すると解するべきである[70]。

---

(69)　高山・前掲注(14) 162頁。
(70)　高橋和之「法秩序形成における国会と裁判所の役割」北大法学論集52巻3号933頁参照。

第6章　政府解釈の変更と憲法解釈方法論

I　政府解釈の変更と「テーゼA」

　政府は2014年,「わが国と密接な関係にある他国に対する武力攻撃が発生し,これにより我が国の存立が脅かされ,国民の生命,自由及び幸福追求の権利が根底から覆される明白な危険のある場合」の武力行使を憲法上許容する閣議決定を行った(新解釈)。そして,この閣議決定を前提に,国会は2015年,いわゆる安全保障関連法(安保法)を成立させた。新解釈の決定・安保法の審議の各過程において,政府はこの集団的自衛権の「限定」的許容について,「従来の政府見解の基本的論理に基づく自衛のための措置」にとどまるものであって,「従来の政府見解」(旧解釈)となお「論理的整合性」を保ち,「法的安定性」を害するものではない旨繰り返し説いてきた。

　周知のように,この新解釈(安保法)に対しては,「立憲主義」擁護の観点から違憲とする学説が有力に唱えられた。しかし,この違憲主張に対して山元一[1]・井上達夫[2]・藤田宙靖[3]が厳しい批判を加え,これらが石川健治[4]・長谷部恭男[5]・愛敬浩二[6]・樋口陽一[7]・水島朝穂[8]・野坂泰司[9]ら多数の反論・

---

(1)　山元一「9条論を開く ── 〈平和主義と立憲主義の交錯〉をめぐる一考察」水島朝穂編『シリーズ日本の安全保障3　立憲的ダイナミズム』(岩波書店, 2014年) 73頁以下。

(2)　井上達夫「9条問題再説 ──『戦争の正義』と立憲民主主義の観点から」竹下賢ほか編『法の理論』33号(成文堂, 2015年) 3頁以下,井上達夫「政治的責任としての応答性 ── 愛敬浩二の『応答なき応答』に応答する」竹下賢ほか編『法の理論』34号(成文堂, 2016年) 179頁以下。

(3)　藤田宙靖「覚え書き ── 集団的自衛権の行使容認を巡る違憲論議について」自治研究92巻2号3頁以下。

(4)　石川健治「『公理』のゆくえ」法学教室426号1頁。

(5)　長谷部恭男「攻撃される日本の立憲主義 ── 安全保障法制の問題性」「藤田宙靖教授の『覚え書き』について」同『憲法の理性〔増補新装版〕』(東京大学出版会, 2016年) 223頁以下, 237頁以下,同「安保関連法制を改めて論ずる」同編『安保法制から考える憲法と立憲主義・民主主義』(有斐閣, 2016年) 91頁以下。

第 2 部　基本権解釈とその方法

反応を呼び起こしている点は刮目に値する⁽¹⁰⁾。かつて本書著者もまた,「憲法解釈のあり方」「法解釈方法論」の見地から⁽¹¹⁾,主に山元・井上の論考を中心に,ごくささやかな整理・分析を試みたことがある⁽¹²⁾。本章は,旧稿では紙数の関係から十分に検討できなかった藤田の論考およびこれに対する反応も含めて,改めて新解釈(安保法)が提起した憲法解釈方法論上の課題について若干の検討を行おうとするものである⁽¹³⁾。

1　「テーゼ A」に対する批判

山元は,新解釈を批判する違憲説の論拠の少なくとも一つをテーゼ A と称して,次のように定式化している⁽¹⁴⁾。

　　　「集団的自衛権の行使を違憲だとする,長年にわたって確立されてきた内閣法制局による憲法 9 条に関する憲法解釈を,憲法改正手続きを経ることとなくして変更することは,立憲主義を踏みにじる」(テーゼ A)

このテーゼ A をどのように理解・評価するかということが,本章の検討対象である諸論考の問題関心を貫いているように思われる。まずは,このテーゼ A をめぐる論争を振り返ってみよう。

---

(6)　愛敬浩二「政治問題としての憲法 9 条・再説 ── 井上達夫教授の批判に答える」竹下賢ほか編『法の理論』34 号(成文堂,2016 年)147 頁以下。

(7)　樋口陽一「どう読みどう考えたか ── 藤田宙靖『覚え書き ── 集団的自衛権の行使容認を巡る違憲論議について』に接して」世界 883 号 141 頁以下。

(8)　水島朝穂「安保関連法と憲法研究者 ── 藤田宙靖氏の議論に寄せて」法律時報 88 巻 5 号 77 頁以下。

(9)　野坂泰司「憲法は変わったのか ──〈憲法の解釈〉と〈憲法の変化〉」世界 885 号 193 頁以下。

(10)　この点,渡辺康行「学会展望〔憲法総論〕」公法研究 78 号 272 頁は,「憲法学上の議論は極めて活性化している」として,これを「けがの功名」と評価する。

(11)　岡田信弘「深瀬 9 条論の今日性 ──『丸山 9 条論への応答』として読み解く」法律時報 88 巻 9 号 76 頁。

(12)　山崎友也「安保法雑感 ── 近時の『護憲派』批判を契機に」法学セミナー 738 号 35 頁以下。

(13)　本章は,山崎・前掲注(12)の叙述の補充・補完を目指している性質上,前稿と内容が一部重複していることをお断りしておく。

(14)　山元・前掲注(1) 85-86 頁。

216

第6章　政府解釈の変更と憲法解釈方法論

(1)　山 元 説

　山元によれば，このテーゼ A を「正統的憲法解釈」は主張できない。なぜなら，憲法9条が禁止する「陸海空軍その他の戦力」と「必要最小限度の自衛力」とを区別し，後者を許容し自衛隊（法）を合憲とする旧解釈は，「正統的憲法解釈」によれば，憲法解釈の限界（「枠」）を超えた「にせ解釈」[15]と批判されてきたからである。法的に無価値であるはずの「にせ解釈」を，憲法改正が必要か，あるいは憲法解釈により変更可能かを切り分ける「決定的な境界線として機能させることが法的に正当化されうる」のか問題となるという[16]。

(2)　井 上 説

　井上も同旨の指摘を行っている。井上によれば，新解釈を批判する「護憲派」は，自衛隊（法）を違憲とする「原理主義的護憲派」と，合憲とする「修正主義的護憲派」とに分類できるが，いずれも「欺瞞」に満ちた言説を展開してきた[17]。前者「護憲派」は，違憲と解してきた自衛隊（法）・日米安保体制の解消を唱えなくなる一方，専守防衛を事実上容認するに至っている。前者「護憲派」は，にもかかわらず，自衛隊（法）・日米安保体制が専守防衛以上に強化されるべきではないという自らの「政治的選好」を満たすために憲法9条を政治的に利用してきた。新解釈への批判も9条の政治利用の一例に過ぎない[18]。これに対して後者「護憲派」は，「自分たちの気に食わない憲法条文を，憲法改正手続をバイパスして解釈改憲で変えてしまう手法」を採る点で新・旧解釈と共通している[19]。後者「護憲派」・旧解釈は「古い解釈改憲」に過ぎず，「新しい解釈改憲」である新解釈を批判する資格はない。「自己の政治的選好で左右できないような憲法の規範的権威への敬意を欠き，むしろ政治的必要性と

---

(15)　清宮四郎「憲法の変遷について」『国家作用の理論』（有斐閣，1968年）187頁以下参照。

(16)　山元・前掲注(1)92頁（傍点山元）。

(17)　井上・前掲注(2)「9条問題再説」23-25頁。

(18)　井上・前掲注(2)「9条問題再説」37-38頁。「原理主義的護憲派」の内実をめぐってさらに，愛敬・前掲注(6)と井上・前掲注(2)「政治的責任としての応答性」との間で応酬があるが，憲法解釈のあり方について根本的な理解の相違があるため，議論が全くかみ合わないまま表面的な「白熱」ぶりだけが目立つ格好になっている。

(19)　井上・前掲注(2)「9条問題再説」33頁。

第2部　基本権解釈とその方法

自分が判断するものに憲法解釈を合わせることにより，憲法に対する政治の優位を容認する点で，どちらも同罪だからである」[20]。

(3) 藤 田 説

藤田もまた，山元・井上ほど明確な形ではないが，ほぼ同旨を指摘しているように思われる。藤田は，新解釈（安保法）について，憲法改正手続を回避しようする便法であって，権限（形式）の「濫用」として違憲（違法）と解する見方がありうる[21]と述べたうえで，現行憲法下で自衛権の行使や自衛隊が認められてきたのは，憲法憲法の「解釈・運用」によるものであることに注意を促す[22]。新解釈（安保法）の違憲性を批判する場合，同解釈（安保法）が従来行われてきた憲法の「解釈・運用」とは異質の権限の「濫用」であって違憲だといえるのは何故か，説明が必要である旨を説くものと解される。

2　「テーゼA」支持者の応答とその当否

では，上記のような批判・疑問に対して，テーゼAの支持者はどのように応答するのであろうか。その予想しうる応答を山元は下記の①〜③説に整理している[23]。本稿もまた，これに従って検討してみることとしよう。

①　旧解釈は憲法9条の「枠」の外にある「にせ解釈」であったが，国際情勢等の変化により同条の「枠」に入る「正解釈」になったと理解する説（憲法変遷論）

橋本公亘によれば，旧解釈は現行憲法制定当初から1980年代までは憲法9条の「枠」を超えたものであった。しかし，その間に「国際情勢およびわが国の国際的地位」は著しく変化し，「国民の規範意識」も現在では自衛戦力の保持を認めるに至った以上，同条の意味は変遷し，したがって旧解釈は同条解釈

---

(20)　井上・前掲注(2)「9条問題再説」36-37頁。

(21)　ここで藤田は，石川健治「【インタビュー】集団的自衛権というホトトギスの卵 ──『非立憲』政権によるクーデターが起きた」世界872号60頁の指摘を念頭に置いている。

(22)　藤田・前掲注(3) 15-16頁。

(23)　山元・前掲注(1) 92-93頁。ただし，下記①〜③説のネーミングは山元のそれには必ずしも従っていない。

第6章　政府解釈の変更と憲法解釈方法論

の「枠」に収まるようになったと解すべきだとされる[24]。近時でも，横大道聡は，「国会重視の憲法論」の立場から，国会における審議・政府答弁・立法の蓄積に基づき同条は「必要最小限度の自衛力」の保持を許容する条項に変遷したと説いている[25]。

確かに，「必要最小限度の自衛力」を許容する旧解釈が「国民の規範意識」や国民代表である国会（の多数派）によって受容され続けたことの政治的意義は否定できない。しかし，憲法変遷論は，山元が指摘するように，「自衛隊に対する評価を違憲から合憲に変化させる質的な変化（＝「枠変動」）が1980年代から2010年代までの間でなぜ生じたといえるのか」[26]について必ずしも十分な説明を与えるに至っていない。法規範に変換されていない国民の「意識」や国会審議の蓄積に，憲法条項の規範内容それ自体をほぼ正反対に変更させる力を認めることは，憲法改正手続の意義を否定する危険がある。「国民の規範意識」や「国会重視の憲法論」は，憲法条項の解釈の「枠」内における規範内容の補充・補完という意味での「憲法習律」の成立を正当化するにとどまると解するべきであろう[27]。

②　旧解釈は依然として憲法9条に反する違憲の解釈であるが，「にせ解釈」ではない，一定の正当性を帯びた「ありうる解釈」に変貌したと解する説

(1)　小　林　説

山元は，この見解の「前身的な理論」として小林直樹の自衛隊「違憲・合法」論[28]を挙げる。なぜなら小林の議論は，自衛隊の憲法適合性を否定する一方，自衛隊（法）が膨大な法令を基礎として一定の期間安定的に存在・機能し，全体として健全な法執行を実現してきたことを直視すべきだと主張していたからである。旧解釈を学理的に支持するものではないものの，これに「ニュアンスに富んだ特別な規範的意義」を承認する学説といえるという[29]。

---

(24)　橋本公亘『日本国憲法〔改訂版〕』（有斐閣，1988年）439頁。
(25)　横大道聡「平和主義・国際貢献・集団的自衛権」法律時報86巻5号50-51頁。
(26)　山元・前掲注(1)94頁。
(27)　山崎・前掲注(12)36頁。
(28)　小林直樹『憲法第9条』（岩波書店，1982年）151頁以下。
(29)　山元・前掲注(1)94-96頁。

219

第2部　基本権解釈とその方法

(2)　青井説・水島説

　山元によれば，青井未帆もまた小林と同じ発想の主張をしている とされる。青井は，旧解釈を受け入れるわけではないが，これを「ありうる解釈」として認めたうえで，政府の安全保障政策が旧解釈と整合しているかを「憲法に従った政治」か否かの観点から検証すべきだという。その結果今日に至るまで，「学説と政府解釈の複合体として」，自衛隊等の「実力の管理」に成功してきたと評価する[30]。

　小林説が，「矛盾した法現象」の「単一の客観的な法秩序認識」[31]として成功したかはともかく[32]，自衛隊の憲法上の評価とは別に，現に存在する自衛隊に対する法的統制の必要性・合理性を説いた点において，青井の問題意識と通底しているのは明らかであろう。自衛隊違憲説を採りつつ防衛問題について一貫して発言を続けてきた水島朝穂が，あえて旧解釈に徴して集団的自衛権行使の是非を検討することの意義を，「『軍事的なるもの』の持続可能な統制と9条の規範力を検証していくこと」に求める[33]のも，同様の問題意識に基づくものと理解できる。

　問題は，青井のいう「ありうる解釈」の憲法解釈に占める位置づけである。青井によれば，旧解釈は「誤った解釈であると断言」もされないが，「正しい解釈」だとみなされるわけでもない。しかし，このような理解は，「にせ解釈」であった旧解釈が現実を容認する方向に移動し「ありうる解釈」になったと説いているようにみえる。だとすると，新解釈もまた，将来的に「ありうる解釈」になる可能性はないのか。また，「にせ解釈」が「ありうる解釈」へと変化したという理解は，上記①説と実質的に同じ説だと解する余地があると指摘される[34]。

---

(30)　青井未帆「憲法9条と自由」阪口正二郎編『自由への問い3　公共性』（岩波書店，2010年）114-115頁。

(31)　山元・前掲注(1) 96頁。

(32)　菅野喜八郎「自衛隊の『合法＝違憲』説所見」同『続・国権の限界問題』（木鐸社，1985年）265頁以下，同「再び『自衛隊の「合法＝違憲」説』について」同『論争憲法・法哲学』（木鐸社，1994年）103頁以下。

(33)　水島・前掲注(8) 79頁。

(34)　山元・前掲注(1) 97頁。

第 6 章　政府解釈の変更と憲法解釈方法論

⑶　新・旧解釈の論理的整合性を検証する意味

　この点，旧解釈が正当か（「正しい解釈」か）という問いとは全く別に，現に旧解釈が通用してきたことを前提に，新解釈との整合性を検証することは可能だと説く向きがある[35]。確かに，新解釈は，旧解釈との間で「論理的整合性」を維持していることを自ら主張している。新解釈によれば，いわゆるフルスペックの集団的自衛権の行使は，旧解釈を前提にする限り違憲と解するほかないが，「限定」された集団的自衛権の行使は許容される。新解釈は，テーゼ A を前提にしており，旧解釈を「正当」とするかとは別個に，旧解釈と新解釈との間の「論理的整合性」を測ることは可能かつ必要であろう。

　そもそも，自己の解釈主張とは別に，新・旧解釈の「論理的整合性」を検証するという作業は憲法学にとっていかなる意味があるのであろうか。例えば，判例研究において諸判例の整合性がしばしば問題となる。新・旧解釈の整合性の検証もそれと同じことだといえる。しかし，これは，あくまで裁判所ないし政府の考えるはずの整合性の検証であって[36]，判例理論や政府解釈をどう理解するかの問題である。判例理論や政府解釈を正確に理解したうえで，これが憲法条項の「正当」な実体的解釈といえるか（批判的に）検証することはその次の作業となる。新・旧解釈の「論理的整合性」の検証は，あくまで新・旧解釈の正当性を論じる準備作業にとどまる。

⑷　旧解釈の正当性と通用性との関係

　では，上記第 2 説の論者は，旧解釈の正当性と通用性とを完全に区別して議論していたのであろうか。青井があえて旧解釈を「ありうる解釈」と評価しているのは，憲法 9 条の実体的解釈において，旧解釈の一定の正当性とその効用を認めたうえで同条の実体的解釈を行うことが同条解釈の説得力を増すと考えたからではないか。水島の議論もまた，「軍事的なるもの」や同条の「規範力」に対して，新解釈より旧解釈の方が一定の好ましい影響があるという水島自身の同条解釈に起因する規範的評価を述べたものと解しうる。しかし，その一方

⑶５　春山習「九条論に関する山元一氏の議論について」水島朝穂・直言「『1000 分の 1 程度の解釈改憲』と憲法学」http://www.asaho.com/jpn/bkno/2015/1102.html（2016 年 11 月 4 日閲覧）。

⑶６　山崎・前掲注⑿ 36 頁（傍点本書著者，以下同じ）。

221

第2部　基本権解釈とその方法

で，「学説と政府解釈の複合体」が自衛隊の実力管理に成功してきたという青井の主張は，同条の解釈学説というより，学説や旧解釈が現に果たしてきた機能の政治学・社会学的説明と解することも可能である。水島のそれもまた，同じ趣旨なのかもしれない。

このように，上記②説の論者が旧解釈の正当性と通用性とを完全に分離し，後者のみを前提に「論理的整合性」を問題にしているとは断定できない。新解釈が旧解釈との間で「論理的整合性」を保っているかは，憲法9条の実体的解釈とは一応区別されるべき作業である[37]。同条の実体的解釈において旧解釈をどう位置付けるか明確にしないまま新解釈の違憲性を説いても，同条の解釈学説としての説得力を全体として維持・増進することは難しいように思われる。新解釈がいう旧解釈との「論理的整合性」は，旧解釈自体の同条適合性を前提にするものであって，少なくとも主観的には同条解釈の一貫性・体系性を意識したものであった。これに対して上記②説は，新解釈の違憲性を説くにあたって，上記①説や旧解釈を「正しい解釈」とする下記③説を拒否しながら，なお旧解釈の規範的・政治的意義を直視するという，憲法解釈の一貫性・体系性という観点からすると大変困難な立場を選択している。山元や井上の批判はその点を突くものであった。

③　旧解釈はそもそも「にせ解釈」ではなく，当初から違憲の瑕疵のない正当な解釈と解する説

(1)　高 橋 説

テーゼAを支持するためには，むしろ，旧解釈が憲法9条の実体的解釈として正当だと解するのがもっとも容易である。この点を明確に主張しているのが高橋和之である。高橋は，同条を，R・ドゥオーキンが区分した「原理」（明確性を欠くが方向性のみを示す法規範）と「ルール（準則）」（一定の明確な内容を有する法規範）のうち後者だとみなす。同条は，他の「原理」により制限される旨の規定がない統治機構の規定だからである。同条を「原理」と解する論者は，そ

---

(37)　憲法9条適合性（合憲・違憲）とは区別される「立憲・非立憲」（石川・前掲注(21) 60頁，樋口・前掲注(7) 146頁参照）の評価軸の適用が可能かもしれないが，本書ではこれ以上立ち入ることができない。なお，「法的安定性」の侵害を直截に新解釈の違憲性の論拠とする学説については，本章Ⅲで検討する。

の根拠を論証する責任を果たしていない[38]。

　もっとも，高橋によれば，「原理」はもちろん「ルール（準則）」であっても解釈の余地がある以上，立憲主義は権力行使者の憲法解釈に一定の守るべき基準（「枠」）を課す。その「枠」を高橋は「制憲者意思」だとする。条文テクスト自体が他の解釈を許容するようにみえても，少なくとも制憲議会において特定事例との関係で条文テクストの意味について一定の了解が成立すれば，その解釈は，後の解釈者を拘束するという[39]。制憲者は，憲法9条の下でも自衛権は保持しうるものの，自衛権の発動たる戦争は放棄され，交戦権も否認されると了解していた。当時，憲法が禁止する「戦力」とは別に，それと区別される「実力」がありうるとは明示的に問題設定され議論されることはなかったものの，これを明確に否定する議論もなかった。したがって，日本への武力攻撃に備える「必要最小限度の実力」（自衛力）の設営を許容する旧解釈は，同条に包摂される新たな「ルール（準則）」とみなすことができる[40]。

　これに対して，新解釈を憲法9条に包摂される新たな「ルール（準則）」とみなすことはできない。なぜなら，通常理解される集団的自衛権の行使は，日本への武力攻撃を必須の要件としない点で，既存のルール（旧解釈）と不整合を来たすし，集団的自衛権行使に「必要最小限度の実力」は相手国の事情により変化するので，その限界を明確にできないからである。新解釈は，「制憲者意思」に適合しない解釈であって「立憲主義への挑戦」というほかない[41]。

（2）　野　坂　説

　野坂泰司も高橋とほぼ同旨の論考を公表している。「制憲者の意図」を重視すべき理由を高橋より丁寧に説く一方で，「制憲者の意図」を出発点とした「憲法の変化」の可能性について肯定的に論じているのが特徴である[42]。野坂

---

(38)　高橋和之「立憲主義は政府による憲法解釈変更を禁止する」奥平康弘・山口二郎編『集団的自衛権の何が問題か —— 解釈改憲批判』（岩波書店，2014年）185-187頁。ここでは，憲法9条を「原理」とみなす長谷部説（長谷部恭男「平和主義と立憲主義」長谷部恭男『憲法の理性〔増補新装版〕』（東京大学出版会，2016年）3頁以下参照）が批判されている。

(39)　高橋・前掲注(38) 190頁。

(40)　高橋・前掲注(38) 192-194頁。

(41)　高橋・前掲注(38) 195-196頁。

第2部　基本権解釈とその方法

によれば，憲法解釈は憲法条文を構成する言語の意味ではなく，その言語を用いて何が定められているかを知る必要があり，そのためには「制憲者の意図」を探求しなければならない[43]。他方，制憲者は将来の事態を予見し尽くせない以上，その想定外の新たな事態への対応に迫られる。立法者や裁判官は，「制憲者の意図」＝当該条項の趣旨・目的に反しないよう，憲法の意味を具体化・明確化してゆく義務を負う[44]。

(3)　「制憲者意思（意図）」の限界

本書著者もまた，旧解釈を正当とし新解釈を不当とする上記③説を結論的に支持する[45]が，高橋・野坂の指摘に多大の共感を覚える一方，その議論には検討すべき余地がなお残されているように思われる。

第1に，高橋が憲法9条を「原理」「ルール」のいずれとみるべきか重視している点である。高橋自身認めているように，「ルール」もまた解釈を要する場合がある。「原理」との違いは結局解釈の幅が小さいか大きいかの違いに過ぎないのではないか。「原理」は他の「原理」との調整の余地があるといっても，当該「原理」の示す方向性を全否定するような「調整」は，明確に違憲だと断定できる。

他方，憲法9条は自らを制限する「原理」を有しない「ルール」だと高橋は解する。しかし新・旧解釈がともに同条解釈に憲法13条を援用しているように，憲法9条2項の戦力禁止規定を緩和して解釈するための「原理」を，他の憲法条項に求めることは決して不可能ではない。「制憲者意思」は，このような条項間の調整を禁止していたのであろうか。同じく「制憲者の意図」を重視する野坂がこの「原理」「ルール」の区別論に全く触れていないのは，示唆的である。

第2に，「戦力」と「実力」の区別論に関する「制憲者意思（意図）」の高橋・野坂の理解の仕方には異論がありうる。両者とも制憲議会における吉田茂

---

(42)　藤田・前掲注(3)の憲法解釈方法論に反対する旨が示唆されている点（野坂・前掲注(9) 208頁注(5)）も興味深い。

(43)　野坂・前掲注(9) 196頁。

(44)　野坂・前掲注(9) 201頁。

(45)　山崎・前掲注(12) 38頁。何より，齊藤正彰「集団的自衛権と憲法9条解釈のスタンス」北星論集（経）55巻2号1頁以下を参照。

第6章　政府解釈の変更と憲法解釈方法論

をはじめとする政府答弁や議員の質疑から，「制憲者」は「戦力」に満たない
「実力」（自衛力）の可能性について明確に意識はしていなかったものの，否定
もしていなかったと解する[46]。しかし，具体的な問題設定も議論もされなかっ
たことが直ちに「戦力」とは異なる「実力」（自衛力）の設営の許容可能性を意
味するか疑わしい[47]。野坂によれば，「制憲者」は，「他国からの武力攻撃に対
して全くの無防備・無抵抗を貫くべし」と明確に表明しなかったものの，「自
衛権行使の方法の具体化」を将来世代に委ねていたとされる[48]。もっとも，同
時に「制憲者」は，日本領域への武力攻撃に対しては，「戦力」に満たない
（「自衛力」ではない）「警察力」を用いるしかないとか，野坂も認めるように国連
軍[49]，あるいは米軍による「抵抗・防備」に任せるしかないと暗黙のうちに考
えていたかもしれない。にもかかわらず，「制憲者」は「戦力」に満たない
「自衛力」を特定して許容していたと解してしまうと，「制憲者意思（意図）」に，
必ずしもそうとはいえないものが密かに読み込まれていると解される危険があ
る。

　むしろ，いわゆる松本委員会においてすでに「警察外ニ要スル必要最小限ノ
国防力」もしくは「警備隊のようなもの」を将来日本国として復活させるべき
かという議論がなされていた点[50]や，その松本委員会において重要な役割を果
たした入江俊郎や佐藤達夫の属する法制局が，憲法9条は，自衛戦争や交戦権
は全否定しているものの緊急避難や正当防衛の法理による自衛権の行使の余地
を残していると解していた点[51]，そして，憲法改正案の枢密院審査において，

---

(46)　高橋・前掲注(38) 193-194 頁，野坂・前掲注(9) 196-197 頁。

(47)　山元・前掲注(1) 99-100 頁。なお，山元は，高橋説によれば，旧解釈の下，非武装主
　　義を掲げる政権が現れた場合，自衛力を許容する旧解釈の変更を確認するため，憲法
　　9条改正が必要になると説く（同 100 頁）が，必ずしもそうではあるまい。旧解釈は，
　　あくまで自衛力を許容するにとどまり，これを要請するものではないからである。旧
　　解釈の下でも非武装主義の採用は法理上可能である。この点は，山元の横大道説理解
　　とも関連している（山元・前掲注(1) 107 頁注(33)参照。この点に関する本書著者の理解
　　は，山崎・前掲注(12) 39 頁注(16)に示した）。

(48)　野坂・前掲注(9) 197 頁。

(49)　野坂・前掲注(9) 196 頁。

(50)　高見勝利「天皇制と憲法9条」同『芦部憲法学を読む──統治機構論』（有斐閣，
　　2004 年）480 頁。

(51)　高見・前掲注(50) 484 頁。

225

第 2 部　基本権解釈とその方法

松本烝治が，同条の下でも自衛戦争とは異なる「自衛といふ働き自身」は許容されると発言していた点[52]に照らすと，「制憲者」は「戦力」と「実力」（自衛力）と区別し，「警察力」を上回る「自衛力」を特定して許容するという考え方を採っていたと解することも十分可能ではないか。

　しかし，こうしてみると，改めて第 3 に，憲法解釈における「制憲者意思（意図）の位置づけに動揺が生じることになるのもまた確かである。野坂によれば，「言葉は意味しない。人が意味するのである」のだから，憲法テクストの解釈は，「制憲者の意図」を最も重視する必要がある[53]。問題は，憲法テクストを「意味する」「人」とは一体誰を指すかである。高橋・野坂は「制憲者」を制憲議会だと解しているようであるが，憲法テクストが「制憲者」としているのは，制憲議会ないしそのメンバーではなく「日本国民」である（憲法前文第 1 段）。このことは，「制憲者意思（意図）」なるものが，制憲議会を超えた時空の広さ・大きさを有している可能性を示唆している[54]。

　野坂は，「制憲者」自身が「誤った判断」をなしうる以上，後世の我々が当時の人々の「期待や信念」に左右される必要はないと述べ，憲法テクストにどのような原則が確定されているかが重要だと述べる[55]。「歴史的に確定」したはずの「制憲者の意図」が，「原則」を憲法テクストに読み込むことによって否定される可能性を認めているといえる。

---

(52)　高見・前掲注(50) 485 頁。

(53)　野坂泰司「憲法解釈の理論と課題」公法研究 66 号 13-14 頁。

(54)　長谷部恭男「制定法の解釈と立法者意思」『比較不能な価値の迷路』（東京大学出版会，2000 年）127-128 頁は，①憲法テクストの漠然姓・多義性，②国民投票を経た場合をはじめ「制憲者意思」の確定の困難性，③憲法制定後の時の経過，④テクスト内容が普遍的な政治道徳に関わる，ことを理由に「制憲者意思」の援用には限界があると解する。

(55)　「第 1 部会　討論要旨」公法研究 66 号 164 頁（野坂泰司発言）。ただし，ここでの「発言」はあくまで「要旨」であって，野坂の発言の趣旨を必ずしも正確に反映していない可能性がある。この「発言」について野坂自身から次のような指摘を受けた。憲法テクストが示す「原則」自体は「歴史的に確定」しているので，これを憲法改正なくして否定・修正することはできない，しかし，この「原則」を「制憲者」が誤って「適用」した場合，この誤った「適用」はただされうる旨を指摘した発言にすぎないという。確かに，この「原則」は，その「適用」のあり方やその範囲をめぐる議論において認識され，「確定」しうるであろうが，その一方で，あるべき「適用」に関するそのときどきの議論の過程で，当該「原則」は「解釈」され，事実上の変容を被る余地もまた否定できないのではないか（後掲注(59)も参照されたい）。

第6章　政府解釈の変更と憲法解釈方法論

　しかし，こうなると「制憲者の意図」は憲法テクストが示す「原則」により否定されうる以上，「制憲者の意図」を憲法解釈の唯一の出発点だとする憲法解釈方法論の事実上の修正に等しい。確かに，憲法解釈を構築するうえで「制憲者の意図」を確認することは必要であるし，それとして有意義な場合がある。だが，憲法テクストは「制憲者の意図」の確認の後，その補充・補完そして場合によってはその修正を経ることではじめて，現在・将来の主権者「国民」にとっての憲法であり続けるのではないか。

　野坂は，同性婚を認めても憲法24条の「制憲者の意図」とは矛盾しないと解する[56]。確かに，同性間の「婚姻」ないしそれに準じるパートナーシップを法定しても，憲法に反するものではないと解することは結論としては可能であろう。しかし，「人格の尊重」を謳っていた「制憲者の意図」のみから，直ちに「両性の合意のみ」による「婚姻」（憲法24条1項）や「両性の本質的平等」（憲法24条2項）を定める憲法が，女性差別の解消を超えて，同性婚を許容しているという解釈を導くのはやや飛躍があろう。「制憲者の意図」だけではなく，憲法13条や24条の文言（「両性」に限るとは規定していない）や，「個人」「婚姻」像の変化や同性愛に対する社会的承認の一定の進化を総合的に勘案することにより，はじめて同旨の結論を導きうる[57]。本書著者が旧稿で憲法9条解釈の「枠」について，「その文理を十分に踏まえつつ，他の憲法原理・条項と調和するバランスのとれた規範内容を導きうるか否かが最終的な問題になる」[58]と述べたのは，これまでの本章における叙述と同じ趣旨である[59]。

----

(56)　野坂・前掲注(9) 202頁。

(57)　もっとも，同性婚よりパートナーシップの方が異性婚をデフォルトとする憲法テクストにより合致する制度かもしれない。

(58)　山崎・前掲注(12) 37頁。なお，井上・前掲注(2)「9条問題再説」は，憲法9条の「思想的地位」を「絶対平和主義」と解したうえで，自衛隊合憲説を同条の「文理」に反するとして「峻拒」する（13-14頁）。この理解は，高橋・野坂らとは全く逆に「制憲者意思（意図）」を軽視しすぎているきらいがある。すでにみたように，制憲議会では，自衛権行使の可能性や国連軍による防衛の余地が語られていた以上，同条を「絶対平和主義」の文脈でのみ解釈するのはバランスを欠くといわざるをえない。井上の支持する「消極的正戦論」（11頁）の文脈から同条を解釈すれば，同条の「文理」からしても，「戦力」に至らない「自衛力」を許容する旧解釈もまた十分採用可能になるように思われる。しかし，井上はその可能性を何ら検討しないまま，旧解釈を「自衛戦力」合憲説に誤って一括し「解釈改憲」として片づけてしまっている。

(59)　もっとも，例えば，野坂説によれば，「制憲者」は，「自衛力」や「同性婚」を具体

227

第2部　基本権解釈とその方法

II　政府解釈の変更と法的安定性

1　憲法9条解釈の「枠」論なき違憲論

　前節で検討した上記①〜③の各学説は，憲法解釈には「枠」があることを前提にしている。憲法解釈には「枠」があると考えられるからこそ，憲法9条の「枠」の「変遷」の存否や，旧解釈が「正解釈」か「ありうる解釈」について語られうる。しかし，その一方で，必ずしも同条解釈の「正しさ」ないし「枠」論によることなく，新解釈の違憲性が主張されることがある。これらの論者は，つまるところ新解釈について法的安定性を侵害する点で違憲と解しているようだ[60]。この「法的安定性」の理解の仕方によっては，確かに，上記①〜③説とは異なる形でテーゼAを正当化しうる論拠となる。

　すでにみたように，新解釈自ら「法的安定性」を害するものではないと述べ

　的には「意図」していなかったが，これを明確に否定していたわけではない，したがって，「自衛力」「同性婚」は「制憲者意思（意図）」に矛盾しない以上，憲法解釈上許容されるということになるのかもしれない。しかし，「制憲者」が特定の解釈・制度を具体的に「意図」していなくても否定していなければよいという理解は，「制憲者の意図」＝憲法条項の「趣旨・目的」ないし当該条項の示す「原則」の射程を大きく拡散させる可能性がある。「原則」の一般化・抽象化は，他の「原則」との衝突を誘発し，結局諸「原則」間の衡量を不可避とする。この衡量をも「制憲者の意図」は許容しているとすれば，「制憲者の意図」を唯一の出発点とする憲法解釈方法論もまた，本文で触れたような憲法解釈方法論と大差ない内容となるのではないか。

[60]　長谷部・前掲注(5)，樋口・前掲注(7)のほか，南野森「禁じ手ではなく正攻法を，情より理を」奥平康弘・山口二郎編『集団的自衛権の何が問題か―― 解釈改憲批判』（岩波書店，2014年）95-96頁の叙述もまた，有権解釈機関による憲法解釈は憲法条文の意味を自由に決定できるが，憲法学説等から「解釈の解釈」という「制約」を受けるという記述（南野森「憲法・憲法解釈・憲法学」安西文雄ほか『憲法学の現代的論点〔第2版〕』〔有斐閣，2009年〕3頁以下）を併読すると，同様の理解を示したものである可能性がある。

　　もっとも，南野森「憲法解釈の変更可能性について」法学教室330号35頁は，最終的有権解釈機関である最高裁判所が自衛隊や集団的自衛権の行使の憲法適合性について判断を下していない現状では，憲法9条は，「死文化どころか，未だ規範を産み落としてさえいない」のだから，政府の旧解釈は「法的にはいかなる機関をも拘束するものではない」と述べる。このような理解によれば，同条解釈の「法的安定性」に関して述べた最高裁判例がない状況下では，新解釈が「法的安定性」を侵害するという言説もまた，「法的」な「拘束」力を主張する適格を有しないことになるように解される。

ている。これに対して，憲法研究者でおそらく最初に，新解釈が「法的安定性」を侵害すると明確に主張したのが長谷部恭男である。長谷部恭男は，2015年6月4日開催の憲法審査会において，新解釈が「法的安定性」を侵害し違憲である旨明言し，同時期発売の雑誌座談会においても「政府の憲法解釈というもののステータスを，極めて根底的に不安定化させていると思います」と新解釈を批判している[61]。しかし，これに異論を唱えたのが藤田宙靖である。

① 法的安定性の「規範論理的意味」

藤田は，長谷部のいう「法的安定性」が「正確に如何なる規範論理的意味を持つのか」「十分に理解できないところがある」と述べたうえで，以下の3通りの理解の仕方がありうるという[62]。

(1) 旧解釈が当初から不可変更的効果を有すること

旧解釈は，「現在および将来の国民を名宛人として約束したこと」であって，これに反する新解釈は，「合意は拘束する」という近代法の根本原則に反すると説く石川の発言[63]がまず取り上げられる。しかし，藤田によれば，一旦確立した判例法理であってもその変更はありうるし，当事者間の合意により成立した契約もまた，事情変更の法理により内容解釈の変更が認められるはずだとする。旧解釈については何故一切変更が許されないのか説明が必要だという。

(2) 旧解釈が長期にわたって広く承認され，それに基づく法秩序が形成されてきたこと

そこで，藤田は，「法的安定性」とは，長期にわたって承認されてきた旧解釈に基づく法・社会秩序が形成されてきたことを意味し，これが一内閣の不合理な憲法解釈により変更されることをもって「法的安定性」の侵害だと解されている可能性があるとする。そして，旧解釈は「憲法9条の規範として骨肉化

---

(61) 磯崎陽輔ほか「〔徹底討論〕『切れ目ない安保法制』の整備目指す政権　国民全体を巻き込んだ深い議論が必要　『政府広報』でなく，分析的な報道を」ジャーナリズム〔2015年6月号〕（朝日新聞社，2015年）8頁（長谷部恭男発言）。

(62) 藤田・前掲注(3) 10-13頁。ただし，以下のネーミングは必ずしも藤田のそれに従っていない。

(63) 石川・前掲注(21) 62頁。

第2部　基本権解釈とその方法

している」という山口繁・元最高裁判所長官の発言[64]や，「憲法習律といっても
よい」という宮崎礼壹・元内閣法制局長官の指摘[65]を，この第2の意味での
「法的安定性」の侵害を説くものと理解する。しかし，藤田は，旧解釈が前提
とする状況とは全く異なる状況下であっても，「事実の積み重ね」だけで政府
解釈の変更を否定できるのか，憲法9条の内容そのものに反する解釈変更だと
何故いえるのかと疑問を呈する。

(3)　現在も「正しい解釈」である旧解釈が維持され，「誤った解釈」である
新解釈は排斥されるべきこと

こうして藤田は，新解釈が侵害したとする「法的安定性」論について，国会
審議の積み重ね等により確立してきた旧解釈は「正しい解釈」だとの推定が働
き，それを「誤った解釈」だという場合には，それなりの十分な立証が必要で
あるという主張だと理解する。そして，新解釈が「法的安定性」を侵害してい
るという主張は，結局，旧解釈を「正しい解釈」とする一方，新解釈を「誤っ
た解釈」だと解する実体的判断を前提にしているとされる。

②　長谷部・樋口の藤田批判
(1)　長 谷 部 説

上記の藤田の指摘に対して，長谷部はいち早く反論した。長谷部によれば，
藤田のいう「正しい唯一の解釈」なるものがあれば，そもそも改めて法文を
「解釈」する必要はない。「正しい解釈」が何か対立があるからこそ，最終的有
権解釈機関が必要とされる。そうではなく単に自己が「正しい」と信じる解釈
を「正しい解釈」というのであれば，それは空虚な言明である。藤田のいう
「正しい唯一の解釈」論は，「解釈」という活動の性格を歪める[66]。

このように長谷部は「正しい解釈」を否定する一方で，法文の「正しい理
解」は存在するという。長谷部は，ジョセフ・ラズのいう「機能する憲法」
論[67]を好意的に引用する。公開され，その意味が明確で内部に矛盾を含まない

---

(64)　山口繁インタビュー・朝日新聞 2015 年 5 月 3・4 日朝刊

(65)　宮崎礼壹「『切れ目なき安保法制』法案の憲法上の問題点」法学教室 420 号 45 頁。

(66)　長谷部・前掲注(5)「藤田宙靖教授……」238 頁。

(67)　Josef Raz, Between Authority and Interpretation（Oxford UniversityPress,2009），

第6章　政府解釈の変更と憲法解釈方法論

法文は，そのことば通りに受範者に解される（「正しい理解」）。このような法文をラズは「権威となる条文」と呼ぶ。他方，意味が漠然としていたり，相互に抵触していたりする等，そのことば通りに解せない法文は，そのままでは受範者により「権威」とはみなされない。そこで，有権解釈機関が当該法文に「権威ある解釈」を与える必要がある。「機能する憲法」とは，「権威ある条文」と「権威ある解釈」とから構成される[68]。

長谷部によれば，旧解釈は「唯一の正しい解釈」ではないが，「機能する憲法」として内容も明確で安定性も備え，現に多数の者の行動を的確に調整・制約してきた。しかし，新解釈は，従来の政府解釈との論理的関係が不明で，政府の行動の外縁も明確に述べることはない。新解釈は「機能」しえない解釈であり，十分な理由のない新解釈への変更は立憲主義に反する。藤田のいう「正しい唯一の解釈」ではないから新解釈を違憲だとする「強すぎる」主張によるわけではない[69]。

(2)　樋　口　説

樋口もまた，長谷部と同様に藤田が用いた解釈の「正しさ」という語は，解釈者の主観にとってのみ意味があると疑問を呈する[70]。法解釈における「正しさ」とは，真か偽かの問題ではなく，法解釈それ自体の論理的整合性と，法体系全体における無矛盾性という「ゲームのルール」により判断される[71]。「法的安定性」論は，新解釈違憲説が自己の主張を優位に置くための援用した「ゲームのルール」の一環としての「理論」である。これに対して新解釈合憲説は，「後法優位のルール」や「憲法変遷論」等の「理論」を持ち出すだろうが，これら諸「理論」の当否は，真・偽判定のテストによっては決まらず，「法律学的」議論において循環を続けるのみだとされる[72]。

---

　　pp.348-350.
[68]　長谷部・前掲注(5)「藤田宙靖教授……」239頁。
[69]　長谷部・前掲注(5)「藤田宙靖教授……」240頁。
[70]　樋口・前掲注(7) 145頁。
[71]　樋口・前掲注(7) 147頁。
[72]　樋口・前掲注(7) 147-148頁。

第 2 部　基本権解釈とその方法

2　「法的安定性」論の検討

①　「正しい解釈」の理解

　上記の議論をみてまず疑問に思うのは，藤田のいう「正しい解釈」とは，長谷部のいう「正しい唯一の解釈」，あるいは，樋口のいう「真」の解釈を指すのか，という点である。確かに，藤田の論考が「正しい解釈」の意味を明示していない。しかし，その一方で藤田は，新解釈への「変更」の意味について，旧解釈は誤っていないが，「現在の状況により即したように，その内容を一部解釈し直」したものと理解する余地があるという[73]。この叙述は，憲法 9 条の「正しい解釈」は唯一つのそれに限られるわけではないと藤田が解していることを示唆している。法文テクストが解釈を受けるように，法文テクストの解釈の産物としてのテクストもまた解釈を受けうる[74]。問題は，「9 条解釈の解釈」が 9 条という法文テクストの解釈の「枠」に収まっているかということである。藤田のいう「正しい解釈」とは，「枠」に収まる解釈という程度の意味であって，「唯一」の解釈とか「真」の解釈といった意味ではないのではないか。

　法解釈に「枠」があると解するのは，長谷部や樋口も同じである。しかし，「枠」の内実の理解は，両者で異なる。上述したように，樋口は「ゲームのルール」としての「枠」論を提示する。これに対して長谷部は，「より実質的で濃厚な『解釈のワク』，つまり『法的議論』でありうるためのワクは存在するという見方」を採る[75]。長谷部のいう「法的安定性」は，「『法的議論』でありうるためのワク」の一つということになろう。

　その一方で，藤田のいう「正しい解釈」が「枠」内に収まる解釈という意味だと仮定した場合，「枠」に入りうる解釈は複数ありうるし，そもそも「枠」とは具体的に何を意味するのか争いが生じうる。であるならば，法解釈の

---

(73)　藤田・前掲注(3) 17 頁。

(74)　樋口・前掲注(7) 143-144 頁は，「法についての解釈」を離れて法はないとして，「法解釈の解釈」の可能性に否定的である。しかし，法文テクストの「解釈」の産物としてのテクストをどのように「解釈」するか見解は分かれうる。「法解釈の解釈」はそのすべてが「解釈」の「置き換え」に等しいとは限らず，当該法解釈の「（一部）修正」（言い換え）と「解釈」できる場合もありうるのではないか。

(75)　長谷部恭男「法源・解釈・法命題」同『憲法の理性〔増補新装版〕』（東京大学出版会，2016 年）220 頁注(38)。

232

第 6 章　政府解釈の変更と憲法解釈方法論

「枠」とは何か，その「枠」に入る解釈とはどのようなものか決定する「権威」
として有権解釈機関は必要だということになる。しかし，例えば，日本の最高
裁判所の憲法解釈は，事件性の要件等により，提起された憲法上の争点すべて
に及ぶわけではない以上，「最終的判断」[76]にはなりえない場合がある。また，
最高裁の憲法判断も判例変更により変化しうるし，法解釈に「枠」があると解
した場合，「最終的」な有権解釈であっても，当該「枠」に入る解釈とはいえ
ない可能性もある。その意味では依然として「暫定的判断」にとどまるとさえ
いえる。藤田のいう法解釈の「正しさ」の内実は，「枠」や有権解釈の「正し
さ」とは何かという観点から，より詳細な説明を必要とするのは間違いない[77]。

②　憲法解釈の「正しさ」「枠」とその「機能」

(1)　「正しい」解釈と「理解」

　上述のように，長谷部によれば，「権威ある解釈」は「権威ある条文」とと
もに「機能する憲法」を構成する。前者を要する法文テクストとは異なり，後
者は，「正しい理解」を経れば「ことば通り」に「権威」を受範者に主張でき
るとされる。しかし，すでに触れた「原理」と「ルール」の区分論に対応する
と思われるこの二分論は実際に適っているのであろうか。

　長谷部によれば，憲法 69 条は「準則」（ルール）だとされる[78]一方で，憲法
9 条を「原理」ではなく「準則」と解すると，自衛力の否認という「常識的で
ない理解」に至るともされる[79]。しかし，69 条が衆議院解散を内閣不信任決
議の可決（信任決議の否決）の場合に限定した規定か否か解釈の余地があること

---

(76)　藤田・前掲注(3)6 頁

(77)　藤田宙靖「自衛隊法 76 条 1 項 2 号の法意—いわゆる『集団的自衛権行使の限定的容
　　認』とは何か」自治研 93 巻 6 号によれば，藤田のいう「『正しい解釈』そして
　　「誤った解釈」という概念は，それ自体がある特定の実体的な価値判断を含んだ概念と
　　してではなく，いわば『関数的概念』として用いられている」とされる（11 頁）。しか
　　し，仮に解釈の「正しさ」が「十人十色」（同頁）だとしても，その正誤を分かつ基
　　準・要件を定式化することはできよう。むしろ，解釈の正・誤は，解釈者が共有でき
　　る間主観的な「価値判断」を前提にしてはじめて議論できるのではないか（本章Ⅳも
　　参照されたい）。

(78)　長谷部恭男「平和主義と立憲主義」同『憲法の理性〔増補新装版〕』（東京大学出版
　　会，2016 年）4 頁。

(79)　長谷部・前掲注(5)「攻撃される……」234 頁。

第2部　基本権解釈とその方法

はよく知られている。また，9条を「文字通り」[80]に解しても，「戦力」に至らない「自衛力」であれば禁止されていないという解釈を導けるのではないか。「原理」間の調整を行う有権解釈であっても，前述したように，各「原理」の方向性を完全否定できないという意味で，当該「原理」を規定した法文テクストの「権威」はなお残る。このように，「原理」に対する「権威ある解釈」と「準則」に対する「正しい理解」の相違が，長谷部が強調するほど絶対的なものではないようには思われる。

長谷部によれば，「法的安定性」は，「権威ある解釈」の明確性，安定性，公開性，一般性並びに無矛盾性とともに「法の支配」の要請である[81]。上述のように，長谷部は，新解釈は「法の支配」を構成する明確性等の要件も満たしていないとしている。だとすると，長谷部が新解釈を違憲とする論拠は，憲法原理としての「法の支配」ということになるかもしれない。確かに，長谷部説によれば，憲法9条2項はそのままでは「権威」として機能しえない条項であるから，同項違反を直截に主張することもまたできまい。しかし，これは，旧解釈や多数説が集団的自衛権の行使を違憲とする論拠を同項に求める傾向にあったのとは異なる帰結をたどっているように思われる。

ただし，長谷部説によっても，憲法9条2項は，その示す方向性に真っ向から反する法令を違憲とする論拠にはなると解しうるかもしれない。しかし，仮にそのように解した場合，方向性を明確に指し示すという限りで，同項は「ことば通り」の「権威」を主張できる条文，すなわち，有権解釈機関の「権威ある解釈」に全面的には依存しない条文だということになる。したがって，同項は，「原理」だともいえるし，解釈の余地のある「準則」だともいえる。同項の「正しい解釈」と「正しい理解」の間にも本質的な違いはないと解されることになろう。

(2)　新解釈の「正しさ」

長谷部は，旧解釈を，内容が明確でかつ安定し諸官庁を的確に調整・制約しえた「機能する解釈」と解する一方，新解釈は旧解釈との「論理的関係が不明

---

(80)　長谷部・前掲注(5)「攻撃される……」234頁。
(81)　長谷部・前掲注(5)「攻撃される……」233頁。

確で，政府の行動の外延を明確に指示」しない点で「機能しない解釈」にあたると解している[82]。確かに，旧解釈に比べて新解釈の武力行使の要件は明確を欠いている。旧解釈は，憲法上許容される武力の行使の要件として自国に対する武力攻撃が生じた場合を挙げていた。これに対して，新解釈は，他国に対する武力攻撃が自国の存立を脅かす等の「明白な危険」を有する場合（存立危機事態〔新・武力攻撃事態等安全確保法2条4号〕）であれば，武力行使を許容している。自国領域に対する武力攻撃の発生は客観的に認定しうるのに対して，他国への武力攻撃が日本国に及ぼす「明白な危険」は必ずしも客観的に定まる性質ではない以上，その認定はあげて政府（国会）の「総合的」な「考慮」に委ねられうる[83]。

　もっとも，旧解釈は自国領域における米軍基地・艦船に対する武力攻撃に対して自衛隊が反撃することを許容していた。他国への攻撃の一部を自国に対する第一撃と同視し，国際法上の個別的自衛権の「伸長」[84]により，自衛隊による反撃を合憲と解するわけである。新解釈が「憲法上許容される……『武力の行使』は，国際法上は，集団的自衛権が根拠となる場合がある」と述べるのは，国際法上の集団的自衛権の行使の一部を憲法上の個別的自衛権の行使として説明してきた旧解釈の理解として正しい。しかし，存立危機事態のすべてを自国への攻撃が現に生じた事態と同視できない。旧解釈が許容してきた自国領域への第一撃と同視できる武力攻撃以外に，自国の存立等に「明白な危険」が生じる場合を一般的な法命題に定式化することなく，政府（国会）の「総合的」な「考慮」に一任するしかないというのであれば，旧解釈が維持してきた「政府の行動の外延」の「明確な指示」を新解釈は喪失したというほかない。

　この点は，現行の武力攻撃事態等安全確保法が「武力攻撃事態」の要件として，その「明白な危険」の「切迫」性を規定しながら（2条2号），旧法と同じく解釈上，武力行使の要件とは解されていないこととも整合しない[85]。自国への武力攻撃の「明白な危険」が「切迫」している場合であっても，自国への第

---

(82)　長谷部・前掲注(5)「藤田宙靖教授……」240頁。

(83)　安倍晋三内閣総理大臣答弁（平成27年5月26日　衆議院本会議）。

(84)　齋藤・前掲注(45) 4頁。

(85)　阪田雅裕『憲法9条と安保法制—政府の新たな憲法解釈の検証』（有斐閣，2016年）30頁。

第 2 部　基本権解釈とその方法

一撃と同視されない以上，武力行使が許されないわけである。これに対して同
法上，他国への武力行使であっても自国の「存立」等を脅かす「明白な危険」
があれば，武力行使が可能となる（同条4号）。武力行使に課されるハードルが
自国より他国への攻撃の方が下がるのは，いかにも不均衡のようにみえる。こ
の点，武力攻撃事態と存立危機事態とでは，「危険」の内容や評価が異なるか
らと説明する政府答弁がある[86]。前者で問われるのは自国への武力攻撃の有無
である一方，後者の「明白な危険」が問題になるのは他国への武力攻撃の結果
脅かされる自国の「存立」や自国民の生活だというわけだ[87]。

　しかし，他国からの武力攻撃に対して反撃するための武力行使を例外的に容
認してきた旧解釈の延長線上に，他国からの直接の武力攻撃がない状態で武力
行使を容認する新解釈を位置づけることは難しい[88]。自国への武力攻撃を排除
するために，必要最小限度の武力行使を許容するのが旧解釈であった。これに
対して，自国への武力攻撃がない場合であっても，武力行使を許容する新解釈
は，自国防衛のための必要最小限度を超える武力行使を認める点で，もはや憲
法9条2項の許容するところとはいえないからである[89]。自国への武力攻撃が
生じるからこそ，例外的に武力行使により対抗せざるをえない。自国への武力
攻撃とみなせない他国への攻撃の結果生じうる「危険」は，そもそも憲法9条
2項がかろうじて許容する自衛権の発動を正当化する「危険」ではない。存立
危機事態のいう自国の「存立」等が脅かされる「明白な危険」は，「存立」の
曖昧な語義とあいまって，自国の例外的な武力行使を許容する「危険」の「内
容や評価」を，憲法9条2項が想定するそれを希釈化する形で読み替えたもの
である。自国への武力攻撃以外に，自国の「存立」が脅かされる「明白な危

---

(86)　中谷元防衛大臣答弁（平成27年6月5日　衆議院安保法制特別委員会）。

(87)　藤田・前掲注(77)によれば，旧解釈が個別的自衛権発動の要件としていた自国への武
　　力攻撃の「着手」は，「一定のプロセスを経て生起するものであるから，このプロセス
　　のどの点を以て，ここでいう法的意味での『着手』と見るかということが問題となり
　　得る」。したがって，新解釈が許容した存立危機事態もまた，このような「プロセス」
　　の一環として，同「着手」認定の要件を緩和したものと解しうるとされる（30-32頁）。
　　しかし，本文でみたように，政府は，武力攻撃事態と存立危機事態それぞれにおける
　　「危険」の内容や評価を区別している。武力攻撃の「着手」に関する旧解釈上の要件緩
　　和として，新解釈を理解するのは困難であるように思われる。

(88)　阪田・前掲注(4) 28-29頁。

(89)　山崎・前掲注(12) 38頁。

236

第6章　政府解釈の変更と憲法解釈方法論

険」が生じる事態とは一体何を指しているのか。

　もっとも，すでに旧解釈によっても，自国への武力攻撃の不可逆的な着手があれば，現に領域への着弾等がなくても自国への第一撃と同視でき，武力行使の要件を満たしうる[90]。したがって，存立危機事態もまた自国への第一撃と同視できれば，同事態における武力行使は旧解釈上も許容されることになる。その限りで，旧解釈が憲法9条2項の解釈の「枠」に収まるのであれば，新解釈もまた同条解釈の「枠」に収まる可能性はあると木村草太は説く[91]。しかし，新解釈がそのように旧解釈と同じ内容なのであれば，そもそも新解釈は不要であったはずである。仮に新解釈が旧解釈を「現在の状況により即したように，その内容を一部解釈し直」[92]したという意味で同じだとすれば，存立危機事態は武力攻撃事態と全く同じ事態だと政府は明言してよいはずだが，その旨述べる答弁は皆無だ。新解釈は，旧解釈の「基本的論理」とは異なる「論理」を採用するからこそ，新たな閣議決定を必要としたものの，それゆえ憲法9条2項の解釈の「枠」を超えることになったと理解すべきである。

(3)　新解釈の「機能」

　では，このように新解釈が「枠」を超えたものだとしても，それは同時に新解釈が「機能」しないこともまた意味するであろうか。新解釈の「機能」は，今後の新解釈の「解釈・運用」によってはじめて明らかになるように思われる。憲法9条2項解釈の「枠」を逸脱しているかにみえる新解釈も，今後旧解釈の「枠」内で「解釈・運用」されてゆけば，旧解釈並みの「機能」を発揮できるかもしれない。先の木村の指摘は新解釈の正当な実体的理解というより，新解釈が旧解釈と同様の「機能」を果たすべきとする期待ないし願望を示したものと解しうる。

　他方，憲法9条解釈の「枠」内にあると考えられる旧解釈は十全に「機能」してきたといえるであろうか。いわゆるPKO法以降の「武器使用」と憲法上禁止される「武力の行使」の区別論の危うさに照らせば，長谷部が称賛するほどの明確性・安定性等を，旧解釈が常に発揮してきたのか疑問の余地がある[93]。

---

(90)　阪田雅裕編著『政府の憲法解釈』（有斐閣，2013年）37-38頁

(91)　木村草太「集団的自衛権と7・1閣議決定」論究ジュリスト13号25-26頁。

(92)　藤田・前掲注(3)17頁。

第 2 部　基本権解釈とその方法

憲法テクストの「枠」に収まる解釈であっても，当該解釈のあてはめを含むその後の「解釈・運用」次第で，うまく「機能」しなくなる可能性は否定できない。新解釈が憲法 9 条解釈の「枠」に収まっているかという論点と，新解釈がその「解釈・運用」を通じて将来的にどのように「機能」してゆくかという論点とは区別して議論すべきである。

Ⅲ　残された課題

1　「正しい法解釈」

　以上，新解釈・安保法が憲法解釈方法論に提起した論点について，若干の検討を試みてきた。本書著者は「暫定的」に以下のような平凡な理解をしている。憲法解釈の「枠」「正しさ」とは，憲法テクストの文理やその「制定者意思（意図）」を十分に踏まえながら，他の憲法原理・条項との最適なバランスを維持しうる法命題を導くことである。ただし，この「枠」「正しさ」は，暫定的に確定しつつ，進化論的に変動してゆく。他方，「枠」「正しさ」は，解釈主体同士において，間主観的に形成・変化する性質を有する。「枠」「正しさ」を各解釈主体が批判を受けながら追求することこそ，法実務・法学の営みである。このような意味での「枠」「正しさ」の存在を否定する必要はないし，その否定は「法的議論」自体の否定にほかならない。

　かつて藤田は，柳瀬良幹による「実体法」（実定法の真にして唯一の意味）と「手続法」（有権解釈の説く実定法の意味）との区分論の検討を通じて，「実体法の"唯一の意味"なるものは，実は常に，有権的認定権者・有権的解釈者の認定・解釈なる行為を解除条件とした，その意味において流動的な内容を持ったものと，ならざるを得ないのではなかろうか」[94]と述べたことがある。この「流動的実体法論」は，果たして「苦し紛れの説明」[95]として切って捨てられるべきものであろうか。確かに，藤田は，「流動的実体法論」の「理論的成否」につ

---

(93)　青井未帆・長谷部恭男・豊秀一「〔座談会〕『安保法制』から考える最高裁と内閣法制局の役割」長谷部恭男編『安保法制から考える憲法と立憲主義・民主主義』（有斐閣，2016 年）76-77 頁（青井発言）。

(94)　藤田宙靖「柳瀬博士の行政法学」『行政法学の思考形式〔増補版〕』（木鐸社，2003 年）248 頁。本書第 1 部第 3 章も参照されたい。

(95)　石川・前掲注(4) 1 頁。

いて「確信」を持つに至っていないと告白していた[96]。しかし，「流動」前・後の「実体法」とは何か，それは法文テクストの「正しい解釈」なのか，有権解釈といかなる関係にあるのか，今回検討してきた論点に深く関わる，我々が格闘するに値する豊饒な可能性をなお残しているように思われる。前述したように，現在の藤田は，法解釈の「正しさ」を「十人十色」「関数的概念」としか説明しない。しかし，法解釈が実定法の意味を解き明かす作用であって，当該実定法の意味の「認識」に関わる作用だとすれば，「流動的実体法論」もまた法解釈の「正しさ」ないしその「枠」とは何かという論点と無縁ではいられないはずである。

2 憲法9条の法的性格・政治過程における意義

　新解釈をめぐる論争において，憲法9条の法的性格を大胆に見直し，安全保障に関する議論を政治過程に移行させるべきという主張も有力になされている。

　山元一は，憲法9条解釈の「枠」を否定したうえで，「多様な憲法解釈アクター」がそれぞれの利害認識にとって「好ましい解釈論を掲げて自らが主観的に正しいと信じる解釈論」を戦わす，「政治的攻防戦」「政治的ゲーム」として9条論争を理解する[97]。しかし，この「動態的憲法理解」に立った場合，同条はいかなる「法的」意味を持つのであろうか。新解釈が今後定着したとしても，「同条が死文化することはありえない」とされる[98]が，同条は「政治的攻防戦」「政治的ゲーム」において，一体どんな「法的」意義を有するのであろうか。「政治」を「合法」「違法」と評価する「枠」を与えるのが法文テクストであろう。その「枠」をもとより否定することは，「政治的攻防戦」「政治的ゲーム」における勝利に資するのであろうか[99]。

　他方，井上達夫は，山元とは異なり，「政争の具」となり果てた憲法9条の

---

(96)　藤田・前掲注(94) 263 頁。

(97)　山元・前掲注(1) 100 頁。

(98)　山元・前掲注(1) 102 頁。

(99)　山元による「政治的攻防戦」の一環と推察される「トランスナショナル人権法源論」の提唱（山元一『『憲法的思惟』vs.『トランスナショナル人権法源論』』法律時報 87 巻 4 号 74 頁以下，同『『国憲的思惟』vs『トランスナショナル人権法源論』ジェンダーと法 13 号 23 頁以下）もまた，判例研究をはじめとする「法的議論」のあり方について重大な問題提起をしているように思われる。別稿で改めて検討することにしたい。

第2部　基本権解釈とその方法

削除を主張する。そのうえで，民主的政治過程においてあるべき安全保障体制を構築し直す必要性を説く[100]。しかし，井上が支持する「消極的正戦論」[101]を憲法理論として採用しつつ，先の大戦で完敗した安全保障政策の不得手な日本という前提理解から同条を解釈できないのか。個別的自衛権の行使をぎりぎり許容し，その「枠」（方向性）内で具体的な安全保障体制に関する「政争」を許容する法規範として同条（の解釈）を再構成（更生？）できないものだろうか。

---

(100)　井上・前掲注(2)「9条問題再説」29頁。
(101)　井上・前掲注(2)「9条問題再説」10-14頁。

索　引

あ行

愛敬浩二………………………………215-217
青井未帆…………………220-222, 238
青野篤……………161, 166-168, 174
赤坂正浩……………………76, 176, 180
憧れの中心………………………………124
浅野一郎………………………………176
芦部信喜………4, 8, 16, 18, 68, 78, 94,
　　　　　104, 105, 107, 123, 134,
　　　　　175, 178, 179, 187, 195, 207
新正幸………………………6, 46, 77, 100
安倍晋三………………………………235
誤った解釈……………………………230
ありうる解釈…………………………220
蟻川恒正………91, 147, 150, 152, 155, 156, 159
有倉遼吉…………………………………5
安念潤司………………………………164, 179
イェリネク，ゲオルグ（Georg Jellinek）
………………………………………70
生き方…………………………………130
違憲審査権……………………26, 30, 31
違憲審査制……………………5, 8, 18, 100
石川健治……………………4, 93, 119, 145,
　　　　　215, 218, 222, 229, 238
石埼学…………………………………124
石村修……………………………………7
磯崎辰五郎………………………………4
一般的意味における憲法の優位………14
一般的規範……………………………45
一般的自由説…………………………123, 128
一般的人格権…………………………126
一般的法規範…………………………46
イデオロギー…………………………72, 115
意　図…………………………………226
伊藤正晴………………………………151, 159
伊藤正己………………………………5, 101

井上達夫………9, 50, 86, 87, 182, 215, 217, 239
違法性の意識…………………………200
違法性の錯誤…………………………200
今崎幸彦………………………………199, 210
意味としての規範……………………85
意味論…………………………………94
意味論的憲法解釈……………………94
入江俊郎………………………………225
岩教組学力テスト事件判決…………198, 201
岩教組事件第2次最判…………………197
岩間昭道…………………………………7
インフォームド・コンセント………130
ヴァール，ライナー（Reiner Wahl）………13
鵜澤剛…………………………………134
内野正幸………………………………94, 157
裏からの授権…………………………41, 47, 48
浦部法穂………………………………176
榎透…………………………………161
エホバの証人輸血拒否事件…………128
エホバの証人輸血拒否事件最判………131
遠藤比呂通………………………………9
大石和彦………………………………151
大沢秀介………………………………179
大城渡…………………………………199, 207
大塚滋…………………………………21, 22
大山弘…………………………………199
岡田信弘………………………………129, 216
お上意識………………………………187
尾高朝雄………………………81, 99, 105, 112
小貫幸浩………………………………50
尾吹善人………………………………44, 177
オーリュウ，モーリス（Maurice Hauriou）
………………………………………32, 33, 67

か行

外国人指紋押捺拒否事件……………126
解釈改憲………………………………217

241

索　引

解釈学説‥‥‥‥‥‥‥‥‥‥‥‥‥‥‥‥‥*116*
解釈原理‥‥‥‥‥‥‥‥‥‥‥‥*34, 37, 39*
解釈の正当性と通用性‥‥‥‥‥‥*221*
概念（コンセプト）‥‥‥‥‥‥‥‥*123*
瑕疵予測（Fehlerkalkül）‥‥‥‥*42, 43*
仮　設‥‥‥‥‥‥‥‥‥‥‥‥‥‥‥‥‥*81*
加藤英俊‥‥‥‥‥‥‥‥‥‥‥‥‥‥‥‥‥*6*
金森徳次郎‥‥‥‥‥‥‥‥‥‥‥‥‥‥*124*
「かのように（Als-Ob）」の哲学‥‥‥‥*80*
カレ・ド・マルベール，レイモン
　（Raymond Carré De Malberg）‥‥*32*
川嶋四郎‥‥‥‥‥‥‥‥‥‥‥‥‥‥*154*
川添利幸‥‥‥‥‥‥‥‥‥‥‥‥‥‥‥‥‥*6*
河原俊也‥‥‥‥‥‥‥‥‥‥‥‥‥‥*200*
「環境」・制度適正設営請求権‥‥‥‥*136*
　──としての人格権‥‥‥‥‥‥*137*
間接的規律‥‥‥‥‥‥‥*47, 49-51, 57*
間接法源‥‥‥‥‥‥‥‥‥‥‥‥‥‥*214*
菅野喜八郎‥‥‥‥‥‥‥*32, 52, 66, 78,*
　　　　　　83, 84, 99, 107, 113, 220
官僚司法‥‥‥‥‥‥‥‥‥‥‥‥‥‥*189*
議院証言法‥‥‥‥‥‥‥‥‥‥‥‥*181*
議院内閣制‥‥‥‥‥‥‥‥‥‥‥‥‥‥‥*7*
基幹的な人格的自律権‥‥‥‥*125, 135*
擬制（フィクション）‥‥‥‥‥‥*81, 82*
機能する憲法‥‥‥‥‥‥‥‥*231, 233*
『規範の一般理論』‥‥‥‥‥‥‥‥‥*87*
岐阜県青少年保護育成条例事件‥‥*210*
基本権の保護範囲‥‥‥‥‥‥‥‥*128*
君塚正臣‥‥‥‥‥‥‥‥‥‥‥*161, 167*
木村草太‥‥‥‥‥‥‥‥‥‥‥‥‥‥*237*
客観法原則‥‥‥‥‥‥‥‥‥‥‥‥*135*
旧解釈の「基本的論理」‥‥‥‥‥‥*237*
救出目的での拷問‥‥‥‥‥‥‥‥*194*
狭義説‥‥‥‥‥‥‥*175, 176, 180, 182*
狭義の人格的自律権‥‥‥‥‥‥‥*125*
狭義のプライバシー権‥‥‥‥*123, 126*
強制起訴‥‥‥‥‥‥‥‥‥‥‥*185, 189*
京都府学連事件最判‥‥‥‥‥‥‥*126*
共謀共同正犯論‥‥‥‥‥‥‥‥‥*209*
共和主義的憲法観‥‥‥‥‥‥‥‥*182*

共和主義的公民（像）‥‥‥‥‥*169, 170*
清宮四郎‥‥‥‥‥*20, 53, 77, 99, 101, 217*
緊急逮捕‥‥‥‥‥‥‥‥‥‥‥‥‥‥*183*
工藤達朗‥‥‥‥‥‥‥‥‥‥‥*123, 158*
栗城壽夫‥‥‥‥‥‥‥‥‥‥‥*9, 14, 36*
栗田佳泰‥‥‥‥‥‥‥‥‥‥‥‥‥‥*123*
グリム，ディーター（Dieter Grimm）‥‥‥*10*
来栖三郎‥‥‥‥‥‥‥‥‥‥‥‥‥‥‥*81*
群民蜂起‥‥‥‥‥‥‥‥‥‥‥‥‥‥*179*
経過規定‥‥‥‥‥‥‥‥‥‥‥*102, 104*
警察力‥‥‥‥‥‥‥‥*178, 179, 225, 226*
形式的意味の憲法（憲法典）‥‥*34, 36, 39*
形式的平等‥‥‥‥‥‥‥‥‥‥*157, 160*
ゲームのルール‥‥‥‥‥‥‥‥*231, 232*
ケルゼン，ハンス（Hans Kelsen）‥‥‥‥*16,*
　　　19-22, 25-33, 38, 39, 41, 42,
　　　44, 47-52, 58, 63, 65, 66, 70,
　　　77-79, 81-84, 86, 87, 96, 207
権威ある解釈‥‥‥‥‥‥‥*231, 233, 234*
権威ある条文‥‥‥‥‥‥‥‥*231, 233*
原因・結果‥‥‥‥‥‥‥‥‥‥‥‥*150*
「原因（立法理由）・結果（当該区別）」
　図式‥‥‥‥‥‥‥‥‥‥‥‥‥‥*149*
厳格な法律主義‥‥‥‥‥‥‥‥‥*214*
現行犯逮捕‥‥‥‥‥‥‥‥‥‥‥‥*183*
検察官起訴‥‥‥‥‥‥‥‥‥‥‥‥*185*
検察審査会‥‥‥‥‥‥‥‥*185, 189, 190*
憲法31条を根拠としたデュープロセス
　法理‥‥‥‥‥‥‥‥‥‥‥‥‥‥*205*
憲法解釈の「枠」‥‥‥‥‥‥‥‥‥‥*76*
憲法解釈方法論‥‥‥‥‥‥‥‥*227, 238*
憲法裁判所‥‥‥‥‥‥‥‥‥‥‥*11, 13*
憲法裁判所実証主義‥‥‥‥‥‥‥‥*10*
憲法上の個別的自衛権‥‥‥‥‥‥*235*
憲法訴訟論（審査基準論）‥‥‥‥*8, 93*
憲法適合性判断基準‥‥‥‥‥*147, 148*
憲法的正統性（légitimité constitutionelle）
　‥‥‥‥‥‥‥‥‥‥‥‥‥*67, 68, 70*
憲法テクストは単なる事実に過ぎない‥‥*36*
憲法の優位‥‥‥‥‥‥‥‥‥*4, 10, 13*
憲法判例‥‥‥‥‥‥‥‥‥‥‥‥‥‥*71*

242

索　引

憲法変遷（論）………… 156, 218, 219, 231
憲法保障……………………………… 7, 19
原　理………… 222-224, 233, 234
権利一元説…………………… 168, 170
権利・公務二元説………………… 170
権利根拠の問題（quaestio juris）……… 156
原理主義的護憲派………………… 217
権力分立原理…………………… 213
権力分立制………………………… 7
小泉良幸…………………… 132, 133
広義説…………………… 175-177
公共性の空間………………… 188
公共的な責務………… 165, 166, 168,
169, 174, 182, 189
絞首刑…………………………… 191
構想（コンセプション）……………… 123
公判前整理手続……………… 164, 185
後法優位のルール……………… 231
公務性（選挙権の）……………… 170
拷　問………………… 191, 194
拷問禁止…………………… 193
拷問等禁止条約………………… 193
合理的依拠（説）… 204, 207, 208, 209
合理的区別……………………… 153
子が……差別されない権利…………… 156
国際法上の個別的自衛権………… 235
国際法上の集団的自衛権………… 235
国籍法違憲判決………… 141, 147, 153
国　体……………………… 111
国民主権………………… 187
──の理念…… 165, 167-171, 175, 181, 182
国民的基盤の強化……………… 187
国民の意識……………… 146, 152-154
国民の規範意識………… 218, 219
国民の信頼…………………… 205
国民の信頼保護………… 200-202
国民の統治客体意識から統治主体意識へ
の転換…………………… 186
小暮得雄……………………… 203
小嶋和司（説）…… 5, 40, 65-67, 73, 85, 96,
97, 102, 114, 115, 176, 204

個人主義……………………… 123
個人の尊重（尊厳）……… 142, 151, 152,
155-157, 160, 187
国　家…… 65, 66, 72, 114, 118, 119
──の同一性………………… 113
国会重視の憲法論……………… 219
国家公務員法………………… 163
国家三要素説………………… 113
国家法人説…………………… 113
小林節……………………… 7
小林直樹… 26, 72, 103, 105, 115, 117, 219
個別的規範…………………… 45
個別的効力説………… 157, 158
駒城鎮一……………………… 81
駒村圭吾…………………… 211
小山剛………………… 13, 128
語用論……………………… 94
コンペリング（compelling）な理由……… 179
根本規範（Grundnorm）……23, 65, 77-80,
82-84, 105
根本建前…………………… 99

さ 行

最狭義の人格的自律権………… 123, 125
罪刑法定主義………… 204-207, 210, 212, 213
最広義説…………………… 175
最高裁判所………… 10, 16, 47, 101
齊藤正彰……………… 224, 235
裁判員……………………… 163
裁判員裁判……… 165, 185, 189, 190
裁判員制度… 161, 163-165, 167, 184, 187, 189
佐伯仁志……………… 204, 207
阪田雅裕……………… 235-237
阪本昌成……………………… 7
錯誤論………… 201, 202, 205, 208
笹田栄司………… 161, 167, 168
笹沼弘志…………………… 124
佐藤幸治…4, 5, 7, 37, 73, 104, 105, 107, 114,
123, 124, 134, 135, 171, 203, 207, 210
佐藤達夫…………………… 225
佐藤寛稔………… 161, 168, 169

243

索　引

佐藤舞……………………………… *192, 195*
残虐刑……………………………… *193, 194*
残虐な刑罰………………………………… *191*
ザンダー…………………………………… *63*
事案の真相………………………………… *183*
自衛戦争…………………………………… *225*
自衛隊「違憲・合法」論………………… *219*
自衛隊法……………………………… *47, 180*
自衛力……… *178, 179, 219, 223, 225, 226, 234*
死刑（制度）……………………… *191, 194*
　　──の正当化……………………… *192*
死刑廃止条約……………………………… *191*
始原的行為………………………………… *133*
自己言及…………………………………… *85*
自己情報コントロール権………………… *123*
自殺の自由………………………………… *134*
事実上の拘束力…………………… *198, 203*
事実問題（quaestio facti）……………… *156*
宍戸常寿……………… *123, 134, 166, 179*
事情変更の法理…………………………… *229*
事前の公正な警告（fair warning）……… *213*
自然法学派………………………………… *73*
思想としての人権………………………… *124*
実質的意味の憲法………… *33, 39, 40, 67,*
　　　　　　　　　　 68, 72, 84, 118, 119
実質的な公正性…………………… *212, 213*
実体法…………………………… *57, 89, 238*
「実体法」思考……………… *14, 17, 41*
「実体法」に対する「手続法」の「存在論
　的優位」…………………………………… *75*
実体法の世界……………………… *15, 92*
　　──と手続法（の世界） *19, 54, 55*
　　──の法認識論的優位……………… *90*
児童の権利委員会………………………… *141*
児童の権利に関する条約……… *141, 152*
死に方…………………………………… *130*
四宮啓…………………………………… *190*
渋谷秀樹………………………………… *176*
司法主義………………………………… *8, 18*
司法制度改革審議会意見書……………… *186*
司法仙台事件判決………………………… *163*

私法秩序の自律性………………………… *119*
私法秩序の独自性………………………… *105*
司法の国民的基盤…… *165, 168, 169, 175, 181*
　　──の強化…………………… *167, 171*
市民的及び政治的権利に関する国際規約
　（国際人権 B 規約）‥ *141, 152, 178, 180, 191*
市民の公民的特性の陶冶………………… *182*
社会的事実としての国家………………… *69*
初宿正典……………………………… *176, 200*
従位的立法（subordinate legislation）
　　　　　　　　　　　　　　 204, 214
住基ネット事件…………………………… *126*
自由権規約委員会………………………… *141*
修正主義的護憲派………………………… *217*
自由民主主義……………………………… *74*
シュミット，カール（Carl Schmitt）
　　　　　　　　　　　　　　　 11, 16
シュライヒ，クラウス（Klaus Schlaich）
　　　　　　　　　　 10-13, 17, 96, 97
純粋法学…………………………… *19, 20, 41*
純粋法学（第二版）……………………… *86*
準　則……………………………………… *234*
上位規範違反の下位規範………………… *41*
消極的正戦論……………………………… *240*
少数者…………………………………… *177*
証人の出頭・証言義務…………………… *181*
情報自己決定権…………………………… *123*
所得税法………………………………… *181*
自　律…………………………… *136, 137*
自律した個人……………………………… *191*
新解釈の「機能」………………………… *237*
人格的自律……………………………… *124*
人格的利益（自律）説…………… *123, 128*
『人』権主体……………………………… *124*
審査基準（論）………………… *85, 94, 147*
審査密度………………………………… *172*
真の意味での拷問………………………… *194*
人民主権説……………………………… *187*
新屋達之………………………………… *161*
スイス憲法典 25 条 b……………………… *73*
スイス民法典 1 条………………………… *30*

索　引

枢密院……………………………225
杉原説の「復活」………………188
杉原泰雄………176, 177, 187, 195
ストーン，ジュリウス（Julius Stone）…79
スメント，ルドルフ（Rudolf Smend）…70
税関検査事件判決………………210
制憲議会…………………………223
制憲者意思（意図）………223-227
政治的ゲーム（攻防戦）………239
「静態」法理論……………………21
制度改変請求権…………………133
制度構築の合理性論……………137
制度準拠的思考…………………148
制度的行為………………………133
制度の通常作動…………………137
生命尊重原理……………………135
政令201号事件判決……………162
積弊としての拷問………………193
積極的安楽死………………134, 135
前科照会事件……………………126
全司法仙台事件判決……………201
全逓東京中郵事件判決…………163
全農林警職法事件判決…163, 198, 200, 201
「戦力」と「実力」の区別論……224
先例としての事実上の拘束性…143, 158, 159
総合考慮……………………159, 160
遡及効……………………………157
遡及処罰…………………………197
尊　厳……………………………136
尊厳死………………………131, 135
存在と当為の二元論……………20
尊属殺（規定）違憲判決……145, 147, 151
尊属殺重罰規定違憲説……………74
存立危機事態…………………235-237

た行

高井裕之………………………200, 207
高木八尺……………………………6
高田篤………………………………10
高橋一修…………………………203
高橋和之………7, 32, 65, 76, 89, 128,

175-177, 210, 222-224, 226
高橋広次……………………………79
高見勝利………………………99, 225
田上穣治……………………………53
高柳賢三………………………100, 101
高山加奈子……………199, 200, 210
竹中勲……………………125, 134, 135
ダシュナー事件…………………194
正しい解釈……44, 222, 230, 232, 233, 239
正しい法……………………………20
正しい唯一の解釈………………230
正しい理解………230, 231, 233, 234
田中二郎……………………………53
田中英夫…………………204, 207-209
玉蟲由樹…………………………195
田宮裕………………………211, 212
徴兵制……………………………178
直接的規律………46, 47, 49-51, 57
通常人……………………………177
辻清明………………………………3
辻村みよ子……168, 170, 175, 176, 178, 179
恒藤武二……………………………56
「強い」個人………………………124
手島孝…………………………20, 87
手続法………………………90, 238
──の世界………15, 26, 57, 92, 94
「手続法」思考………………15, 17, 41
デュギー，レオン（Léon Dugui）…3
デュープロセス…………………212
寺崎嘉博…………………………203
寺田逸郎…………………………140
伝　統……………………………119
伝統的法律学……………………28
伝統的理論……………………28, 30
ドイツの連邦憲法裁判所…………10
土井真一…4, 84, 125, 135, 161, 167, 174, 195
ドゥオーキン，ロナルド（Ronald Dworkin）
………………………………9, 37, 222
討議民主主義……………………182
東京都管理職受験拒否事件最高裁判決…151
同性婚………………………136, 227

245

索　引

動態的憲法理解·······················239
「動態」法理論·····················21, 22
統治客体意識··············167, 187, 190
統治主体·················168, 188, 191
統治主体意識········167, 187, 188, 190, 191
都教組事件判決·············163, 198, 201
徳島市公安条例事件判決·············210
戸波江二·····················125, 128
ドルフ，マイケルC.（Michael C. Dorf）
·····························133
トロペール，ミシェル（Michel Troper）
···········27, 28, 29, 32-35, 37,
39-41, 48, 58, 63, 96, 97

な行

長尾龍一··········20, 26, 31, 41, 79
中谷元···························236
中村心···························159
中村睦男·························7, 201
中村雄二郎··························20
中山研一·····················197, 209
中山竜一···························37
ナショナリズム·····················193
南部晋太郎·························161
二院制······························7
西嶋法友···························56
西野喜一·····················161, 164
西野吾一·······161, 162, 167, 168, 171, 174
西原春夫·························203
にせ解釈·····················217, 222
二宮周平···························159
人間の尊厳······················74, 194
認識説····························75
認識と実践の二分論··················20
認識論的優位····················47, 51, 63
根森健····························126
野坂泰司··········4, 153, 215, 216, 223-227
ノモス····························112
ノモス主権（論）··········99, 112, 113, 119

は行

バーガー，ラオル（Raoul Berger）·········4
萩原滋···························200
橋本公亘·····················218, 219
長谷川正安·························102
長谷部恭男···········4, 5, 27, 34, 38, 61, 83,
95, 105, 117, 118, 123, 157, 175,
177-179, 215, 226, 228, 231-235, 237
パターナリスティックな制約·············134
畑博行···························203
8月革命説···········99, 103, 106, 108
パートナーシップ····················227
林知更···························119
春山習···························221
反＝全体主義原理····················137
判例の不遡及的変更·············204, 207
被害者参加制度·····················186
樋口陽一···········3, 7-10, 16-19, 27, 36, 41,
42, 52, 58-60, 63, 73, 77, 78,
91, 95, 96, 100, 109, 116, 124,
204, 215, 216, 222, 228, 230-232
PKO法···························237
批判的峻別論·······················96
日比野勤·························106
平等原則···················134, 136, 137
平良木登規男·······················161
広瀬久忠····························5
ファイヒンガー，ハンス（Hans Vaihinger）
·························80, 82
福岡県青少年育成条例事件判決·········212
福岡県青少年保護育成条例事件·········210
藤井俊夫·························211
藤田宙靖··········42, 52, 58-60, 63, 215,
218, 229-233, 236-239
不文の価値秩序······················77
不文（の憲法）法源··········66, 67, 70, 73
不文の法理······················85, 94
ブラック，ヒューゴ（Hugo Black）·······4
武力攻撃事態（法）··········180, 235-237
古野豊秋························79, 84

索　引

フワイエ，ジャン（Jean Foyer）……*29, 56*
ベッケンフェルデ，エルンスト・ヴォルフ
　ガング（Ernst-Wolfgang Böckenförde）
　………………………… *12, 13, 17, 18, 96*
ヘラー，ヘルマン（Hermann Heller）…*79*
法解釈の性質に関する「実践説」………*75*
法科学………………………………*43, 44*
法源性……………… *202, 205, 207, 214*
法源性肯定説………………………*203, 213*
法源性否定説………………………………*203*
法生活………………………………*104, 116*
　——の継続性・安定性……*103, 104, 116, 119*
法制審議会…………………………*142, 184*
法段階説………………………*23, 32, 65*
法治主義………………………………………*3*
法的安定性…………*143, 158, 159, 209, 213,*
　　　　215, 222, 228-230, 232, 234
法的議論………………………………………*232*
法的断絶性……………………………………*109*
法的問題（quaestio juris）……………*156*
法的連続性……………………………………*109*
法認識論的優位………………………………*50*
法の欠缺…………………………………*30, 74*
法の支配…………………………*3, 118, 234*
法の下の平等………*74, 142, 151, 152*
法法則…………………………………………*20*
法命題……………………………………*20, 22*
法律婚…………………………………………*142*
法律婚主義…………………………*140, 141*
法律的意味における憲法の優位…………*14*
法律による行政………………………………*4*
法律の優位……………………………………*4*
保護範囲………………*134, 166, 167, 173*
補充性…………………………*142, 146, 155*
ポツダム憲法………………………………*108*
ポツダム宣言………………………*106, 107*

ま行

前田雅英………………………………………*161*
松井茂記…………*123, 176, 203, 207, 210*
松原久利……………………………………*201*

松宮孝明……………………………………*199*
松本委員会…………………………………*225*
松本和彦……………………………………*123*
松本蒸治……………………………………*226*
丸山敦裕……………………………………*123*
水島朝穂……………*215, 216, 220-222*
水野紀子………………………………*153, 157*
三井美唄炭鉱事件…………………………*170*
緑大輔………………………………………*182*
南野森………………………………………*228*
美濃部達吉…………………………………*115*
宮崎礼壹……………………………………*230*
宮沢俊義……*6, 99, 101, 104, , 106, 108, 112*
宮地基………………………………*176-179*
民事訴訟法…………………………………*181*
民主政における裁判制度の正統性の保障
　……………………………………………*168*
民主政の要請………………………………*214*
民法改正要綱試案…………………………*142*
棟居快行…………………………………*94, 132*
村井敏邦………………………………*199, 204*
明確性（の原則）……………………*210-212*
明白な危険…………………………*235, 236*
メルクル，アドルフ（Adolf Merkl）
　……………………………………*42-44, 49*
毛利透………………………………………*161*
「目的・手段」図式…………*145, 149-151*
「目的（理由）・手段（区別）」図式………*148*
森田寛二………………………………*66, 108*

や行

矢島基美………………………*130, 133-135*
安田拓人……………………………………*200*
柳瀬昇………………………………………*182*
柳瀬良幹……*15, 19, 52-54, 58, 60, 69, 238*
矢野直邦……*161, 162, 167, 168, 171, 174*
山口繁………………………………………*230*
山口俊夫………………………………………*29*
山下威士…………………………………*6, 72*
山本敬三………………………………………*94*
山本龍彦……………………………………*133*

247

索　引

山元一⋯⋯⋯⋯⋯⋯⋯⋯⋯⋯ *215-219, 225, 239*
横大道聡⋯⋯⋯⋯⋯⋯⋯⋯⋯⋯⋯⋯⋯ *219*
吉田邦彦⋯⋯⋯⋯⋯⋯⋯⋯⋯⋯⋯⋯⋯ *29*
予測可能性⋯⋯⋯⋯⋯⋯ *202, 207, 209, 213*

ら行

ラズ，ジョセフ（Josef Raz）⋯⋯⋯⋯ *230*
ラートブルフ，グスタフ（Gustav Radbruch）
　⋯⋯⋯⋯⋯⋯⋯⋯⋯⋯⋯⋯⋯⋯⋯⋯ *85*
リアリズム⋯⋯⋯⋯⋯⋯⋯⋯⋯⋯⋯ *41, 49*
リアリズム法学⋯⋯⋯⋯⋯⋯⋯⋯⋯ *28, 30*
立憲主義⋯⋯⋯⋯⋯⋯ *74, 215, 216, 223*
「理由（原因）・区別（結果）」図式⋯⋯ *151*

流動的実体法論⋯⋯⋯⋯⋯⋯ *59, 60, 238, 239*
ルソー，ジャン・ジャック
　（Jean-Jacques Rousseau）⋯⋯⋯⋯⋯ *56*
ルール（準則）⋯⋯⋯⋯⋯⋯ *222-224, 233*
令状逮捕⋯⋯⋯⋯⋯⋯⋯⋯⋯⋯⋯⋯ *183*
連邦憲法裁判所⋯⋯⋯⋯⋯⋯⋯⋯ *10, 70*
ロールズ，ジョン（John Bordley Rawls）
　⋯⋯⋯⋯⋯⋯⋯⋯⋯⋯⋯⋯⋯⋯⋯ *123*
論理的整合性⋯⋯⋯⋯⋯⋯⋯ *215, 221, 222*

わ行

枠（法解釈の）⋯⋯⋯⋯⋯ *223, 232, 238, 240*
渡辺康行⋯⋯⋯⋯⋯⋯⋯⋯⋯⋯⋯ *123, 216*

〈著者紹介〉

山崎　友也（やまざき・ともや）

　1972年　長野県小布施町生まれ
　1996年　金沢大学法学部卒業
　2005年　北海道大学大学院法学研究科博士後期課程（公法専攻）単位取得退学
　　　　　富山大学経済学部専任講師（憲法）
　2007年　富山大学経済学部准教授（憲法）
　2009年　金沢大学人間社会研究域法学系准教授（憲法）〔法学類専任〕～現在に
　　　　　至る

〈主要著作〉

　本書収録の論文のほか，笹田栄司＝原田一明＝山崎友也＝遠藤美奈『トピックからはじめる統治制度』（有斐閣，2015年），「『憲法保障』とその『正しい解釈』」宍戸常寿＝林知更編著『総点検　日本国憲法の70年』（岩波書店，2018年），「裁判員制度の憲法的正当化について —— 国民主権（民主主義）原理との関係」金沢法学61巻1号（2018年）など

学術選書
176
憲法

✽ ✽ ✽

憲法の最高法規性と基本権

2019(平成31)年1月30日　第1版第1刷発行

6776:P264　￥6800E-012:035-010

著　者　山　崎　友　也
発行者　今井　貴・稲葉文子
発行所　株式会社　信山社

〒113-0033　東京都文京区本郷 6-2-9-102
Tel 03-3818-1019　Fax 03-3818-0344
info@shinzansha.co.jp
笠間才木支店　〒309-1611　茨城県笠間市笠間 515-3
Tel 0296-71-9081　Fax 0296-71-9082
笠間来栖支店　〒309-1625　茨城県笠間市来栖 2345-1
Tel 0296-71-0215　Fax 0296-72-5410
出版契約 No.2019-6776-1-01011　Printed in Japan

ⓒ山崎友也, 2019　　印刷・製本／亜細亜印刷・牧製本
ISBN978-4-7972-6776-1 C3332　　分類323.340.b020 憲法

JCOPY　《(社)出版者著作権管理機構　委託出版物》
本書の無断複写は著作権法上での例外を除き禁じられています。複写される場合は，そのつど事前に，(社)出版者著作権管理機構（電話03-5244-5088，FAX03-5244-5089，e-mail: info@jcopy.or.jp)の許諾を得てください。

◆ 法律学の未来を拓く研究雑誌 ◆

憲法研究 辻村みよ子 責任編集

〔編集委員〕山元一／只野雅人／愛敬浩二／毛利透

行政法研究 宇賀克也 責任編集

ＥＵ法研究 中西優美子 責任編集

民法研究 第2集 大村敦志 責任編集

民法研究 広中俊雄 責任編集

消費者法研究 河上正二 責任編集

メディア法研究 鈴木秀美 責任編集

環境法研究 大塚直 責任編集

社会保障法研究 岩村正彦・菊池馨実 責任編集

法と社会研究 太田勝造・佐藤岩夫 責任編集

法と哲学 井上達夫 責任編集

国際法研究 岩沢雄司・中谷和弘 責任編集

ジェンダー法研究 浅倉むつ子・二宮周平 責任編集

法と経営研究 加賀山茂・金城亜紀 責任編集

信山社

法律学の森シリーズ

変化の激しい時代に向けた独創的な体系書

新　正幸	憲法訴訟論〔第2版〕	
戒能通厚	イギリス憲法〔第2版〕	
大村敦志	フランス民法	
潮見佳男	新債権総論Ⅰ	民法改正対応
潮見佳男	新債権総論Ⅱ	民法改正対応
小野秀誠	債権総論	
潮見佳男	契約各論Ⅰ	
潮見佳男	契約各論Ⅱ	（続刊）
潮見佳男	不法行為法Ⅰ〔第2版〕	
潮見佳男	不法行為法Ⅱ〔第2版〕	
藤原正則	不当利得法	
青竹正一	新会社法〔第4版〕	
泉田栄一	会社法論	
小宮文人	イギリス労働法	
芹田健太郎	国際人権法	
高　翔龍	韓国法〔第3版〕	
豊永晋輔	原子力損害賠償法	

信山社

◆**憲法の基底と憲法論—思想・制度・運用** 高見勝利先生古稀記念
 岡田信弘・笹田栄司・長谷部恭男 編

◆**日本国憲法制定資料全集** 芦部信喜・高橋和之・高見勝利・日比野勤 編著

◆ドイツの憲法判例〔第2版〕
 ドイツ憲法判例研究会 編 栗城壽夫・戸波江二・根森健 編集代表
 ・ドイツ憲法判例研究会による、1990年頃までのドイツ憲法判例の研究成果94選を収録。
 ドイツの主要憲法判例の分析・解説、現代ドイツ公法学者系譜図などの参考資料を付し、
 ドイツ憲法を概観する。

◆ドイツの憲法判例Ⅱ〔第2版〕
 ドイツ憲法判例研究会 編 栗城壽夫・戸波江二・石村修 編集代表
 ・1985〜1995年の75にのぼるドイツ憲法重要判決の解説。好評を博した『ドイツの最新憲
 法判例』を加筆補正し、新規判例を多数追加。

◆ドイツの憲法判例Ⅲ
 ドイツ憲法判例研究会 編 栗城壽夫・戸波江二・嶋崎健太郎 編集代表
 ・1996〜2005年の重要判例86判例を取り上げ、ドイツ憲法解釈と憲法実務を学ぶ。新たに、
 基本用語集、連邦憲法裁判所関係文献、1〜3通巻目次を掲載。

◆**ドイツの憲法判例Ⅳ**
 ドイツ憲法判例研究会 編 鈴木秀美・畑尻剛・宮地基 編集代表
 ・主に2006〜2012年までのドイツ連邦憲法裁判所の重要判例84件を収載。資料等も
 充実、更に使い易くなった憲法学の基本文献。

◆フランスの憲法判例
 フランス憲法判例研究会 編 辻村みよ子編集代表
 ・フランス憲法院(1958〜2001年)の重要判例67件を、体系的に整理・配列して理論的に解説。
 フランス憲法研究の基本文献として最適な一冊。

◆フランスの憲法判例Ⅱ
 フランス憲法判例研究会 編 辻村みよ子編集代表
 ・政治的機関から裁判的機関へと揺れ動くフランス憲法院の代表的な判例を体系的に分類して
 収録。『フランスの憲法判例』刊行以降に出されたDC判決のみならず、2008年憲法改正によ
 り導入されたQPC(合憲性優先問題)判決をもあわせて掲載。

◆ヨーロッパ人権裁判所の判例
 戸波江二・北村泰三・建石真公子・小畑郁・江島晶子 編集代表
 ・ボーダーレスな人権保障の理論と実際。解説判例80件に加え、概説・資料も充実。来たる
 べき国際人権法学の最先端。

◆ヨーロッパ人権裁判所の判例Ⅱ〔近刊〕

ブリッジブック憲法 横田耕一・高見勝利 編

判例トレーニング憲法 棟居快行・工藤達朗・小山剛 編
 〔執筆者〕赤坂幸一・新井誠・井上武史・大河内美紀・大林啓吾・片桐直人・佐々木弘通
 佐々木雅寿・宍戸常寿・柴田憲司・鈴木秀美・土屋武・松本哲治・山本龍彦・横大道聡

判例プラクティス憲法〔増補版〕 憲法判例研究会 編
 淺野博宣・尾形健・小島慎司・宍戸常寿・曽我部真裕・中林暁生・山本龍彦

司法制度の現在と未来 笹田栄司・亘理格・菅原郁夫 編著

憲法講義(人権) 赤坂正浩

行政救済法(第2版) 神橋一彦

信山社